# 香港
## 「帝国の時代」のゲートウェイ

*Ryoichi Hisasue*
久末亮一【著】

名古屋大学出版会

香港 「帝国の時代」のゲートウェイ

目　　次

序　章　ゲートウェイとしての香港 …………………………………… 1
　　　1　本書の視座　1
　　　2　100年という時間のなかで　11

第1章　香港ドル決済圏における銀号の役割 ……………………… 25
　　　　　——広州—香港間の輸出取引の決済を例に

　　　はじめに　25
　　　1　珠江デルタ流域圏の在来金融　27
　　　2　19世紀中葉の決済構造　29
　　　3　香港ドル決済圏の形成　33
　　　4　香港における銀号の発展　40
　　　5　銀号による広州—香港間の金融掌握　44
　　　おわりに　47

第2章　華僑送金の広域接続関係 …………………………………… 49
　　　　　——シンガポール・香港・珠江デルタを例に

　　　はじめに　49
　　　1　華僑送金の前段階　51
　　　2　多角的決済関係のなかの華僑送金　57
　　　3　広東省内への為替送金　64
　　　おわりに　67

第3章　香港市場から見た上海向け為替 …………………………… 69
　　　　　——20世紀初頭の構造とその動揺

　　　はじめに　69
　　　1　華南から見た上海向け為替の基本構造　71
　　　2　香港市場の役割　79
　　　3　多角的決済関係の動揺のなかで　85
　　　おわりに　95

## 第4章　廣東銀行の興亡 ……………………………………………… 99
　　　　――華人資本の銀行業展開とその限界

　　はじめに　99
　　1　創設――郷党，実業，革命の三角関係　100
　　2　発展――業務の展開と転機　111
　　3　破綻――華人系銀行の限界　122
　　おわりに　131

## 第5章　日中戦争期の香港における金融的位置の変容 …………… 133
　　　　――新興銀号業者「恒生」，「永隆」の活動と重ねて

　　はじめに　133
　　1　1930年代香港の金融的変容　134
　　2　日中戦争のなかでの新興銀号の活躍　143
　　3　法幣売買における銀号の役割　150
　　4　香港陥落後におけるマカオの一時的再台頭　165
　　おわりに　170

## 終　章　香港という存在 ……………………………………………… 173

　　1　歴史の彼方に消え去った経済圏　173
　　2　「つながり」と「流れ」の生み出す空間の中心　176
　　3　戦後における秩序変容のなかの香港　179
　　4　ふたたび中国と世界の間で――中国の台頭という構造変化のなかで　183
　　5　香港の将来　188

## 補論1　銀号の経営構造についての考察 …………………………… 195

　　はじめに　195
　　1　銀号の区分と業務　195
　　2　銀号の資本構造――「瑞吉銀號」と「永隆銀號」を例に　201

3　銀号の管理構造　211
　　4　銀号の伝統式帳簿に見る経営の諸相──「恒生銀號」の年結を例に　214
　　5　銀号業界の社会的位置──「聯安堂」への考察から　221
　　おわりに　227

**補論2　金銀業貿易場の形成と発展** ……………………………………231
　　はじめに　231
　　1　金銀業貿易場の形成　231
　　2　金銀業貿易場の取引事例──ダブル・イーグル取引を例に　239
　　おわりに　245

注　　　　247
参考文献　277
あとがき　287
索　引　　291

序　章

# ゲートウェイとしての香港

　本書は香港の金融，特に華人による金融業が，どのように成立し，展開したかについて，主として19世紀半ばから20世紀前半を対象として論じるものである。

　しかし，あらかじめ記しておけば，本書はただ香港という狭い空間のなかの金融史を論じるものではない。むしろ，香港という「場」を論じることで，19世紀半ばからの約100年にわたる中国とアジア太平洋という時空間において，その基底でどのような「つながり」と「流れ」が形成され，そのなかで香港が，どのような位置と役割を担ってきたのかを，浮き彫りにするという企みを持っている。

　ここではまず，第1節で本書の視座や研究方法を提示し，第2節で各章の概要を述べることで，全体の構成と内容を紹介したい。

## 1　本書の視座

### 1）香港という「場」の存在理由を問う

　香港という都市が，1世紀半強という短い歴史にもかかわらず，アジア太平洋地域の要衝の一つであることは，疑いようのない事実である。その理由は，香港が地域のなかで，ヒトや組織といった主体の連関である「つながり」を結ぶ地点，いわゆる「ハブ」(hub) として機能してきただけでなく，多種多様な個別の「つながり」の異同や，「つながり」を通じたヒト・モノ・カネ・情報の流動である「流れ」を，集散・調節・接続する「ゲートウェイ」(gateway)

の役割を担ってきたことにある。

　ここで本書のキーワードとなる「ゲートウェイ」という概念について述べておけば，それは「入り口」や「門のある通路」という意味よりも，コンピューター技術用語の定義に近い。つまり，異なるネットワーク上の，異なる媒体や方式のデータを通信可能にするため，集散される全階層を認識しながら違いを相互変換して調節し，接続を可能にするものである（図序-1）。

　この概念を香港にあてはめれば，そこでは地域に拡がる無数の「つながり」と「流れ」が集散されるだけでなく，地域内の様々な層の間で各種の需給や異同が調節されることで相互に接続され，システム全体の作動を可能にしている姿が見えてくる。これは香港という都市が，過去から現在にいたるまで一貫してはたし，これからもはたすであろう役割である。

　したがって，ゲートウェイとしての香港を考察する上では，次の視座が重要となる。すなわち，香港は1世紀半強の歴史のなかで，アジア太平洋に展開した地理的にも背景的にも多岐にわたる主体と，これによる経済活動を，集散・調節・接続してきた。こうして香港が，空間内の各地域と，それぞれを代表する集散地間を連動させる中心として，地域全体に深く組み込まれながら作動・存立してきた，というものである。

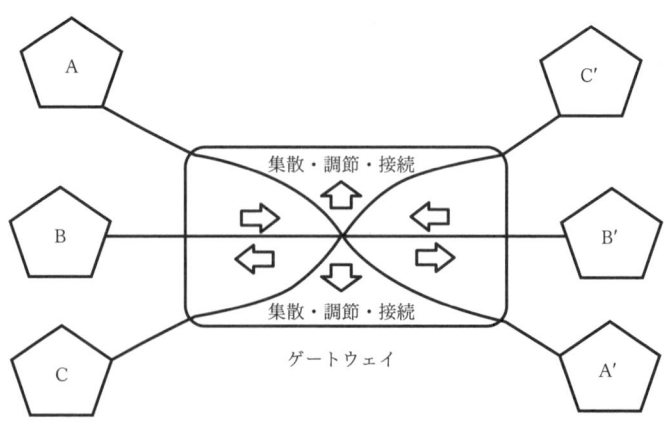

**図序-1　ゲートウェイの概念図**

出所）筆者作成

それゆえに，過去から現在にいたるまでの，またその将来を見据えたときの，香港という「場」の存在理由を問うには，「香港域内」の狭い範囲の視点からでは難しい。また，「大英帝国」（British Empire）のシステムや植民地統治のあり方といった英国との関係，あるいは「中華帝国」のシステムや中華人民共和国との「一国両制」（一国二制度）といった中国との関係などの，一方向からの視点では，香港を規定して存立させている根源的な構造を見誤る。むしろ考えるべきは，英国や中国にとっても香港が「クラウン・コロニー」や「一国両制」でなければならないことの本質的理由ではなかろうか。

　これを捉えるには，マクロでの地域秩序とその変容を理解し，同時に基底で展開されている「つながり」と「流れ」をしっかりと考察する必要がある。その上で，地域に形成された空間を認識し，そのあり方を捉えることを通してこそ，香港の存在理由を理解できる。

　こうした視座に基づいて，まず近代から現代にいたる，香港を取りまくアジア太平洋の地域秩序とその変容を整理すると，大きく次の3つの時期に区分できる。

　第一の時期は，19世紀半ばから20世紀前半，「中華帝国」に代表される旧来の地域秩序に，「大英帝国」に代表される世界規模での新たな「帝国」の枠組みが覆い被さるなかで，このグローバリゼーションの力学が地域秩序を規定した時代である。第二の時期は，20世紀前半から後半，「帝国の時代」が崩壊に向かうと同時に，前面に出てきた国民国家の枠組みが，冷戦体制の下での制約も加わって，それまでとは異なる境界を世界にもたらし，地域秩序を変容させていった時代である。第三の時期は，20世紀後半から現在，一極化と多極化が交錯する世界構造のもたらした新たなグローバリゼーションが，アジアの経済的プレゼンスを高めると同時に，特に20世紀末からの中国の台頭が，地域全体のみならず，世界にも影響を及ぼす時代である。

　以上の地域秩序とその変容は，中国と世界の関係性を「開かれた」ものや「閉ざされた」ものにし，それが香港のあり方にも一定の影響を及ぼしてきた。こうして過去から現在にいたるまで，香港を取りまく枠組みや諸条件が変容する一方で，地域の基底にある「つながり」と「流れ」も，総体的には断ち切ら

れることなく，それに対応して柔軟に変容しながら展開してきた。こうしたなか，香港では一貫してそれらが集散・調節・接続されることで，地域全体に組み込まれたゲートウェイとして機能しつづけてきたという事実こそ，香港という「場」の存在理由として，注目されるべき最大のポイントであろう。

　本書はこの点を，上記の第一の時期，すなわち 19 世紀半ばから 20 世紀前半の「帝国の時代」について，金融史の視座から考察することで，香港という「場」を存立させ規定している根源的な構造を描き出すことを目的としている。しかし，それは決して「過去に閉ざされた歴史」を描くだけのものではない。むしろ本書では，歴史の淵源に光を当てることで，現在，さらには将来にも通底するであろう，香港という都市の存在理由をこそ明らかにしていきたい。

## 2）視座の原点

　本書が取り上げる 19 世紀半ばから 20 世紀前半は，「帝国の時代」であった。これは言うまでもなく，イデオロギーが混入した旧来の解釈の，あるいは政治的定義としての「帝国主義」と同義ではない。それはまた，「大英帝国」のような単独の覇権と同義でもない。むしろ「帝国の時代」とは，19 世紀に西欧から台頭した新しい「帝国」の諸勢力が主導した枠組みが，世界や地域における空間各層を包摂し，これを相互連動させるシステムを形成することで，ヒト・モノ・カネ・情報の流動が加速・拡大したグローバリゼーションの一時代，と解釈できる。

　新たな世界の枠組みが，アジア太平洋地域を包摂するなかで，たとえば在来の秩序体系の一つである中華帝国は大きな影響を受け，世界や地域との関係にも変化が生じた。その最たるものは，19 世紀半ば以降の華南が，ヒトの大量の拡散を基礎として，アジア太平洋という大きな空間と密接に連動し始めることで，新たな経済圏が出現したという事実である。

　背景には，米州，東南アジア，オセアニアといった地域での経済開発による労働力需要が，華南からの大規模なヒトの移動を促進し，これが原動力となって，次第に商品貿易や送金を伴う経済活動が形成されたことがある。こうして華人の人口移動をベースとした，モノ・カネ・情報といった諸要素の恒常的な

循環が加速・拡大することで，旧来からの中華帝国や，現代の国民国家の枠組みとは異なる範囲で，また「海のアジア」とも「陸のアジア」とも規定のできない範囲で，新しい経済圏が生み出された[1]。

ところが従来，この空間についての認識と研究は，進展してきたとは言いがたい。その理由は2つある。

第一には，従来の研究の多くが，特定の帝国や国民国家といった枠組みを大前提として物事を観察・思考してきたため，そうした枠組みでは捉えがたい，ヒトの移動を軸として形成された経済圏という空間を十分認識してこなかった，あるいはそれに重きを置かなかった，という事情がある。第二には，これに対して出現した，世界システム，グローバル・ヒストリー，非公式帝国といった概念の多くも，「西と東」，「中心と周縁」，「公式と非公式」，「メイン・システムとサブ・システム」といった次元を，その思考の基礎としてきたことである。このため，かつて一時的に隆盛したウェスタン・インパクト（西洋の衝撃）についての議論，あるいは在来社会の視座からする研究なども，「作用と反作用」の証明で止まってしまっている。

こうした先行研究が多いなかで，実態としてアジア太平洋の空間的拡がりにおいて作動・展開していた経済圏に着目し，その視座を提示した代表的研究者が，濱下武志と杉原薫であろう。

たとえば濱下の研究が画期的であったのは，後に「華人ネットワーク」として使われるようになった概念の基礎を提示し，それまでは西洋史の延伸としての視座か，あるいは東洋史といった中華世界の視座から，アジア太平洋という地域を見るしかないなかで，従来の思考では捕捉しきれない空間が存在した事実を示した点である。また杉原は，それまでは明確な形で実証されておらず，そのインパクトについても軽視されがちであった19世紀後半からの「アジア間貿易」を，広範囲な統計分析を基礎としつつ，これを経済史家としての独自の構想のなかに位置付けることで明らかにした。これによって域内経済圏の生成と発展が，ウェスタン・インパクトや工業化を動因としただけでなく，アジア系商人の力強い経済活動によって担われたものでもあったことを具体的に示したのである。

しかし，ここであえて問うなら，その後に続く研究は，この空間のあり方をより具体的に掘り下げて提示すること，ひいてはその全体像を問い直すことに，積極的であっただろうか。いくつかの試みはあるものの，むしろ全般的には，大きく進展してきたとは言いがたいのではなかろうか[2]。それゆえに本書は，地域における経済圏という空間を捉え直し，そこから何が見えるのかを，あらためて探究することにしたい。そして，この観察に最適な「場」こそが，地域全体のゲートウェイとして必要とされ，その役割をはたしてきた香港なのである。

### 3) 香港へのアプローチ

香港がはたしてきた歴史的な役割のみならず，その今日的な存在理由を解き明かそうとする試みは，これまでにも数多くなされてきた[3]。

そうした「香港論」には，大きく分けて3つのタイプがある。すなわち，①香港を一つの空間として，その内部におけるシステムや事象を捉えようとするもの，②大英帝国（英国）や中華帝国（中国）といった枠組みから香港を捉えようとするもの，③香港を一つの場として，これが大きな地域圏内ではたした役割を捉えようとするもの，である。

①は，多彩な要素が織り成す香港のローカル・ヒストリーを掘り下げるという点で貢献してきた。しかし，一国史的視座と同様の接近方法は，たとえどれほど "East meets West"（「東西の出会い」）のような大きな視点を加味したとしても，限られた香港内での事象を論じて思考する限りでは，華南からアジア太平洋に拡がった経済圏のなかで，八方をつなぐ中心として香港がはたしてきた役割，培ってきた背景，根源的な存在理由を明らかにすることはできない。

②は，英国と中国という2つの帝国の枠組みから見て，その接点に香港があった事実に沿う，オーソドックスなアプローチである。しかし，それはやはり "Edge of Empires"（ジョン・M・キャロルの著書名）という発想であり，言い換えれば「中心と周縁」や「公式と非公式」といった視座から逃れることができない。またそこからは，やはり香港が位置してきた空間の拡がりと，そのなかでの役割は，決して浮かび上がらない。

たとえば香港を英国から見れば，その成立は当初から，対中自由貿易の中継拠点を築く意図によるものであったことは，明らかな事実である。しかし，香港はその思惑を越えて，華南からアジア太平洋の各地に向けたヒトの急速な拡散によって無数の「つながり」と「流れ」が重層化して形成された空間のなかで，より複雑な調節を担うゲートウェイへと成長した。この空間は大英帝国とは重なりつつも，中心や層の異なる空間であった。それゆえ，香港を大英帝国の"edge"や"periphery"として捉えることは，その存在理由を見失わせる。

また香港を中国から見れば，アヘン戦争を経て不承不承ながら「英領」となった一方，香港と密接不可分な華南は，やはり「中国」であることを大前提としてきた。このため，帝国としての中華帝国や，国民国家としての中国の視座からは，19世紀半ばから20世紀初頭にかけて，それを越えた大きな空間の一部としての連動を強めていった華南と，その窓口であった香港について，本質に踏みこんだ探究や位置付けができない。中国近代史の研究者が，香港を含めた華南に，「中国であっても，そうではない」といった何かしら据わりの悪いものを感じるのは，文化圏の独自性だけで説明できるものではなく，実際には，華南が「中国」という空間認識や思考の枠組みでは，捉えきれない部分を持っていたからではなかろうか。

さて筆者は③の接近方法をとる。すなわち，香港を取りまいてきた地域秩序の変容のなか，基底ではどのような「つながり」と「流れ」が形成され，どのように集散や調節がなされつつ相互に接続され，どのように大きな経済圏が作動したのかを，具体的な経済活動の積み重ねから考察するものである。これによって香港が，空間の中心として，いかに域内に組み込まれたゲートウェイの機能を担ってきたかという側面から，その存在理由に迫りたい。

もっとも，この香港へのアプローチの基本となった思考は，すでに濱下によって提唱されている。濱下は『近代中国の国際的契機』の第5章「イギリス帝国経済と中国－香港」のなかで，次のように述べている［濱下 1990, 184］。

> 各々の国民経済をうちに包摂する広域経済圏を構想した場合には，その内部に，各国経済を連結させる貿易・金融上の集散地や中継地（entrepôt）

が必ず存在する。したがって，香港を検討する際の理論的分析枠組みは，この集散地・中継地自体の経済制度とそれが機能している広域経済圏との相関如何という形において提起されなければならない

　この視座は，過去のみならず現在にいたるまで，香港という都市を考察する際に有効なだけでなく，必須でもある。

　このように，香港とそれがつないだ空間の拡がりに着目した研究としては，濱下に加えて，帆刈浩之，霍啓昌などの研究をあげることができる[4]。ただし，これらの研究をもってしても，香港という「場」の「集散地・中継地自体の経済制度とそれが機能している広域経済圏との相関」については，具体的な空間の形成過程から展開までを含めて，これまで十分な解明がなされていない。言い換えれば，香港を規定した大きな空間のなかで，それがどのような役割をはたすことで存立してきたのかという説明は，いまだ明確におこなわれていないのである。

　さらには，この経済圏の動力となり，香港という「場」で集散され，その生命線となってきた「つながり」と「流れ」の具体的な動態についても，明らかにする必要がある。それらは従来「ネットワーク」と表現され，それだけで何かを説明しているかのように使われてきた。しかし，ネットワークとは，複数の要素が網状につながった状態や，それを通じた機能を指すにすぎない。つまり，これを指摘するだけでは，それがどのような「流れ」を伴いながら，香港を通じて，地域の空間全体を作動させてきたのか，また空間や諸条件の変容に対応してきたのかを説明するには不十分なのである[5]。

　もっとも，動的な「つながり」と「流れ」を捕捉することは，決して容易ではない。なぜならば，無数にあるその一つひとつは細い一本の糸のように接続や断線を繰り返しており，それが集積された回路も秩序や環境の変化によって，常に「ある形」から「別の形」へと変容する。浮かんでは消え，作動しては変容する，「静」ではなく「動」であり，たえず変化することで固定性がない。しかしこの性質ゆえに，香港のようなゲートウェイが必要とされてきたのであり，また香港を軸にして「つながり」と「流れ」を定点的に観測する方法が有

効ともなる。

　本書は以上のようなアプローチから，経済史としての考察を重ねることで，大きな空間のなかに組み込まれた香港という「場」の存在理由に迫りたい。それは同時に，100年という時間のなかで，アジア太平洋地域で展開した経済圏の具体像を再現し，経済活動のあり方を明らかにすることでもある。

### 4）金融を主題とする理由，および本書の研究方法

　以上の課題を解き明かす題材として，本書では香港の金融，特に華人の金融業が，どのように成立し，発展したかについて，19世紀半ばから20世紀前半を対象時期として設定し，様々な角度から論じていく。これは金融というカネの動きや，それを掌る金融業者の営為が，経済活動の実態を反映しているためである。それらをたどりながら考察することで，地域の基底にあって香港で集散される，「つながり」と「流れ」を読み解く鍵が得られるであろう。

　先述のように，19世紀のグローバリゼーションによって，華南からアジア太平洋にかけてのヒト・モノ・カネ・情報の流動が加速した。なかでもカネの「流れ」は，人体における血液循環のように，ロンドン中心の世界金融システムに基づく国際的な金融機関という動脈と，地場の信用のあり方に基づいた在来の金融機関という毛細血管が，交錯することで担われていた。

　これまでの先行研究には，大きなシステムの部分で金融を担った，たとえば香港上海銀行のような，国際的な金融機関に注目したものが多い[6]。これは史料的な発見が比較的容易であったことに加えて，その規模や役割が目立つものであったことが理由であろう。しかし，規模の影響力のみに注目することは，帝国や国家の表層的な大きさや力量に目を奪われるのと同じく，事実を見誤る。一歩近づいて見れば，国際的な金融機関の影響力とは，経済活動の投影であるカネの流れを無数に集積し掌ることで成立していることがわかる。一つひとつの経済活動が，大量・迅速な流動を可能にした経済インフラに接続され，集約化されることで，大きな「流れ」になるのである。この事実を踏まえれば，小さな部分でのカネの流れと，これを支えた在来の金融機関の役割も，一つひとつは小さくとも，総体としての影響力を見れば，国際的な金融機関にも劣らな

い重要性を持つことが理解できるであろう[7]。実際には，大きなものは大きなものなりに，小さなものは小さなものなりに，それぞれが担うべき役割をはたしていたのである。

こうしたなかで，ゲートウェイとしての香港では，各種各層の経済活動が集散されることで，それに伴う金融も活発であった。したがって，香港で活動した華人の金融業についての史的研究を進め，そのカネの流れをたどることは，19世紀半ばから約100年の中国とアジア太平洋という時空間で，どのような「つながり」と「流れ」が形成され，そのなかで香港が，どのような「場」の役割を提供してきたかを明らかにすることでもある。

ところが，このような視座による香港金融史の研究は，管見の限りでは見当たらない。従来の研究は，数自体も多くはない上に，一般的な金融・貨幣制度史，銀行史などからのアプローチがほとんどであった[8]。

このため多くの先行研究は，香港という「場」の拡がりに着目するのではなく，狭い範囲に視野が囚われているがゆえに，香港の金融が存立し発展してきた歴史を，正面から，さらには根底から捉えようとしてこなかった。香港という「場」のはたしてきた役割を考えるのであれば，香港域内の視点から金融制度や金融業の発展を述べるだけでは，その意義を正確にとらえることは難しい。また「場」の構造を正確に理解すれば，たとえば銀号や両替商といった在来金融業者を，単なる「旧式」金融機関として片付けることはできず，それらが香港のはたしてきた役割ゆえに必要とされてきたことが理解できるはずである。

もっとも研究方法の観点からすれば，本書は経済史を軸としている以上，通常の研究と特に異なる手法を用いるわけではない。すなわち，過去の様々な史料を読み込むことで，史実をつなぎ合わせながら，歴史像を再構成する手法を用いる。しかし，ここでもう一つの難点である，史料の欠乏という問題が立ちふさがる。

多くの華僑・華人研究にも共通することであるが，一般的な華人社会では文書の保存管理に重きを置かないこと，あるいは戦乱・災害・事業閉鎖などを経たことから，多くの史料は失われてしまっている。このため本書の研究では，欠落のないまとまった史料を基礎とすることはできず，むしろ様々な史料の断

片を組み合わせることで，過去を復元する方法を用いている。たとえば，日本のものでは，台湾銀行，横浜正金銀行などの金融機関が残した調査報告書，外務省の領事報告などを使用している。香港のものでは，香港政庁が作成した各種報告書，香港大学所蔵『馬叙朝擋案』や香港歴史博物館所蔵『馮民徳擋案』に含まれる一次史料に加え，「金銀業貿易場」や「永隆銀行」などの関係者から提供された一次史料や回想録も使用している。また『銀行週報』や『中行月刊』など，中国で発刊されていた金融業界誌も活用した。

　もっとも，このように史料が乏しいほど，それらを注意深く扱いつつも，歴史家として許される想像力を研ぎ澄ますことで，かつて存在していた空間の姿を，大胆に再構築することができるのではなかろうか。

## 2　100年という時間のなかで

### 1）香港におけるゲートウェイ機能の確立──香港ドル決済の導入

　19世紀，世界の秩序は，西欧に端を発した「帝国」の枠組みが延伸することで，大きな変化を迎えた。このグローバリゼーションは，各地域の在来秩序を包摂しながら，それまでとは異なる形で様々な層が相互連動する，新しい空間を創出した。同時にそこでは，不特定多数が享受可能な，政治的安定，法体系，金融・通信・海運といった経済インフラなどがもたらされた結果，従来の量や範囲を大きく超えた，比較的自由なヒト・モノ・カネ・情報の流動が実現した。

　グローバリゼーションの到来は，いわゆるウェスタン・インパクトとして，アジアにおける在来秩序の一つである中華帝国の枠組みにも，大きな影響を与えた。特に通商面では，19世紀半ばに広東貿易体制（Canton System，図序-2）が解体された後，19世紀後半にかけて華南の対外輸出活動は，世界規模の自由貿易システムと直結することで，従来とは異なる「つながり」と「流れ」を形成していった。

　この構造変化のなかで，1841年，英国はアヘン戦争の最中に香港島を占領

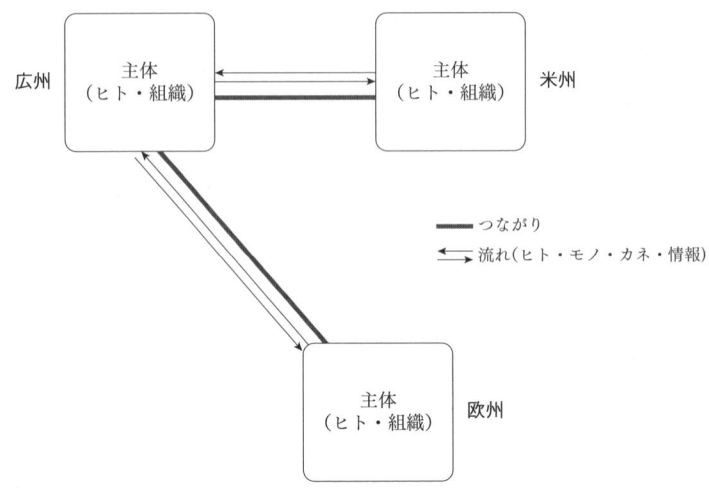

**図序-2** 広東貿易体制下の「つながり」と「流れ」のイメージ
出所）筆者作成

し，大英帝国のコロニーとする旨を宣言した。翌年，南京条約によって香港島は清朝から英国に正式に割譲される。これは英国側からすれば，当時の清朝が固執していた制限的な貿易体制を打破し，中国を19世紀型の「帝国」による自由貿易体制に包摂しようとする意志の表れであった。すなわち，いくつかの漁村と岩山だけしかない香港に，「自由港」という，広州に代わる新たな通商中継地，公行に代わる新たな決済機能を確立することは，新しい世界秩序の下で，中国と世界を結ぶ「場」を形成することに他ならなかった。こうして香港という存在が，世界史のなかに登場する。

しかし英国の期待は，当初から大きく裏切られる。なぜならば，歴史的に広州という都市に集積されてきたゲートウェイの機能は，香港には容易に移転しなかったからである。自由貿易体制への転換は，中国―外国間の貿易量自体は増加させたものの，貿易に必要な物資集散や中外間の与信決済は他の開港場に分散された上，華南一帯の対外貿易は，あいかわらず広州でおこなわれつづけた。このため香港は，割譲から10年ほどの間，目立った経済発展をとげることはなかった。英国の官民は占領以前から，香港の地理的好条件を認識しては

いたが，それは貿易港としての必要条件であって，十分条件ではなかったのである。

転機が訪れたのは 1850 年代であった。太平天国の乱による華南・華中の混乱，さらには第二次アヘン戦争に伴う広州大火（1856 年）によって，従来の流通ルートや決済システムは修復不能の打撃を受け，中国商人と外国商人の双方が，貿易決済の新たな方法を模索し始める。こうして 19 世紀後半に，次第に「香港ドル」を用いた決済の導入が進んだことで，香港は華南と世界を結ぶための中継・決済地となっていった（図序-3）。

この展開について，本書の第 1 章では，近代広東の主要産品であった生糸の輸出を例に，19 世紀後半からの広東の輸出決済が，香港という中継地，香港ドルという地域決済通貨を利用して確立され，そこに「銀号」という在来金融機関が介在することで，円滑化されていった構造を明らかにする。

それはまず，生糸仕入れ代金の支払いのため，広州の外国商社支店が香港ドル建て・香港渡しの小切手を切ることから始まる。外国商社にとっては，種類と質が複雑極まる広東通貨建ての決済は不得手であり，むしろ自らが本拠とする香港で決済する方が容易であった。そこで，外国商社の代理人として仲介を担った買弁が，振り出された小切手を広東通貨に転換し，現地生糸商人に広東

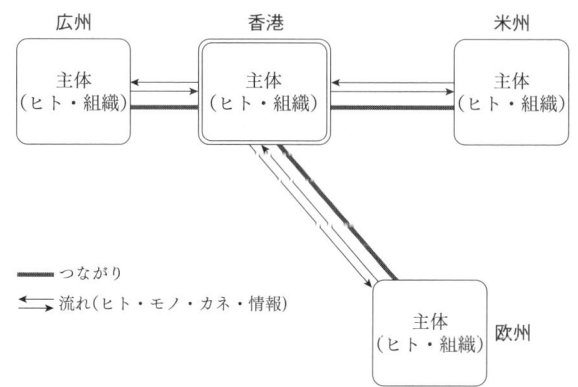

**図序-3** 香港の中継機能確立後の「つながり」と「流れ」のイメージ
出所）筆者作成

通貨建ての支払いをおこなった。

　ここで重要なのは，小切手を買い取ったのが広州で銀号と呼ばれた在来金融業者であった点である。この広州の銀号には，血縁や地縁など何らかの関係でつながる香港代理店があり，これに対して小切手を送付する。香港の銀号は，受け取った小切手を香港の外国銀行に持ち込むことで，これを現金化した。こうした取引の流れに加え，種類・質ともに複雑な広東通貨の性質から，香港ドルと広東通貨の交換プロセスにおける実質的な主導権は，銀号の勢力によって掌握されていた。

　このように，広州と香港で連動する回路が形成され，香港ドルという地域決済通貨や，香港を介した決済機能が導入されたことで，「香港ドル決済圏」とも言うべき地域が登場した。それは1880年代には，香港で銀号の活発な活動を確認できることからも，明らかに確立されていたと考えられる。この香港ドル決済のシステムは，生糸貿易だけでなく，広東から香港への対外輸出取引の決済標準となり，さらに潮州や福建の一部といった華南の他地域にも導入される。

　それは，従前の華南と世界との関係のあり方を大きく変えるものであったと同時に，香港という「場」に，様々な由来・背景の経済活動が集中し，調節機能が拡充することで，そこが地域に組み込まれたゲートウェイとして，存立し始めたことを意味した。

## 2) 華人の結ぶ空間のなかで——東南アジア—香港—華南の華僑送金を例に

　香港のゲートウェイ機能は，19世紀後半にかけて，もう一つの地域レベルの「つながり」と「流れ」が空間を形成することで，決定的に確立される。それは香港を通じて華南とアジア太平洋の間で形成された，華人による経済圏の拡がりである（図序-4）。

　19世紀半ば，世界経済の拡大は，新興開発地域の労働力需要を生み出し，それは特に東南アジア，米州，オセアニアなどで高まった。一方で，華南は香港を介することで，より大きなアジア太平洋地域と密接に連動した空間の一部となり，ヒトの移動が加速・拡大する。こうして華南各地（珠江デルタ，潮州，

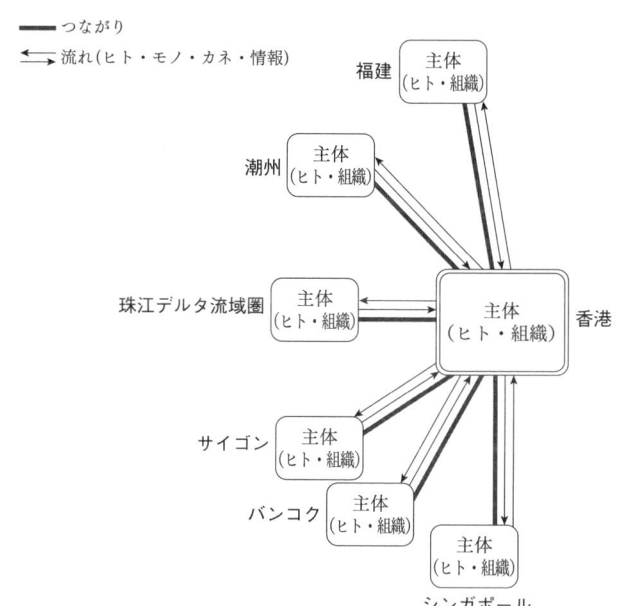

**図序-4** 華南と東南アジアを結んだ華人世界の「つながり」と「流れ」のイメージ
出所）筆者作成

福建など）から，東南アジア，米州，オセアニアなど，アジア太平洋各地への労働力送出によって人口移動が活発化し，香港はそのための集散地となった。これは19世紀のグローバリゼーションが，ヒトの動きをいかに加速・拡大したかを象徴する現象である。

こうしてアジア太平洋の各地では，華人の移民社会が急速に形成される一方，その原点である華南各地との間には，香港を介して，各種の連絡が絶えることはなかった。それは次第に，物産貿易や華僑送金など，ヒトの移動をベースとした，モノ・カネ・情報の流動を活発にし，恒常化させた。この「つながり」と「流れ」は，移民が華南に回流し，また新たな移民がアジア太平洋の各地に移動するという循環が形成されることで，さらに強化されていった。

第2章では，この華人の経済活動によって結ばれた空間が出現するなかで，香港がどのようにして集散・調節・接続の地点として機能したかを，カネの動

きの一つである華僑送金に着目して，具体的に考察する。

たとえば，ある外国の華人社会から華南の故郷まで，ある人が仕送りの送金を必要としたとする。しかし，当地の外国銀行を利用しようとしても，当人は外国語を流暢に喋ることができず，また故郷には支店などがないため，これを利用することができない。そこで，まず身近にある華人商店に赴く。おそらくこの商店は，同じ方言を喋る同郷者の経営である。それは，この商店が何らかの形で故郷との「つながり」を有していると同時に，異郷の華人社会では，同郷であることが信用保証になったことを意味する。

小口送金を受け付けた商店は，その地域内での集積地である，たとえばシンガポールのような都市の華人貿易商店に資金を送る。こうした貿易商店は，移民労働力の斡旋や，信局と呼ばれた仕送り送金や郵便の送達代理も手掛けていた。また貿易商店は，遠隔地間を結ぶ金融の大動脈である外国銀行との関係を有し，香港や華南にも連動可能な貿易商店があるため，それらを介することで，遠距離間・双方向でのヒト・モノ・カネ・情報の流動を手掛けた。

送出側で取りまとめられた資金は，様々なルートで華南に送られた。たとえば外国銀行に持ち込まれてから香港支店に送られ，あるいは送出側の特産物に変えられて香港に送られた。このように，ほとんどが香港を経由したのは，外国銀行の支店が延伸しており，また連動可能な店があることから，資金や物資を交換・決済することが容易なためである。この後に香港からは，華南各地との「つながり」を経由し，資金や物資が再送出された。

以上のように，19世紀半ば以降のアジア太平洋地域では，華人によるヒトの移動によって「つながり」が形成されていった。さらにこの「つながり」は，「帝国」の枠組みが提供する秩序や経済インフラを活用しながら，ヒト・モノ・カネ・情報の「流れ」を促進することで，地域における経済活動の空間を拡げていった。こうしたなか，香港では，無数の「つながり」と「流れ」が集散・調節・接続されることで，ゲートウェイとしての役割を提供し，アジア太平洋における経済圏を，より円滑に作動させたのであった。

## 3) 多角的関係を調節する香港——上海向け為替取引の考察から

ゲートウェイとしての香港は，華南と，米州，東南アジア，オセアニアなどとの間を結ぶだけでなく，北方向では中国本土との間を結んだ。このために重要であったのが，中国の内国間中継市場である上海との連動である。

19世紀後半から20世紀初頭，新しい「帝国」の枠組みが中華帝国を包摂するなか，中国各地の経済活動は沿岸部を中心として，開港場を軸とした新しい集散体制に組み込まれていった。これによって中国各地は，世界のみならず中国内の他地域と接続されるにも，やはり開港場を経由することになる。

こうしたなかで香港と上海は，それぞれが独自の機能を形成しつつ，相互に連動しながら発展した。この連動は，単純に2地点を結ぶものではなく，2つの開港場が背景とした経済活動を集約しつつ，南北間をつなぐものであった。同時に，香港から見て重要であったのは，この連動が香港の結んでいた，より広範囲で多角的な「つながり」と「流れ」の総体的なバランスを支えるための，柱の一つとして機能した点である（図序-5）。

以上の視座から，第3章では，20世紀初頭における上海向け為替の構造とその動揺を，香港市場の視点から考察する。これによって中国の経済活動が，香港と上海の連動によって，アジア太平洋の大きな空間に組み込まれて作動し

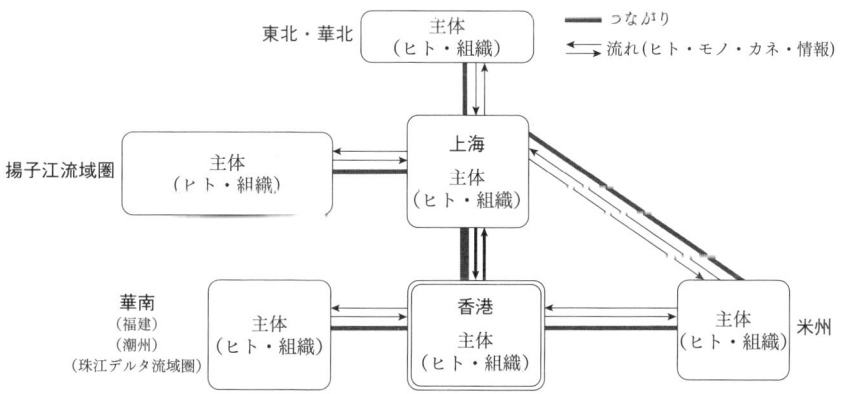

**図序-5** 香港—上海の回路を通じた内国南北間の「つながり」と「流れ」，その決済不均衡を補う香港—米州—上海間での三角決済のイメージ

出所）筆者作成

ていたことを明らかにする。

　香港―上海間の為替は，その背後にある南北間の経済活動を基礎としていた。これは華南から見ると，北方からの物資移入と決済需要であり，決済バランスは恒常的に対北方移入超過であった。この決済構造は，たとえば広東であれば広州―香港間など，香港を軸に華南の地場レベルで決済がおこなわれた後，香港―上海間の決済を経て，上海と華中や華北との決済がおこなわれた。すなわち華南にとって，北方向で中国の他地域と接続するには，香港―上海間に集約された回路の経由が必須であった。このため，華南にとって対外接続のゲートウェイであった香港では，上海向け為替の取引も活発であり，直物を扱った銀行間市場に加え，先物を扱った申電貿易場も形成された。

　もっとも，決済バランスの不均衡を基礎とした香港―上海間の為替が，長期の安定を維持したのは，アジア太平洋の経済空間と連動した香港市場で，多角的な決済関係によって総体的なバランスが調節されていたからである。たとえば，華南の対北方移入超過は，広東の対米生糸輸出債権を利用して米国で銀塊を購入し，上海に送付・売却してから，回金のため香港で上海向け為替を売却する，という三角決済によって調節されていた。逆に言えば，香港―上海間の為替は，単なる南北間決済の一辺ではなく，香港市場を通じた地域全体の決済構造を支える柱の一つでもあった。

　ところが，この決済構造は1910年代後半以降，北米や華北から大規模に銀を吸収する広東造幣廠が稼動と閉鎖を繰り返すことで不安定化する。このため香港ドルや決済構造にも動揺が生じたことから，香港政庁は1920年代に，安定性をなんとか維持しようと試みた。しかし1929年，最終的にバランスが崩壊し，香港―上海間の為替取引にも大きな混乱が生じることになる。

　以上の香港―上海間の為替取引が示すように，地域全体の八方を結んだ香港は，大きな構造のなかで，そこを経由した様々な「つながり」と「流れ」による総体的な決済バランスを，多角的に調節するための「場」でもあった。

### 4）20世紀前半における経済圏の変容――「廣東銀行」の興亡を例に

　19世紀後半から，香港を基底で支えていた「つながり」と「流れ」は，「帝

国」の枠組みの下で，比較的自由な経済活動を展開した。しかし20世紀に入ると，この大きな枠組みには次第に動揺が生まれる。

このように，前世紀から続いた一つの秩序のあり方が変容を迎えたとき，地域内の「つながり」と「流れ」を調節してきた香港というゲートウェイ，主体であった華人の経済活動，さらにはその金融モデルにも，確実に変化が及んだ。たとえば華人資本が，民族主義的な利権回復思想と連動して，アジア太平洋の空間内を結ぶ金融的動脈としての「銀行」の創設を試みたことは，その好例である。第4章では，こうした流れのなかで誕生した，香港初の華人系銀行「廣東銀行」の興亡を考察する。

廣東銀行は，北米の華人移民社会による，広東との間の金融サービス需要を基礎として設立された。19世紀後半の北米華人社会では，第2章で考察する構造とほぼ同様に，「金山荘」と称された華人の貿易商店を窓口として，外国銀行の機能を利用することで，遠隔地間での金融取引をおこなっていた。しかし20世紀初頭には，華人による銀行創設の運動が始まり，サンフランシスコで「金山廣東銀行」が設立される。さらにこの関連銀行として，華南とのゲートウェイである香港にも，1912年に「香港廣東銀行」が誕生する。

この銀行の設立運動が，広東系華人の郷党，実業，革命の三角関係から誕生したことは，興味深い。設立の中心となったのは，広東の四邑や香山の同郷者で，多くが金山荘を経営し，孫文の革命運動を支援した集団でもあった。すなわち廣東銀行は，広東系華人の商業的思惑と政治的思惑の両方に基づき，それが混合した形で創設されたという特殊性を帯びていた。

設立当初の廣東銀行は，広東系華人による広域での活動に沿う形で，米国を中心とした金本位国との外国為替を主な業務とした。しかし，海外に展開した華人の蓄積した資本が回流し，中継地である香港を経由して，中国本土への投資に向かうという動線をたどるようになると（図序-6），1920年代半ばからは，内国間取引を主力とするビジネスモデルに転換を図った。

ところが1930年代前半，廣東銀行は，世界的経済不況が華南に及ぼした金融環境の悪化という外的要因，さらには情実融資に象徴される経営管理体制の不備という内的要因から，大きな打撃を受けた。こうして1935年に破綻する

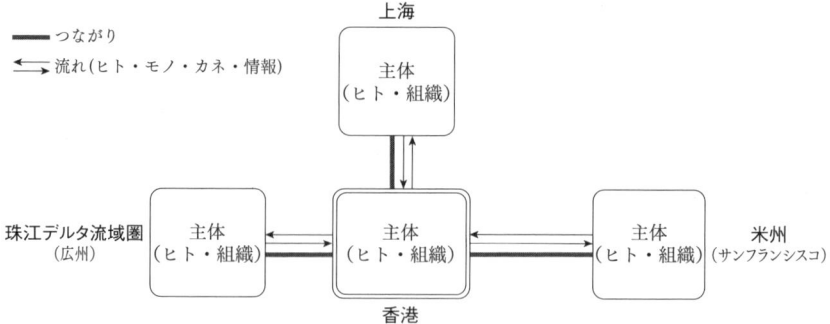

**図序-6** 廣東銀行の地理的展開に見る広東系華人による広域展開の「つながり」と「流れ」のイメージ
出所）筆者作成

と，宋子文の率いる中国の官僚資本が再建に介入したことは，当時の中国で進行していた経済の枠組みの変化を象徴していた。それは19世紀半ば以降，アジア太平洋に展開した華人の活動と連動しながら，大きな経済圏の一部として強い独自性を持っていた華南と，そのゲートウェイでもあった香港が，国民政府による経済建設の推進のなか，次第に「中国」という枠組みに包摂されつつあったことを意味していた。

廣東銀行は，広東系華人の郷党，実業，革命による三角関係から生まれ，彼らの広域展開に依拠して発展したものの，最終的には基盤としたビジネスモデルや経済圏の衰退とともに破綻し，新たに台頭した枠組みに組み込まれていった。その興亡史は，19世紀のアジアで華人の縦横な展開を可能にした「帝国の時代」が，20世紀前半における地域秩序の変容に影響を受けることで，次第に衰退していった軌跡を象徴している。

### 5) 日中戦争期における香港の位置——壊れゆく世界のなかで

1930年代に入ると，19世紀後半からの大きな枠組みは，崩壊に向かった。こうしたなかで香港では，特に1930年代前半には，世界的な経済不況の影響から各方面の「流れ」が滞り，また後半には，日中戦争の勃発から正常な経済活動が打撃を受け，従前の「つながり」が分断される。一方で，戦乱の中国本

土と香港の間では，非正規の経済活動が活発化し，それまでとは異なった「つながり」と「流れ」が形成された。この過程で，香港のゲートウェイとしての役割も，従来以上に中国本土との密接な関係性のなかに包摂され，変容を迫られていった。

　もっとも，香港は，1941年12月の太平洋戦争開戦で，自らを襲った戦乱の前にあっけなく機能を停止してしまう。興味深いのは，香港に集積されていた「つながり」の一部がマカオなどへ移動し，そこで新たな「流れ」を形成し，さらに戦後には香港に復帰した点である。これはゲートウェイとは，ヒトや組織といった主体の連関である「つながり」が，利便性を求めて集中することで存立するものであり，またこれら個々の「つながり」が生み出す「流れ」こそが，ゲートウェイを作動させる本質であることの証左と言える。

　第5章では，1930～40年代の不況と戦乱の時代，香港の金融的位置がどのように変容したかを，この動きに沿って台頭した新興銀号業者の活動と重ねて考察する。この金融業者たちの「つながり」が，戦乱の情勢変化に沿いながら回路を形成した例からは，戦時の香港が，従来以上に中国本土に包摂されていった様相が明らかとなるだけでなく，ゲートウェイを成立させる根源とは何かを考えることができる。

　1930年代前半の世界的経済不況は，生糸輸出の不振，華僑送金の減少という形で広東にも影響し，広州―香港間の回路を軸としてきた既存の金融モデルは，深刻な打撃を受けた。また1930年代後半，日中戦争の勃発で正常な経済活動は打撃を受け，既存の金融モデルがいっそう通用しない環境となる。

　このなかで香港の金融的位置は，国内からの強まる資金逃避，金融機能の移転，密輸や投機によって，従来とは異なる形で，中国本土と密接に連動したセンターへ転換しつつあった。たとえば香港を軸とした，「広州―漢口ルート」や「マカオ―広州湾ルート」の形成は，その反映であった（図序-7）。しかし，この機会を捉えたのは，既存の金融モデルに依拠してきた銀行や銀号ではなく，1930年代前半から台頭した，新しいタイプの銀号であった。こうした銀号は，激しく変化する金融環境に対して，独立・半独立した主体が提携・連動しながら経済活動に従事する「聯号」を活用し，従来の銀号よりも地理的に広い範囲

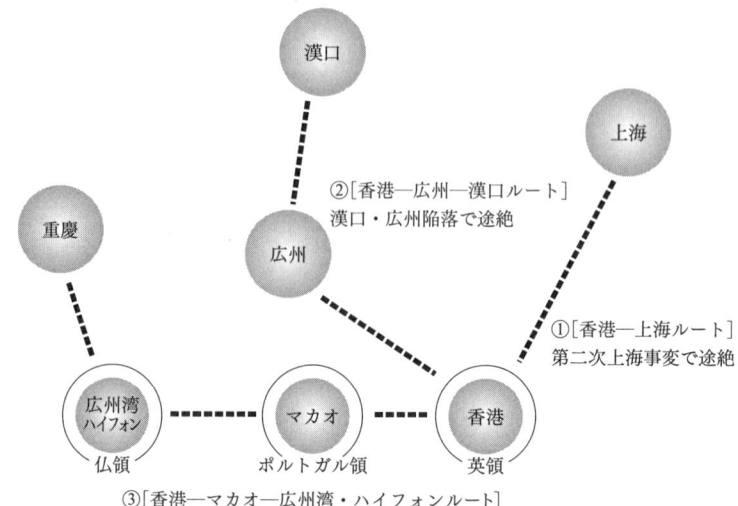

**図序-7** 日中戦争・太平洋戦争時の分断と再接続における「つながり」と「流れ」のイメージ
出所) 筆者作成

に展開しながら，状況に応じて柔軟にその再配置を繰り返した。これによって，従来の「つながり」を利用するのではなく，自前で遠隔地間の「つながり」を構築しながら，金融と貿易を兼業することで，積極的に収益機会を追求していった。

また1930年代後半，香港で法幣売買が活発化した現象も，中国本土との密接化が強まり，実質的な法幣流通圏に包摂されつつあった現実を反映していた。特に，1939年の「国防金融条例」施行にもかかわらず，法幣は外貨指定から除外されることで，外貨取引規制の抜け穴としても活発に売買された。こうしたなかで，銀行が規制による束縛から自由に活動できない一方，前出の新しく台頭した銀号は金銀業貿易場に法幣取引の市場を創出し，これを掌握することで，大きな収益機会を獲得していった。

しかし，1941年12月の香港陥落によって，約1世紀にわたって機能してきた香港のゲートウェイとしての役割は停止する。一方，香港から，中立地帯であるマカオに向けてヒトや資金が逃避したことで，一時的かつ小規模ながら，

マカオは戦時下の華南における経済活動のゲートウェイとなった。こうして拠点を移した華商たちは，新しい「つながり」と「流れ」を活発に形成した。これが1945年以降の香港に再度引き継がれることで，新たな発展が生み出されていく。

1945年8月15日，太平洋戦争の終結とともに，香港はふたたび動き始める。「戦後」という時代の幕開けである。

### 6) 香港という存在

終章では，全体の結論を述べると同時に，第1～5章が1945年までの記述で終わることに鑑みて，戦後における香港が，どのように存立してきたかについて，その変容を簡潔に記すことにする。それによって，「香港」とは何であるのか，その根源的な存在理由をいっそう明らかにすることができると考える。

また本書には最後に2つの補論を設けている。

補論1では，本書にたびたび登場し，香港の華人による金融業の中核であった銀号についての理解を補うため，その経営構造を詳細に考察する。そこからは，銀号のビジネスモデルが広東商人の商業慣習を確実に受け継いだものであったと同時に，それがけっして「遅れた」ものではなく，むしろ広東商人の社会では，高い合理性をもって運営されていたことが明らかとなる。

補論2では，アジア太平洋の複雑な貨幣流通を調節していた香港で，20世紀初頭に銀号業者によって設立された取引所「金銀業貿易場」(Chinese Gold and Silver Exchange Society) について考察する。そこからは，銀号業者が同業者間市場を形成した経緯，具体的な運営や取引内容の発展過程，直接・間接的な為替市場との連動による影響，などが明らかとなる。

# 第1章

## 香港ドル決済圏における銀号の役割
——広州—香港間の輸出取引の決済を例に——

## はじめに

19世紀,世界の秩序は,西欧に端を発した「帝国」の枠組みが延伸することで,大きな変化を迎えた。このグローバリゼーションの到来は,いわゆるウェスタン・インパクトとして,アジアにおける在来秩序の一つである中華帝国の枠組みにも,大きな影響を与えた。特に通商面では,19世紀半ばに「広東貿易体制」(Canton System)が解体された後,19世紀後半にかけて華南の対外輸出活動は,世界規模の自由貿易システムと直結することで,従来とは異なる「つながり」と「流れ」を形成していった。

この構造変化のなかで,香港が誕生する。1841年,英国はアヘン戦争のなかで香港島に上陸し,そこが大英帝国のコロニーである旨を宣言した。これは英国側から見れば,当時の清朝が固執していた制限的な貿易体制を打破し,中国を19世紀型の「帝国」による自由貿易体制に包摂しようとする意志の表れであった。すなわち,香港を,広州に代わる「自由港」という新たな通商中継地とし,そこに公行に代わる新たな決済機能を確立することによって,新たな世界秩序の下で,中国と世界を結ぶ「場」を形成しようとしたのであった。

重要なのは,香港の成立には,ウェスタン・インパクトが契機となったことは間違いないが,そのゲートウェイとしての地位の確立については,ウェスタン・インパクトだけでは説明が不可能だ,という点である。むしろ,新たな経済活動の回路形成に対して,在来商業側でもそれに呼応しながら積極的かつ能動的な担い手となることで,確立されていったのである。

そこで本章では，香港というゲートウェイの確立について，近代広東の主要産品であった生糸の輸出を例に，19世紀後半からの広東の輸出決済が，香港という中継地，香港ドルという地域決済通貨を利用した「香港ドル決済圏」を形成し，そこに「銀号」という広東の在来金融機関が介在することで，円滑化されていった構造を明らかにする。

銀号に着目するのは，次の理由からである。経済活動においては多様な要素が流動・循環し，複雑な回路を形成する。貨幣や資金の動きなどはその好例であり，この「流れ」に注目することで，経済活動の形を観察することが可能となる場合がある。しかし貨幣や資金の回路は，それ自体で自律的に形成されるものではない。その背後には，必ず商人や金融業者の活動が伴われており，その結果として流動・循環が発生する。このため本章では，19世紀後半の華南で成立した香港ドル決済圏における，広東と香港の華人系金融機関，特に銀号と呼ばれた地場金融業者に焦点をあてながら，近代広東が香港を介して世界経済と結ばれてゆく構図を明らかにする[1]。

本章は次のように展開する。第1節では，珠江デルタ流域圏の在来金融のあり方を検討し，そのなかでの銀号の淵源や役割を示す。第2節では，19世紀中葉までの，広州を窓口とした対外決済構造の継続を確認し，また当時の香港では銀号業が未発達であったことから，香港が積極的役割をはたせなかったことを考察する。第3節では，19世紀後半からの香港ドルを介した決済圏の形成を，広州―香港間の生糸輸出決済を例に検討する。第4節では，決済構造の変化に伴い，広州を基盤とした銀号が，新たに決済センターとなった香港でも発展し始めたことを，各種史料を用いて明らかにする。第5節では，銀号が広東通貨の転換という必要不可欠な機能を担い，その取引市場を掌握することで，回路を通じた流動や循環にはたした役割を明らかにする。

## 1 珠江デルタ流域圏の在来金融

### 1) 銀号の史的淵源

広東の省城である広州を中心とする珠江デルタ流域圏は，伝統的に域外経済との交易網が発達していた。しかし交易の発展にもかかわらず，域外との金融取引は未発達であった。中国では，長らく血縁，地縁，業縁などを基礎とした交易者間の信用が決済を保証した。これが商業慣習に適合し，合理的に機能していたため，金融は交易主体から容易に分離せず，金融機関を通した決済は発達しなかった。

しかし一方では，地場の商業慣習や信用状況を熟知した金融機関が発達した。その活動は地域経済の枠組みを基礎に，比較的狭い範囲内にとどまるものであったが，流通貨幣などは広東の広域経済活動の影響を少なからず受けていた。台湾銀行の報告［1912a, 1］には，次のように記されている。

> 十七世紀頃ニハ既ニ外國ノ通貨ヲ採用シ其ノ餘習未タ脱セス而モ清國舊慣ニヨル取引通貨ヲ加フルカ故ニ廣東省ノ通貨ハ他省ニ比シ更ニ複雑ナルヲ覚ユ折モ貨幣流通ノ状況ハ慣習又ハ人民ノ嗜好如何ニヨリテ異ル

こうした金融・通貨構造の下で活躍したのが，珠江デルタ流域圏で銀号と呼ばれた地場金融業者であった。銀号は預金・貸付，為替送金，両替，投機などを手掛け，民間商業活動における金融の担い手として独自の地域金融体系を形づくっていた。特に華南の経済的・政治的中心である広州では，すでに17世紀には銀号が成立していた。

広州の銀号同業団体「忠信堂」の記録には，1675年（康熙14年）には「銀行會館」が設立されていたことが示されている。したがって，広州にはそれ以前に銀号が成立していたことがわかる。さらに銀行會館の碑文によれば，加入会員は1769年には36軒，1873年には68軒を数えた［區 1932, 7］。

19世紀後半から20世紀初頭，広州銀号業界は，預金・貸付と短距離為替が主体で比較的資本の充実した「做架銀号」，両替主体の「找換銀号」，投機主体

の「做倉銀号」などの種別で構成されていた[2)]。もっとも，業務区分は曖昧であった。做架銀号は両替や投機も手掛け[3)]，找換銀号も短距離為替を手掛けた。いずれにしても銀号は，その利便性から華商社会には欠くことのできない金融機関であった。

### 2) 地場金融機関としての銀号

清代の広州では銀号以外に，租税に絡む銀改鋳や地方当局への租税担保融資を手掛けた「五家頭」(「裕祥」,「大昌」,「徳昌」,「寶源」,「阜生」)，あるいは塩税に絡む銀改鋳を手掛けた「六家頭」(「永安」,「謙受」,「厚全」,「寶聚」,「泗隆」,「愼誠」)などの金融業者が活動していた。1905年には発券機関として「藩司銀號」,「運司銀號」,「海関収餉銀號」の3つの公的金融機関から「官銀號」(または「官銀銭局」)が組織され，一般預金も吸収した[4)]。また全国的な為替取り組みや清朝の公金取り扱いで名を馳せ，「西号」や「西客」と呼ばれた「山西票号」も，道光年間(1820～50年代)に相次いで広州に進出した［広東省地方志編纂委員会 1999, 9][5)]。

これら金融機関の「官」と結びついた活動に対し，銀号は基本的に地場の民間商業を基盤としており，金融業界内には棲み分けがあった[6)]。もっとも18世紀後半から19世紀前半の広東貿易時代には，一部の大手銀号が公行と密接な関係にあった。これは外国商人との取引において，決済用銀の鑑定に銀号を必要としたためであった。また銀号は外国商人の現金保管・銀両鑑定もおこない，一部では資金も融通した［張 1989, 27][7)]。

清朝崩壊以降は，公金取り扱いを信用背景とした金融業者が衰退し，代わって一部の銀号が政府への貸付，地方税の徴税請負，公金の送金といった，「官」との結びつきを深めた活動を見せるようになった。1919年前後には，広州の大手銀号19軒中9軒が，広東省政府と密接な取引関係を有していた［台湾銀行 1919, 70-80］。

しかし大多数の銀号は，依然として民間商業に依拠しており，その地場密着性ゆえに，広州における銀号の勢力は強力であった[8)]。台湾銀行の報告書［1919, 45-46］は，次のように記す。

當廣東省城ニ於ケル支那數百年来ノ所謂舊式銀行ハ其ノ數百二十餘軒ニ及ヒ大小各々別アリト雖モ資本總計約三百五十萬元ヲ算シ廣東金融界ノ實際上ノ權ヲ掌握セリ

上海，香港，漢口及天津ニ比シ為替業務少ナキ為活躍奮闘此等ニ及ハサルモノアリト雖モ其ノ内容堅実強固ニシテ破綻ヲ見ルコト稀ナルヲ其ノ特色トナス

廣東ニハ外國銀行六行支那新式銀行十行ヲ數フト雖モ此等ハ未タ一般地方的經濟界ヲ左右スルノ力ナク數百年来ニ亘リ扶植シタル彼等銀號ノ勢力及營業範圍ハ牢固トシテ抜クヘカラサル廣東ノ地方的金融市場ハ全ク彼等ノ掌中ニアリト云フモ過言ニ非サルナリ

一方で銀号の地域密着性は，地域経済内での信用や需要と一体であり，単独で広域にまたがる金融活動を展開することはほとんどなかった。銀号の信用は資本の多寡のみでなく，当主や支配人の人的信用にも拠っており［區 1932, 189］，それが通用する地理的範囲は限定的であった。また需要自体も，地域経済内の比較的狭い範囲の経済活動に伴うものであった。このため一般的に銀号の金融活動は，省内の近隣地域間に限られており，その為替送金を例に見れば「省外の為替送金は少なく国外は絶無」［區 1932, 85］というように，遠隔地間金融は発達していなかった[9]。

## 2  19 世紀中葉の決済構造

### 1）広東貿易時代の決済構造

19 世紀半ば以前の広東貿易時代，対外貿易の決済は広州を通じておこなわれた。生糸輸出を例に見ると，次の通りである。

まず，順徳や南海といった生産地帯で産出された生糸は，仲買人や問屋の手で広州に集荷される。そのとき，地方での集荷は少額貨幣によって決済された。また地方から広州の問屋への集荷では，19 世紀後半と比較して広東生糸の取

扱量が限定的であった当時,「帳簿振替決済」(bookkeeping barter) を基本にしたと考えられる。これは華商社会で一般的に用いられた決済方法で,華商の経済活動が延伸した海外の華人社会でも活用された[10]。日本銀行の報告書［1950, 9］は,次のように記している。

> 重要なものとして中国貿易商が個人的に保持する貸借勘定の存在することを忘れてはならない。(中略) 取引先は往々にして親類,縁者であり,そうでない時でも所謂幇と称するギルドでつながって居る。その間の売買は原則として為替を使用せずして帳簿上で決済され,之に華僑送金其他貿易外の金の動きが伴って更に決済を円滑化して居り,この方法で決済された尻の最終の部分が正式の為替を以て決済されて居るのである

帳簿振替決済は当事者間の相対決済で,金融機関の介在による信用・決済保証を必要としなかった。近隣地域との取引はこの方法で決済され,最終的な帳尻部分の資金だけが実際に移動した。

広州に集積された生糸は,公行を通じて外国商社に引き渡された後に,輸出される。公行は外国商社との間での取引などを経て,中外間の決済サービスの提供,信用の供与を担っていた。肝心なのは,公行による信用・決済の仲介機能が,南京条約による広東貿易の制度廃止にもかかわらず,1856 年頃まで継続していた点である［梁 1944, 272-274］。いわゆるウェスタン・インパクト以降も,広州を中心とする在来の流通・信用の枠組みは,しばらくは継続していたのである。

したがって銀号の役割と活動範囲も,この時代は域内経済に限定されており,一部の大手を除いては,輸出関連の金融に関与した形跡が見られない。これが変化するのは,広東生糸などの輸出が急拡大した 19 世紀後半からであった。

### 2) 初期香港の華人系金融業

このように,広州中心の信用・決済構造が継続するなかでは,その与信と決済の機能は英領「香港」に容易に移転することはなかった。このため香港の商業的発展は,1841 年の開港から 20 年間ほどは順調と言えず,こうした状況は

同地における華人系金融業の発展も制約した。

　初期の香港で華人社会の金融を担ったのは，主に単純な両替をする「銭枱」と，質屋として小口貸付をする「押」であった[11]。1846年出版の商業ディレクトリには "Coong-eng"，"Toong-aoan"，"San-se-eng" という3軒の両替商が記載されている［The China Mail 1846, 35］。また香港政庁の調査では，1849年に14軒の両替商が登録されている。

　開港17年後の1858年，香港島は約7万5000人の人口を有し，華人の商店は2000軒以上に達していたにもかかわらず，両替商はわずか17軒であった。総じて1849～66年の間，両替商は6～25軒の範囲で増減しており，表向きの数字では華人社会の発展と比例するような増加はしていない。もっとも，両替商免許は金融業者だけが保有したものではなく，貿易業者や一般商店でも兼業していた。加えて華洋社会の分離が甚だしく，また法令順守の徹底が疑わしい時代にあっては，無免許の両替商も多かったと考えられる。

　金融業者の活動を確認するには，香港で発行された商業案内を見ることが有効である[12]。ここでは1867～74年に出版された *China Directory* 収録の "List of the Principal Chinese Hongs and Shops in HongKong"[13] を用い，実態を可能な限り把握する[14]。

　まず1867年版を見ると，21軒の貴金属商と1軒の質屋が含まれているが，両替商や銀号は含まれていない。しかし1872年版には，16軒の貴金属商に加え，はじめて両替商（"money changer"）が登場する。「關記」，「生記」，「順昌」，「端記」，「衛記」，「裕隆」，「元昌」の7軒である。翌1873年版には変化がないが，1874年版には「關記」，「紹亨」，「順昌」，「錫記」，「紹祥」，「端記」，「同吉」，「元昌」，「惠和」の9軒が記載されている。

　したがって，少なくとも1870年代前半までには，英国人の目から見ても明らかな両替商が活動していた。一方で，その金融活動が両替にとどまるのか，あるいは預金・貸付や送金などにも及んでいたのかは知るすべがない。

　もっとも "money changer" という用語が使用され，"native bank" という用語が登場していないことは注目に値する。すなわち "money changer"＝「両替商」という業務範囲を超え，多岐にわたる金融を手掛けた "native bank"＝「銀号」

が，1870年代前半の香港社会では未成立であったか，活発ではなかったことを示唆している。

　これは当時の金融需要が，広州のように銀号が介在するほど，複雑かつ一定規模ではなかったためと考えられる。小口の両替や貸付は両替商や質屋で用が足りていた。また「金山荘」や「南北行」などの貿易商店は，聯号を通じた帳簿振替で決済をおこない，さらに預金，貸付，両替，手形割引，荷為替などの金融業務も兼業した。たとえば，19世紀末から20世紀初頭に活躍した「南和行」と「和發成」の当主である李石朋は，担保貸付を主体とする金融事業に進出して成功を収めていた［秦 2002, 18］。また南北行大手の一つであった「元發行」は，預金を受け入れ[15]，為替手形の割引も取り扱っていた。王錫棋『小方壺齋輿地叢鈔』第二帙の祐孫「俄遊日記」［馬 1998, 472］には，次のようにある。

　　光緒13年（1887年）8月（中略），17日。晴れ。辰の時刻に小船にて上陸，友人李光琴の書を持ち，上環の元發行で蔡松川，余韶笙と会い，為替手形を現金化する[16]

　また貿易商店の取り扱う荷為替については，20世紀に入ってからの記録［東亜同文会 1907, 357］ではあるが，次のようにある。

　　南北行，北棧行，西貨行ト名クル問屋ニテハ華客ノ為メ荷為替類似ノ事ヲ為ス客商，貨至リ賣貨ヲ待タズシテ歸郷セント欲シ或ハ郷里ニ為替ヲ組マント欲シ或ハ別處ニ送金セント欲セバ該問屋ニ請ヒ貨價ニ照ラシ銀ヲ借リ送金為替ヲ組ミ完賣セル代金ヲ以テ之ヲ支拂フ

　このように19世紀後半の香港では，金山荘や南北行などの貿易商店が各種の金融取引に直接関与していた。これは有資本者の自由な市場参入，貿易業との兼業による副次的な利益機会の追及という側面のほか，華商社会の信用のあり方にも理由を求めることができる。すなわち金融を取り扱うには，その担い手に高度な社会的信用が必要となる。この観点から見ても，当時の香港では金山荘や南北行などが資本蓄積によって高い信用を獲得しており，一方ではいまだ金融専門機関の成立・介在の余地がなかったと考えられる。

## 3　香港ドル決済圏の形成

### 1）香港ドル建て決済の導入

　しかし19世紀後半には，広東と世界経済を結ぶ構造に変化が生じる。香港ドル決済圏という，新たな決済構造の成立である。
　広州では19世紀半ばまで，公行が中外間の決済サービスの提供と信用の供与を担い続けた。しかし，1856年の広東大火で公行は大きな打撃を受け［梁1944, 18］，その機能が著しく低下する。さらに19世紀後半に入ると，銀価値の下落で輸出が活発化したことに伴い，広州に代わる物資集散・金融調節の対外窓口が必要となった。
　そこで新たに台頭したのが香港であった。香港は次第に，単純な自由港ではなく，広州に代わる中継・決済地の役割を確立する。一方で広州は，引き続き珠江デルタ流域圏の集積地としての役割を担った。こうして広州と香港の間を結ぶ経済活動が活発化し，資金や物資が流動する回路が生まれた。この回路こそが，珠江デルタ流域圏を世界と結ぶ動脈となっていった。
　構造変化のなかで，中国商人と外国商社の取引決済には，新たな手段・経路が必要となっていた。しかし外国銀行や外国商社にとって，不安定な政治経済的要因に加えて，秤量貨幣と計数貨幣が交錯した広東通貨での直接決済は，リスクが大きかった。そこで次第に，当時のアジアにおける貿易決済で幅広く信認されていたドル系銀貨を背景として発行された「香港ドル」建ての決済が用いられるようになった。
　香港ドルは，19世紀半ばから複雑な経緯によって形成された[17]。香港が開港した当初は，当時の貿易決済で主流であったメキシコドル（図1-1）やスペインドル，英国や東インド会社の金銀貨幣，中国の銀両・銅銭などが交錯して使用されていた。そこで香港の植民地当局は，1842年3月に全貨幣の流通を合法とする布告を出す。しかし英国植民地省は，ポンドなどの英国貨幣を標準とする方針を示したため，1844年11月には英国女王の勅令として，従来の各種貨幣の流通は認めるものの，香港における法定通貨は英国のポンド貨幣のみと

図1-1　メキシコドル
出所）Cribb［1987, 103, 118］

定められた。

ところが実態としては，各種貨幣が幅広く流通していた。そのなかでも，中国の銀本位から決済面で長年受け入れられてきたメキシコドルやスペインドルなどドル系銀貨の力は，根強いものがあった。このため香港に進出していた外国銀行などは，紙幣発行の際の額面を全てドル建てとしていた。これら香港で発行されたドル系銀貨ベースの紙幣こそが，実質的な「香港ドル」であった。

このような状況から，植民地当局は現状を追認せざるを得ず，1863年1月の勅令では「ドル」が香港の法定通貨に定められた。後に1895年には香港上海銀行（Hong Kong and Shanghai Banking Corporation）とチャータード銀行（Chartered Bank of India, Australia and China），さらに1911年にはマーカンタイル銀行（Mercantile Bank of India）の3行のみに紙幣発行権を認め，1913年に外国貨幣の流通禁止を定めた条例が発効されることで，最終的に「香港ドル」という通貨が確立された（図1-2）。

このような経緯を経た香港ドルは，香港の金融的安定性を背景に，19世紀後半から華南各地と香港を結ぶ際の地域決済通貨としての地位を確立し，「香港ドル決済圏」とも言える地域を形成していった。特に広州―香港間では19世紀半ば以降，香港ドルを介して香港で決済を集中する方式が主流となった。この新たな決済構造では，香港ドル対広東通貨の転換需要を伴ったため，過去には広州の地場金融にとどまっていた銀号が，積極的な役割をはたすようにな

る。以下では，その具体的な様相を，広東生糸の輸出と，それによって発生した金融需要の拡大を例に見てゆく。

### 2) 生糸輸出決済の例

珠江デルタ流域圏の生糸輸出は，「広東貿易の消長を支配す」［横浜正金銀行 1919, 4］と言われたように，輸出の主力を担った。またその決済は，香港との間の金融関係を左右する一大要因となった。

19 世紀後半以降，珠江デルタ流域圏の生糸輸出は急速に拡大した。表 1-1 は生糸の輸出総額を 1883 年，1904 年，1924 年と歴年推移で見たものである。これによれば，生糸輸出は全体の輸出総額に対し，ほぼ一定して 50% 前後の比率を占めている。また生糸輸出額の伸びも，1883 年から 1902 年の 20 年間では 3 倍強，1893 年からの 10 年間では 2 倍に増加している［King 1987, 433］[19]。

この 19 世紀後半からの輸出の急拡大に伴い，生糸の流通・決済ルートは，広東貿易時代と比較して明らかに変化していた。生糸の 9 割近くは広州から香港に向けて

図 1-2　香港上海銀行の香港ドル紙幣見本（1867 年）

出所）Cribb［1987, 42］

表 1-1　珠江デルタからの輸出に占める生糸・関連製品の割合（1883, 1904, 1924 年）

| 年度 | 輸出総額 | 生糸・関連製品 | 比率 |
|---|---|---|---|
| 1883 年 | 17.1 | 10.1 | 59.1% |
| 1904 年 | 63.7 | 31.6 | 49.6% |
| 1924 年 | 120.6 | 62.6 | 51.9% |

出所）MC, Trade Report をもとに Faure［1989, 29］より作成
注 1) 単位は Hk. Tls.
注 2) 比率は筆者計算

輸出され、さらに海外市場（主として米・仏）に再輸出された［台湾銀行 1918, 44-46］。すなわち広州―香港間に形成された回路を通じて、広東から世界市場へと接続されたのである。同時にその決済は、両地で様々な金融機関が介在する、複雑な関係を通しておこなわれた（図 1-3）。

まず、順徳や南海などの生産地帯から集積された生糸は、広州の問屋を通じて、広州の外国租界である沙面の外国商社に売却される[19]。このとき外国商社は、広州商人への支払いに現銀や広東通貨をほとんど直接使用せず、自店名義で振り出した香港ドル建て・香港渡しの小切手、あるいは買弁名義で振り出した手形（compradore order）を用いた［横浜正金銀行 1919, 6］。

広州の外国商社としては、広く信認されていたドル系銀貨である香港ドルを用いる方法が安全であった。このため広州での商業慣習として、外国貿易の決済は香港ドルを基本としていた（表 1-2）。しかし、広州にある外国商社の多く

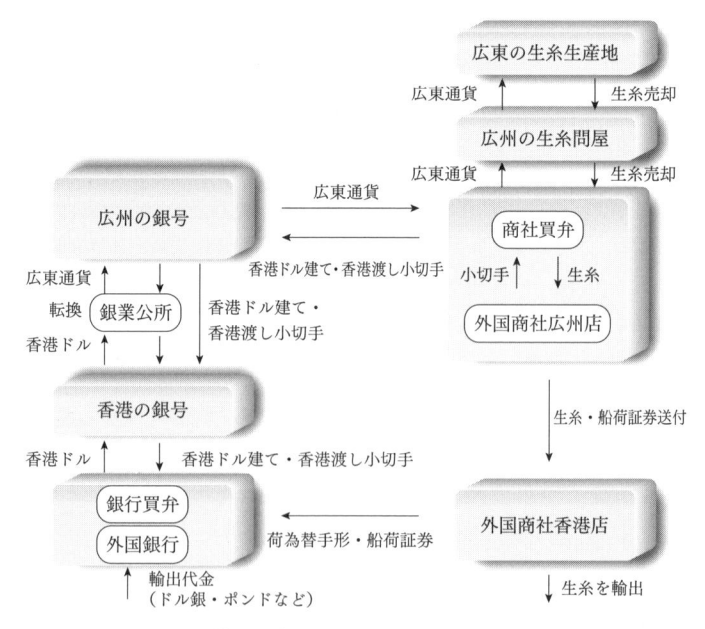

図 1-3　生糸輸出決済における広州―香港間の取引の流れ
出所）筆者作成

表 1-2　広東における取引別の使用通貨一覧

| 取引相手 | 条件 | 使用通貨 |
| --- | --- | --- |
| 外国人間 | | 香港ドル紙幣 |
| 外国人と中国人 | 取り決めあり<br>取り決めなし | 香港ドルまたは大元，毫洋<br>香港ドル，不足の場合は相当額の大元，毫洋に換算 |
| 中国人間 | 卸商<br>小売商<br>民衆一般 | 広東両に換算した毫洋（特に重毫）<br>毫洋（特に軽毫）または銅貨<br>銅貨 |
| 官庁 | 税関<br>一般官庁 | 海関両に換算した大元，毫洋，大元紙幣，香港紙幣<br>大元に換算した毫洋，香港紙幣 |

出所）台湾銀行［1912a, 21-22 ; 1918, 90］，東亜同文会［1917, 1047-1048］より作成

は香港の分店であり，また 20 世紀初頭までは外国銀行の支店も進出していなかった[20]。このため主として，香港渡しの小切手が使用された。台湾銀行の報告書［1912a, 23-24］は，次のように記している。

> 沙面輸出入外国貿易ハ香港通貨ヲ以テ取引ノ標準トスルモ其ノ実際受授スルモノハ香港通貨即チ香港銀行券少ク香上銀行小切手多キカ如シ

広州で香港ドル建て・香港渡しの小切手が多用されることは，決済が香港に集中することを意味した。この方法は，外国商社にとっては利便性も高かった。たとえば輸出為替の取り組みを見ても，輸出品は広州から香港まで送出された後に積み替えられ，船荷証券は広州で発行されていたが［台湾銀行 1912a, 23］，荷為替の取り組み自体は長年にわたって香港でおこなわれていた。1902 年の様子を在香港の日本領事報告［外務省 1902.10.23］は，次のように記す。

> 外國銀行ト雖モ従来純然タルモノナク僅ニ香港上海銀行ノ代理店アルニ過キス，其他ハ商業ノ傍テ取引先ニ於テ或ル一地ニ送金ノ必要起リ幸ニ該商業家ノ本店若クハ支店其地ニ在ルノ場合ニ限リ單ニ厚意ヲ以テ其ノ依頼ニ應シ為換手續ヲ執ルト云フノ有様ナリシカ本年四五月ノ頃仏蘭西銀行始メテ其支店ヲ沙面ニ開設シ五弗及拾弗ノ銀券ヲ發行シテ一般ノ銀行業務ヲ執リツツアリ，然トモ未タ汎ク世ノ信用ヲ博スルニ至ラス，如斯事情ナル

カ故ニ外國商館ト雖モ荷為換ノ必要起ル毎ニ一切ノ關係證書ヲ香港ニ送付シ茲ニ始メテ荷為換ヲ取組ムコトヲ得ルト云フ

　このため商品仕入代金の支払いも，香港に決済を集中するほうが，外国商社にとって利便性が高かった。後の 1910 年代には，外国銀行が広州に支店を開設して輸出手形を買い取るようになったが，決済は相変らず香港に集中していた。台湾銀行の報告書［1912a, 24］は，次のように記している。

其ノ後廣東ニモ外國銀行支店増設セラレ各行共競争シテ輸出為替手形ヲ買取リ居ルモ沙面ニ於テハ其ノ賣買代金ヲ支拂フコト稀ニシテ多クハ輸出商館カ香港ニ有スル取引銀行ノ當座口ニ入金シ前述ノ方法ニヨリ商品仕入代金支拂ノ資金ニ充ツルカ故ニ香港銀行小切手ノ取引ハ多キモ實際香港銀行券ノ流通比較的ニ少ナキカ如シ（下線は引用者による）

　ここで一つ注意すべきことは，上述のような輸出拡大による香港ドル決済の利用が，広東省内での香港ドル流通拡大につながっていない点である。すなわち，決済の基本は香港ドルであったが，実際の決済は香港でおこなわれていたため，香港ドルが広州で授受されることは多くはなかった。このため 19 世紀後半から 20 世紀初頭にかけて，広東で実際に流通した香港ドルは少なかったのである[21]。

### 3) 転換・調節者としての銀号

　一方で，広州商人や生糸生産者・集荷仲買人の取引に実際に必要であったのは，地域決済通貨である香港ドルやその小切手ではなく，現地通貨としての広東通貨であった[22]。このため生じた通貨の転換・調節を担ったのが，広州と香港の銀号であった。

　前掲の表 1-2 のように外国商社と広州商人の取引では，取り決めのある決済は香港ドルか大元または毫洋を使用し，取り決めのないものは香港ドルだけを使用した。しかし一般的には，「単加水」と呼ばれた香港ドルに対する広東大元のプレミアムを付して，広東通貨建てで支払いをするのが慣習であった。も

っとも，外国商社は広東通貨を自前で調達したわけではなく，実際は銀号が通貨を転換していた。横浜正金銀行の調査［1919, 6］には，次のようにある。

　　沙面外国商館ハ右（引用者注：華商）ニ対シ小切手ヲ振出シ買辨ヲ経テ商品賣却人ニ代金ヲ支拂フ買辨ハ之ヲ外国銀行ニ賣却シ香港通貨ヲ受取ルコトヲナサス必ス之ヲ銭荘銀號ニ賣却シテ毫洋ヲ受取リ更ニ商品賣却人ニ支拂フ銭荘銀號ハ買取リタル香港小切手ヲ香港取引店ニ送付シ賣買爲替ノ資金トナス

　外国商社の買弁は，商社発行の香港ドル建て小切手を広州の銀号に持ち込む（前掲図1-3）。外国銀行に持ち込まないのは，支店が開設されていないか，あるいは支店があっても広東通貨を取り扱っていなかったからである。このため，買弁は銀号に小切手を持ち込み，「単加水」を加えた広東通貨を受け取り，この資金で広州商人への支払いを完了した。

　次に広州の銀号は，買い取った小切手を香港で現金化する必要がある。そこで19世紀後半から，銀号は広州の地場金融機関としての役割を越えて，香港にも形成され始める。こうして広州の銀号は，小切手を取引関係のある香港の銀号に送付し，香港の銀号はこれを外国銀行で現金化した。

　このため決済地の香港は銀号と外国銀行の接点となり，両者は親密な関係を形成する。そして，その間を仲介したのが，銀行買弁であった。香港でも大手の銀号であった「天福」の鄧志昂や，「永徳」，「永大」，「承徳」の關淮洲などは英語に不慣れであり，銀号業者が外国銀行と取引する際には，銀行買弁の助けを借りる必要があった［關 1999, 23］。これは当時の銀号業者一般に共通することであった。また，香港上海銀行香港本店の第2代目買弁の羅鶴朋は「元隆」，「永同仁」に出資していたほか，少なくとも他2軒と親密な関係を有していた［King 1987, 442］。第3代目買弁の劉渭川は直接出資をしていないが，著名な「麗興」，「麗豊」などと密接な関係を有した［Smith 1983, 96］。

　以上のように，19世紀後半からの生糸輸出決済では，「広州の外国商社」―「商社買弁」―「広州の銀号」―「香港の銀号」―「銀行買弁」―「香港の外国銀行」という，広州と香港を結ぶ流れが形成され，同時に決済機能の中心は香港

へ移った。そこでは香港の外国銀行が提供する香港ドル建て決済を基本としていたが，外国銀行の参入が難しい地場レベルでの小切手・手形の買取りと，これに伴う香港ドルと広東通貨の転換は銀号が担っていた。

この分業関係を理解しない場合，次のような誤った認識に陥る。1902年の在香港の日本領事報告［外務省 1902.10.23］は，次のように記す。

> 荷為換ヲ取扱フモノナシ是レ廣東地方ニ於テハ銀行業尚ホ幼稚ノ時代ニ在リテ未タ荷為換ノ意義ダニ解セス随テ之ヲ實行スル者ナキガ故ナリ，（中略）壹億四千萬両ノ輸出入ヲ有スル一大市場ニシテ外國ニ對スル金融機関ノ不備斯ノ如キハ寧ロ奇異ノ感ナクンバアラズ

しかし，広東の華人系金融業は「幼稚」などではなかった。実際は，銀号と外国銀行が役割を分担・補完する決済構造が，円滑に機能していたのである[23]。

## 4 香港における銀号の発展

### 1）香港銀号業の成立

広州と香港を結ぶ回路の確立は，1870年代後半から1880年代前半であったと推定される。それは同時期，香港における華人の金融活動が本格化し，両替商や質屋とは異なる金融専門機関としての銀号が勃興したことに表れている。

これを具体的に示すのが，1881年6月3日，香港総督ヘネシー（Sir John Pope Hennessy）の，1880～81年度センサスについての立法会議での報告演説である。演説は全般的に華人による商業活動の勃興が，香港経済に対して，いかに重要な役割をはたしつつあるかを強調している。そこには1876年と81年のセンサスを比較して，華人系金融業の発展に言及する次の箇所［HKG AR 1882］がある。

> 金融に従事する華人を見ると次の通りです。シュロフ（引用者注：shroffは本来，貨幣鑑定人を指すピジン英語であるが，ここでは外国銀行の買弁オフ

ィス勤務者の意味か）は 40 人から 208 人に増加，貨幣鑑定家は 9 軒から 14 軒，以前のいずれの調査でも見受けられなかった貴金属商が現在 34 軒，両替商は 1876 年の 111 軒から変化がなく 111 軒。しかし 1876 年には全く登録のなかった銀号（引用者注："chinese bankers" と表記）が，現在の調査では 55 軒となっています

さらに総督の演説には，諧謔を込めて華人系金融業の活発な活動を示唆する，次のような発言［HKG AR 1882］がある。

　また個人的には残念ですが，（引用者注：センサスの結果）音楽家は 70 名から 30 名に減少しています。それがしばしば起こりうる統計理論上の誤りでなければ，登記局が確実に調査したこの内容は，我らが銀号と貴金属商が表舞台に躍り出るとき，物語作家と音楽家は消え去る，という憂鬱な事実を示しています（下線は引用者による）

このセンサスの重要な点は，華人系金融業者に詳しく言及し，さらに香港の"chinese bankers"，すなわち「銀号」を 1881 年の時点で公式に確認できることである。銀行買弁でも，貴金属商でも，両替店でもない銀号は，1870 年代後半から 1880 年代前半に登場したことがわかる。

これはいくつかの著名な銀号が，同時期に創業されたことにも表れている。後に香港でも有数の歴史と規模を誇った「瑞吉銀號」は，1884 年に資本金 5 万ドルで創業した［馮民徳檔案「瑞吉銀號」1920］。また 1870 年代後半から 1880 年代前半が銀号の勃興期であったことは，同時期に銀号への強盗事件が頻繁に発生していた事実からも確認できる。香港の大事記 *Historical Statistical Abstract of the Colony of HK 1841-1930* の 1878 年 9 月 25 日の項目には，香港島の永楽街にある銀号への武装襲撃など，強盗事件が多発したとの記述がある［HKG 1932, 25］。

1880 年代には，銀号は香港の華人社会で一般的に見られるようになっていた。1886 年，香港には約 20 軒の銀号が活動していた[24]。それらは自己の支店を持たないものの，聯号を通じて香港域外と取引していた。香港上海銀行のア

表 1-3　銀号の軒数と新規開店・閉店数（1891～95 年度）

|  | 1891 年 5 月 20 日止 | 1891 年度 | 1892 年度 | 1893 年度 | 1894 年度 | 1895 年度 |
| --- | --- | --- | --- | --- | --- | --- |
| 期初の銀号 | 28 | 28 | 32 | 31 | 28 | 30 |
| 開店 | 0 | 9 | 2 | 4 | 3 | 10 |
| 閉店 | 0 | 5 | 3 | 7 | 1 | 6 |
| 合計 | 28 | 32 | 31 | 28 | 30 | 34 |

出所）HKG CR［1891；1892；1893；1894；1895］より作成

ディス（Charles Addis）の調査［King 1987, 504］によれば，6 軒は資本額が 5000～1 万ドルで，主に両替と手形取引に従事していた。また 14 軒は資本額 3 万～6 万ドルで，当主とは別の支配人が運営しており，株主資本利益率は年 15 ％前後であった。一般的には 8 ％で資金を調達して，商人向けに 10～15 ％で貸し出し，平均の年間取引高は 15 万ドルに上った。

次に 1891～95 年の香港政庁によるセンサスを基に，1890 年代前半の銀号を数量的に把握しよう。表 1-3 は 1891 年 5 月 20 日のセンサス結果による銀号数をベースに，後の各年度における銀号数の増減を差し引いた実質数である。これによれば，銀号の数は大体 30 軒前後で推移している。1894 年に出版された『香港雑記』の「銀號約三十餘家」という記述はこれを裏付ける［陳 1894, 32］。一方で，各年度の開店と閉店の数が，年度によって振れ幅が大きいことから，銀号の経営は安定したものばかりではなかったこともわかる。

### 2）香港金融界における銀号の位置

勃興期の銀号は，香港金融界のなかでどのような位置を占めていたか。その例を示す香港政庁の報告書が 2 通ある。

一つは 1889 年 10 月 31 日付の "Report on the Condition and Prospects of Hongkong, by his Excellency Sir G. William Des Voeux, Governor, & c." のなかに，表 1-4 に示した統計がある。これは 1879 年 9 月 30 日と 1889 年 9 月 30 日の，華人系と欧州系の金融機関における預金残高比較である。これによれば銀号の当座・定期預金合計は，1879 年の推計がないものの，1889 年の推計では 1500

表1-4　1879年度および1889年度における各種金融機関の預金残高比較

|  | 1879年9月30日 | 1889年9月30日 |
|---|---|---|
| 在香港欧州系銀行の当座・定期預金合計 | 7,068,600 | 23,882,000 |
| 在香港華人系銀号の当座・定期預金合計（推定） | ― | 15,000,000 |
| 貯蓄銀行の預金合計 | ― | 211,000 |

出所）HKG SP［1889, 299］より作成
注）単位は香港ドル

万ドルに上るとされている。一方で，1889年の欧州系銀行の当座・定期預金合計は2388万2000ドルとされる。

　もう一つの報告書は，1891年4月30日付の"Governor Address on the Subject of the Financial Condition of the Colony"である。この総督報告［HKG SP 1891］には，次のような記述がある。

　　さて華人系の銀号に関して言えば，私は登記局長からはもちろん，信頼のおける銀行その他からも聞き取り調査をおこないました。集計された推定値は金額が一様ではありませんが，私はチャータード・マーカンタイル銀行の買弁である韋玉氏のそれに最も耳を傾けるものであります。理由は，私の了解するところでは，各銀行での詳細な聞き取りの結果であるというだけでなく，それが両極端な調査結果の数字の中庸であったためです。氏の計算によれば，華人系銀号の預金減少の総計は，1889年の総預金高が600万ドル，今年が500万ドルであることから，1889年と比較して約100万ドルとなります

　2つの報告書の数字には相当の乖離があるものの，銀号はすでに外国銀行と比較しても，預金残高で一定の数字を有していたことが判明する。

　もっとも，銀号は香港金融界で強力な一群を形成したが，金融業者の形態としては多数あるなかの一つであった。1922年の『中華人名録』の金融業者を見ると，「銀行」[29]，「銀号」，「金銀找換商」，「錢枱」，「匯兌荘」と分類されている［香港南華商務傳佈所 1922］。このように金融業が多種に及ぶのは，香港が各地・各種の経済活動を中継し，関係する業界や郷党によって，利用する金融

機関や金融機能に特色があったためである。この多様な金融業者のなかで、銀号は広東―香港間の金融市場を地盤として、先述のような決済業務をはじめ、預金・貸付、両替、金銀貨幣の売買、投機などの様々な金融活動を展開した、珠江デルタ流域圏の金融業者と位置付けられる。

## 5　銀号による広州―香港間の金融掌握

### 1) 広東通貨という壁

香港ドルを介して広州と香港を結ぶ決済は、外国銀行が提供する香港ドル建て・香港決済を基本とした。しかし現実には、銀号が広州と香港の間の金融活動を掌握していた。その最大の理由は、広東通貨の複雑性にある。

先述のように、広東通貨は不安定な政治経済的要因に加えて、秤量貨幣と計数貨幣、金属種類、さらには真贋が交錯する複雑なものであった。このため外国銀行や外国商社は、広東通貨建ての取引に消極的であり、これが香港ドル決済の求められた理由であった。

この広東通貨の壁は、外国銀行が広州に進出した20世紀に入っても立ちふさがった。外国銀行は、広州の外国商社が振り出して買弁が現地の銀号に持ち込む香港ドル建て小切手を買い取ろうと試みたが、容易ではなかった。横浜正金銀行の調査［1919, 8-9］は、次のように記す。

> 両地間同一ノ香港紙幣ヲ以テスル為替取引ハ專ラ外國銀行間ノ取扱ニ係リ、生糸商人ノ振出ス香港渡リ小切手、c/o ノ買入レ或ハ輸入手形拂込金取次ギ等ニテ廣東側ニ於テ賣買セラル丶モノ多キガ如シ

広州で売買される以上、支払いは必然的に広東通貨となる。だが外国銀行は、1912年の時点では毫洋建て紙幣は発行せず、その勘定を持つこともなかった。後に、銀行によっては預金で広東通貨を受け入れたが、為替関連は香港ドルだけを取り扱った[26]。例外は台湾銀行広州支店で、基本的には香港ドルを計算標準としていたが、預金および為替とも広東通貨建て取引が多かった［台湾銀行

1912a, 22]。これは同行が日系であり，また後発であるという不利な条件を覆すため，あえて広東通貨建ての取引に積極参入したからであった。

このため広州でも香港でも，広東通貨への転換という必要不可欠な役割は，専ら銀号が掌握していた。台湾銀行の報告書［1919, 7］には，次のように記されている。

> 幣制不統一ノ結果支那人ヲシテ生レナカラニ為替観念ヲ習得セシメ所謂 Local Exchange ニ對シテハ到底外國人ノ匹敵スル所ニアラス殊ニ数十年来之ヲ事業トスル者ハ即チ天賦ノ才能ヲ有シ且ツ同業者和合協力ノ念強キタメ<u>容易ニ外國銀行ト融合スルコトナク</u>（下線は引用者による）

広州と香港で通貨転換を担った銀号は，1919年には広州で百数十軒，香港で50〜60軒に達した［横浜正金銀行 1919, 9］。それらが用いた交換レートは，広州「銀業公所」での銀号間の集中取引で形成された。

### 2）銀業公所での取引

銀業公所の成立年は不明である。しかし，1911年の台湾銀行の調査では，「広東に於ては日々二回宛銀号公所（銀行集会所）に於て相場立ち発表せらる」［1912a, 26］とあり，1911年以前には成立していたことがわかる。1923年に「銀業公会」へと改組され，做架銀号，找換銀号，銭店，包紙客（仲買人），さらに一部の華人系銀行も参加した。また不文律として外国人は一切の加入が認められなかった。1931年には「工商同業公会法」に沿って章程を修正し，名称を「広州市銀業同業公会」に変更した。

成立初期の所在地は，大手銀号のギルドである「忠信堂」の会所内であったが，後に広州市西栄巷に移動した。会費は1919年前後には退会時に返却される一時金26両に加え，毎月の雑費負担が1店平均1元であった。重要なのは，本来，忠信堂加盟の做架銀号だけが支払っていた厘金（商業税の一種）を，銀業公所の会員も忠信堂を経由して支払う必要があった点である。これは当時，会員不足に直面していた忠信堂が，中小銀号や両替商も必要とする金融取引所の創設でそれらを包摂し，厘金徴収の増額を目指したものでもあった。会費と

厘金の納付後，忠信堂の董事会（理事会）が銀業公所に通知して，会員証書と取引所入場証4枚が交付された［區 1932, 38-39］。

取引通貨は，基本的に大元，各種紙幣，毫洋（重毫，軽毫）などの広東通貨，香港ドルやその小切手・手形であった[27]。取引方法は各通貨ペアで，プレミアムやディスカウントなどの差金を提示して取引した[28]。1912年では，(1)単加水：香港ドルに対する広東大元の割増歩合（＝プレミアム），(2)砕去水：広東大元に対する毫洋の割引歩合（＝ディスカウント），(3)毫買単：香港ドルを毫洋建てで買い取る相場，(4)港軽毫水：香港における軽毫（秤量によらず個数で計算する毫洋）の香港ドルに対する割引歩合，(5)港広紙水：香港における広東毫洋紙幣の香港ドルに対する相場，などが取引された。このほか，毫洋に対する銅貨や香港補助貨幣（1セント銅貨）の相場もあり，後には広東中央銀行の各種銀行券も取引された。

銀業公所の各種取引は，広州と香港を結ぶ金融活動を左右した。たとえば，銀業公所で決定された交換レートは，直ちに香港へ打電され，香港ではこのレートを基に「港軽毫水」の相場が建てられた。この港軽毫水が決定されると，再び打電されて広州の軽毫相場に反映されたように，広州―香港間の金融関係は密接に連動していた［台湾銀行 1912a, 31］。また，銀業公所での香港ドル建て小切手・手形の取引は，香港―広東間の金融の趨勢を示すものであった。1919年前後には，「香港渡手形ノ取引最モ多シ生糸輸出季ニハ香港渡手形ノ取引一日百萬以上ニ上ルト云フ此ノ取引高ハ恐ク廣東商業界ノ「バロメーター」タラン」（下線は引用者による）［台湾銀行 1916a, 136-137］と言われていた。

こうして銀業公所は，広州と香港を結ぶ資金の流れに必要とされた香港ドルと広東通貨の交換を円滑化し，銀号の取引における流動性を高める役割をはたした。

## おわりに

　本章をまとめると，以下の通りとなる。
　19世紀後半，それまで中国と世界を結んでいた，広州中心の貿易決済の構造に変化が生じた。特に，太平天国の乱による華南の社会経済の混乱，1856年の第二次アヘン戦争に伴う広州大火による公行の焼失と衰退は，従来の決済システムに大きな打撃を与えた。このため外国商社と広州商人の間では，新たな決済方式が必要となった。そこで次第に，当時のアジアにおける外国貿易決済で使用され，幅広く信認されていたドル系銀貨を基礎とした香港ドルを基準に，香港で決済をおこなう方式が用いられるようになった。この香港ドル決済圏の作動に際して，重要な役割をはたしてきたのが，広州・香港の銀号であった。
　本来，広州商人が必要としていたのは，外国商社が広州で振り出した香港ドル建て・香港渡しの小切手ではなく，現地の広東通貨であった。そのため外国商社の買弁などは，広州商人への支払いのため，金融業者を通じて小切手を広東通貨に転換する必要があった。しかし，外国銀行は広東通貨の複雑性から，19世紀には広州に支店を設けることはなく，20世紀初頭に入って支店を開設してからも，広東通貨の取り扱いに積極的ではなかった。そこで小切手を買い取ったのは，地場の金融業者として活動していた銀号であった。さらに広州の銀号は，買い取った小切手を香港に送付し，最終的な決済をおこなう必要があった。このため19世紀後半には，香港でも銀号が形成される。香港の銀号は，広州から送付された小切手を香港の外国銀行に持ち込み，最終的な現金化をおこなった。また20世紀初頭に入ると，広州では銀号業界によって銀業公所が形成され，香港ドル建て小切手の取引，香港ドル—広東通貨間の交換レートの決定がなされた。
　このように19世紀後半にかけて，広州と香港が連動する回路が形成され，香港ドルという地域決済通貨や，香港を介した決済機能が導入されたことで，香港ドル決済圏とも言うべき地域が登場した。それは単に両地を結ぶ回路では

なく，広東と世界という異なる経済システムの間を接続するため，香港ドルという地域決済通貨を介在させ，経済活動を調節する役割をはたしていた。言い換えれば，香港という都市が，19世紀後半から20世紀初頭にかけて，アジア太平洋でも有数の経済活動のゲートウェイとして確立された要因の一つは，香港ドル決済圏の形成にあった。それは，従前までの華南と世界との関係のあり方を大きく変えると同時に，香港に，様々な由来・背景の経済活動が集中し，調節機能が拡充されることで，そこが地域に根ざしたゲートウェイとして存立する契機となった。

このなかで銀号は，広州─香港間で緊密に連動しながら，香港ドル建て小切手の取引や香港ドル─広東通貨間の転換・調節という，香港ドル決済圏に必要不可欠なプロセスの主導権を握ってきた。すなわち銀号は，近代の広東と世界を経済的に結ぶ要であった回路で，貨幣・資金の流動・循環を実質的に作動させるという，重要な役割を担っていた。

# 第2章

## 華僑送金の広域接続関係
——シンガポール・香港・珠江デルタを例に——

## はじめに

　香港のゲートウェイとしての確立は，19世紀後半にかけて，もう一つの地域レベルの「つながり」と「流れ」が空間を形成することで，決定的となる。それが，香港を通じて華南とアジア太平洋の間で形成された，華人の経済活動が結んだ空間である。

　19世紀半ば，華南は香港を介し，新興開発地域として労働力需要が急増したアジア太平洋地域と連動したことから，ヒトが大量に移動するようになる。こうして華南各地（珠江デルタ，潮州，福建など）から，東南アジア，米州，オセアニアなど，アジア太平洋各地への労働力送出によって人口移動が活発化すると同時に[1]，ヒトの移動を基礎としたモノ・カネ・情報の流動・循環が恒常化する。

　この流動・循環は，前掲図序-4，序-6のような地域間の接続関係を形成した。諸地域には，珠江デルタ流域圏の広州，マラヤ・海峡植民地のシンガポール，仏領インドシナのサイゴン，タイのバンコク，米大陸のサンフランシスコ，オセアニアのシドニーなどのように，地域内を代表する集散地がある。各地域を背景とした集散地は，香港という八方に通じたゲートウェイによって相互に結ばれていた。このように，華人の経済活動による無数の回路によって地域間が接続され，その間で様々な要素が流動・循環を繰り返したことは，近代アジア太平洋の経済圏を特徴付ける空間構造であった。

　空間内を流動・循環した重要な要素の一つが，「華僑送金」である。華僑送

金は，地理的にはアジア太平洋各地から，主に香港を経由して，華南を結ぶ資金移動であった。たとえば，「サンフランシスコ→香港→珠江デルタ」や「バンコク→香港→潮州」といった移動方向である。しかもそれは，途中で貿易，金融，投資などに複合的に利用され，時々によって最も有利で効率的な経路，担い手，送金方法を選択しながら接続されていた。それゆえに，華僑送金は単なる送金にとどまることなく，アジア太平洋地域の多角的な為替関係にも影響を与えていた。それは，総体的な金融規模の影響力という点だけではなく，広域間でのヒト・モノ・カネ・情報の流動・循環と連動した複合性や複雑性の点からも，華人が展開した経済活動のダイナミクスを象徴する現象であった。

　この華僑送金については，日本では戦前から注目されてきた。また，その大枠や意義は，すでに濱下武志によって説明されており［濱下 1990；1992；1996］，筆者はほぼそれに同意するものである。問題は，最後の解が同じであったとしても，途中で縺れ合った糸のような関係が，すべて解明されているわけではない，という点である。

　近代の華南は，アジア太平洋に拡がった経済圏の一部として包摂されたが，そのなかで展開した華人の経済活動を見ると，広東系，潮州系，福建系などの郷党の別にとどまらず，様々な系統での個々かつ無数の「つながり」が形成されていた。こうしたなかでカネの「流れ」の一形態である華僑送金を，事例ごとに並列して重層的に考察すれば，異なる系統や主体による「つながり」と「流れ」が，異なる経路や方法，あるいは資金の役割を持ちながら，相互に交錯しつつ，流動・循環する姿が立体的に浮かび上がってくる。

　たとえば，潮州系が「南北行」の米貿易と送金をリンクさせた動き，広東系が「金山荘」の貿易と送金をリンクさせた動き，同じく広東系が送達した資金が珠江デルタ流域圏の輸入物資消費力となり，また広東各地や上海などに投資として向かった動きなどが，香港で交錯・連動しながら調整される，といった構図である。しかし，華僑送金という細い糸によって織り成される構図の全容は，いまだ解明されていない。その解を得るには，それを一本ずつ解きほぐす作業が必要となる。

　そこで本章では，19世紀後半から20世紀初頭，東南アジアの一大集散地で

あったシンガポールから,香港を経由して,広東の珠江デルタ流域圏へ向かった南北軸での資金流動を例に,広東系を中心とした華僑送金の接続関係の解明を試みる[2]。そこからは同時に,華人の経済活動が結ぶ空間のなかでの,香港の役割が明らかになる。

本章の構成は以下の通りである。第1節では,東南アジア最大の集散地であったシンガポールで,華僑送金を取り扱った「信局」の活動の展開をたどる。第2節では,シンガポールから送出された資金が,直接に華南各地に向かったのではなく,香港という地点を経由したことの意味を,各種の送金方法,香港の機能,香港のなかでの金融業者の役割などとともに明らかにする。第3節では,香港を経由した資金が,どのような方法で華南の目的地に送達されたかについて,広東の珠江デルタ流域圏を例に考察する。

## 1 華僑送金の前段階

### 1) シンガポールの信局

1913年の推計(表2-1)によれば,華人の人口は東南アジア各地とオーストラリアのみで約340万以上と言われた。また出身地を見ると,明らかに広東,潮州,福建の華南3地域が圧倒的な割合を占めていた。その意味で華僑送金と

表2-1 東南アジアとオセアニアにおける華人の人口(1913年の推定値)

| 地方 | 総計 | 広東 | 潮州 | 福建 |
|---|---|---|---|---|
| シャム | 127万 | 14万 | 93万 | 12万 |
| 海峡植民地,マラヤ,ボルネオ | 97万 | 21万 | 25万 | 39万 |
| ジャワ,スマトラ,セレベス,蘭領諸島 | 45万 | 7万 | 16万 | 28万 |
| 仏領インドシナ | 20万 | 9万 | 7万 | 3万 |
| フィリピン | 20万 | 2万 | 1万 | 16万 |
| オーストラリア | 14万 | 11万 | 不明 | 不明 |
| ビルマ | 12万 | 不明 | 2万 | 8万 |
| 独領南洋諸島 | 8万 | 2万 | 4万 | 2万 |

出所)台湾銀行[1914, 2-3, 23-29]より作成
注)他地方の出身者などの要因から,総計と三地方の合計は一致しない

は，アジア太平洋の各地から華南3地域へ向かう資金移動を基本としていた。

華僑送金には様々な方法があった（図2-1）。たとえば1860年代頃までは，手荷物による現金や貴金属の輸送が主流であった。しかし需要の増加に伴い，次第に組織的な送金網が整備された。ここではシンガポールを例に，華僑送金の端緒を考察する。

シンガポールは東西交易要衝としての地理的位置に加え，マレー半島や蘭領東インドでの華人の経済活動の発展に伴い，19世紀半ばから移民，送金，貿

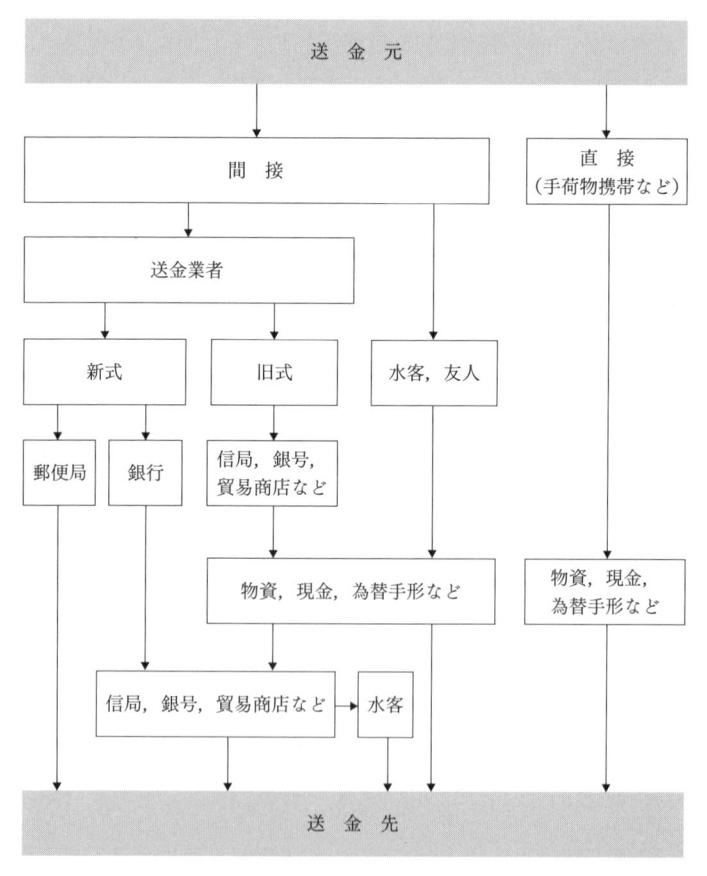

**図2-1 華僑送金の方式**

出所）林，羅，陳，潘，何［1999, 5］

易などの集散・中継地となる。その過程で，シンガポールは香港との間に連動関係を形成することで，華南と接続された。このためマレー半島全域や蘭領東インドの一部から華南への華僑送金は，まず東南アジア側の集散・中継地であったシンガポールに集積された。

　ここで重要な役割をはたしたのは，現地の華人社会から現金や郵便物を預かり，華南への配送を手配する業者であった。これが「信局」である[3]。

　シンガポールの信局は，広東，潮州，福建など各郷党のものがあった。1887年には49軒，1913年には200軒余りが活動していた。中でも広東系で著名な店は「余仁生」を筆頭に「三益」，「廣蘭」，「周蘭記」，「福源」，「廣祥泰」，「廣福成」，「廣生隆」，「謝怡和」，「廣恒」，「廣祥」，「怡盛」，「廣泰」，「瓊源豐」，「恒裕成」，「綸章」，「永吉安」ほか50数軒を数えた［台湾銀行 1914, 116］。

　多くは華商の伝統的な共同出資形態である合股によって成立していたが，信局業務を専業とする店は少なく，実際はほとんどが貿易業や商店など各種商業活動との兼業で営まれていた[4]。逆に言えば，市中では信局というより，主に貿易商や商店として知られており，「信局業務を兼業している」とみなされていたとも考えられる。その最たる例は，シンガポールと香港で華商の巨頭として知られた余東璇の経営した余仁生である（図2-2）。

　余仁生は広東省仏山出身の余廣により，漢方薬店としてマレー半島のペラ州ゴペンで1879年に創業された。1897年，長子の余東璇が事業を継承し，海峡植民地・マラヤでも屈指の薬業業者に成長する[5]。支店網は各地に拡大し，1909年には香港[6]，1910年代には広州や仏山などにも支店を開設した。

　余仁生は漢方薬の輸出入・製造販売で知られていたが，同時に支店網を利用して信局業務を手掛けた大手でもあった。すなわち余仁生は，同一店内で薬業と信局業を営んでいた。

　貿易商や商店が信局業務を手掛けた背景は，華人社会には華南への送金需要が大きかったにもかかわらず，当時は遠隔地間金融をおこなえる華人系金融機関の成立条件が整っていなかったことが挙げられる。そこで，地元の華人社会で資本・信用力が比較的優位にあった大商店が，次第に金融業務を兼業したと考えられる[7]。

図 2-2　余仁生シンガポール本店の門柱にある看板
出所）筆者撮影
注）左：人参・鹿の角・燕の巣・肉桂　本場の薬材。右：広東・広西への為替　各地の貨幣

　以上のように一定規模の信局は，同時に著名な貿易商や商店でもあったため，自己の支店あるいは聯号[8]を華南各地に有していた。しかし，地方の小規模な信局の場合，シンガポールまでの接続が限界であった。そこでシンガポールの「余仁生」や「天一局」のような大手信局は，支店のあるペナンやマラッカなど以外のマレー半島各地，さらにはビルマ，スマトラ，ボルネオ，ジャワなど各地の小規模信局や為替取扱い商店の注文も取り次いだ［台湾銀行 1914, 118］。こうしてシンガポールは，華南に対する華僑送金の一大中継地として機能した。

### 2）信局送金の実際

　シンガポールの信局の様子は，1914 年の台湾銀行の報告書［1914, 115］に，次のように記述されている。

　　軒ヲ竝ヘ「銀信局匯兌」ノ看板ヲ出セリ其ノ数多キコト他地方ニ見ルコトヲ得サル所ナリ其ノ信用ノ大ナルモノニ至リテハ店頭顧客絶ユルコトナ

ク出入（中略）顧客ヲ見ルニ船頭アリ，護謨園夫アリ，車夫アリ，鉄工アリ，商人アリテ現金ヲ提供シテ送金ヲ依頼スルアリ領収証ヲ示シテ回批ヲ請求スルアリ而シテ一方ニハ數百通ノ手紙ヲ堆積シ帳簿ニ付込スルアリ或ハ回批ヲ原簿ニ対照スルアリ或ハ回批ヲ函篋中ニ探クルアリ宛然一個ノ郵便局ノ如ク又為替屋ノ如ク（後略）

以上からは，シンガポールの信局店頭の繁忙がうかがい知れる。同時に，信局が郵便業務を兼業していた様子もよくわかる。

華人が故郷への送金を必要とするとき，あるいは故郷との連絡を必要とするとき，彼らは自身の郷党が経営する信局へ向かう。顧客が同郷人の経営する店を選択するのは，その店が送信・送金の目的地である郷土と連絡可能なことに加え，華人社会では同郷という紐帯が信用保証のメカニズムとして機能していたためである[9]。

送金の際に，顧客は信局で送金額分の現金を渡して，信局の領収証を受け取る。送金受託時の為替レートは，シンガポールではほとんどが英系の香港上海銀行の提示レートを参考にしており，この銀行の価格と顧客に提示される価格とのスプレッド（価格の開き）が店の取り分となった[10]。

また手紙を預けた場合，信局はこれを整理登録した後に，外国郵便局のネットワークを利用して支店・聯号に送付した。華南で郵便制度が確立されたのは20世紀に入ってからであり，当時はその信頼性も薄かった。したがって，郵便制度というインフラによって手紙が送達されたのは，基本的に外国郵便システムが延伸していた開港場までである。

信局が送金を受託した場合，華南への送金という中段階には，外国郵便局の郵便為替と外国銀行の為替送金という2つの手段があった。前者は外国郵便局の郵便為替を利用する方法である。もっとも華人は，郵便為替をオーストラリアやビルマでは積極的に活用したが，シンガポールやマレー半島ではほとんど利用していなかった。この理由として，1883年の香港郵政総局報告書［HKG AR 1883］は，次のように述べている。

　　おそらく理由は，2つの植民地（引用者注：香港と海峡植民地）の密接な

華人社会間の商業関係が,彼ら自身による送金手配を可能にさせているものと考えられます

たしかにシンガポール—香港間は,密接な華人の商業活動で結ばれていた。加えて,すでに1870年代半ばには,華南への送金事業は華人社会のなかで巨大な利権となっており,両地の末端での資金集散は華人がほぼ完全に掌握していた[11]。

一方,遠距離間の送金には,外国銀行の為替送金が活用された。たとえば送金額の多い場合,香港などの聯号に電信であらかじめ金額を通達し,郵便が到着する前日頃に外国銀行へ赴き,手持ちの注文金額をまとめて電信為替で送金した。この他,金額の少ない場合には為替手形を組み,手紙とともに直接送付することもあった[台湾銀行 1914, 105]。

信局の銀行利用の例を,1913年の台湾銀行シンガポール支店での香港向け為替に見ると,それぞれ広東系の信局である「三益」が30万海峡ドル,「福源」が30万海峡ドル,「余仁生」が25万海峡ドル,「周蘭記」が20万海峡ドルとなっている[台湾銀行 1914, 119]。上記4店は大手であったが,いずれも外国銀行の為替送金を利用していたことがわかる。

信局が,離れた地点間の金融取引に外国銀行を利用したのは,それが最も利便性に優れていたからである。安全面から言えば,手荷物運搬人の「水客」などと比較して迅速で確実であった。需給面から言えば,片為替になりがちな華僑送金では,信局が自店内で為替バランスを完全に均衡させることはほぼ不可能であった。加えて外国銀行も信用のある一部信局に,当座繰越による短期信用を供与するなどの便宜を図った[台湾銀行 1914, 113]。

この結果,東南アジア—華南間の華僑送金では,信局と外国銀行の間に相互関係が形成されていった。それは組織的に遠隔地間を結び,安全・確実・大量に資金移動を担った「銀行」と,同族・同郷・同業という地場に張り巡らされた伝統的紐帯に基づき,資金吸収を担った「信局」の補完関係であった。

一方で,1910年代後半には,華人資本の銀行業への参入が本格化するが,華僑送金業務は限定的であった。シンガポールの華人系銀行は,1903年に創

業された広東系の「廣益銀行」を嚆矢とする[12]。1907年には潮州系の「四海通銀行」が創業され，潮州系の商業活動に沿った形で香港，バンコク，汕頭に支店を展開した。1908年には中国の「交通銀行」が支店を開設する。1912年には福建系「華商銀行」，1917年には福建系「和豐銀行」，1919年には福建系「華僑銀行」が開業する[13]。この3行は1932年に「華僑銀行」（OCBC）として合同する[14]。1920年には，余仁生の余東璇が「利華銀行」を創業する。

　もっとも，注意が必要なのは，シンガポールの華人系銀行が主力としていた業務は，同郷人脈を基軸とした強力な預金吸収，さらにはプランテーションや鉱山への投融資であり，支店網もマレー半島を中心としていたことである。その意味でシンガポールの華人系銀行は，為替銀行の側面よりも，同郷人のための地域金融機関としての側面が強かった。むろん，華僑送金を取り扱ったのも事実である。しかし実際には，既存の信局と外国銀行の送金メカニズムは強力であった。したがってシンガポールの華人系銀行は，自前の遠隔地間送金ルートを形成するよりも，むしろ信局と同様に外国銀行との提携で，その機能を補完していた[15]。

## 2　多角的決済関係のなかの華僑送金

### 1）商品貿易との関連

　海外各地の華人社会からの送金は，多くが華南に向けられた。この過程で特筆すべきことは，資金が市況の有利な際には商品貿易などの形態に転換されるなど，送金方法に多様性が見られた点である。たとえばシンガポールの余仁生の場合，預かった資金を広東からの薬材輸入決済に充てることで，華僑送金と貿易決済を相殺していたと考えられる。またタイや仏領インドシナの場合，華南で需要の大きい米を現地で買い付け，香港で売却・現金化して資金を回収・転送することで利益を得た［濱下 1992, 103］。

　すなわち，華僑送金の複合的取引は，需給バランスが悪く片為替となりやすい華南各地への直接送金と比較して有利であると同時に，信局業務を兼業する

貿易商や商店には，利潤を極大化する機会であった。貿易商や商店は事業の運転資金を必要とした一方で，兼業する華僑送金は実際の支払いまでに郵便の関係上から1～2週間を要した。そこで受入資金を活用した運用をおこなった[16]。たとえば余仁生や天一局など，華僑送金以外の為替も併せて取り扱った業者は，一般商人の委託による為替取引も多く，前貸し融通などもおこない，常に20～30万海峡ドルの資本を運用していた［台湾銀行 1914, 101］。

また華僑送金と商品貿易の関係は，地域間の経済関係に複雑な影響を与えた。たとえば華南への華僑送金による資金流入は，同地域での輸入消費の原動力になると同時に，香港市場での商品貿易などに伴う多角的な決済バランスを相殺する要因となった。以下では，広東の重要な輸入産品であった米を例に見る。

周知の通りバンコクやサイゴンで，米の集荷・出荷をほぼ独占したのは潮州系であった。潮州系は同時に故郷への送金を必要としており，送金は先述のように時として商品貿易の形態に転換された。しかし，バンコクやサイゴンなどから輸出された米は，最終需要地に直接送られることはなく，ほとんどが需給調整地の香港に向けて送付され，香港から各地へと再輸出された。外国・内国産品を問わず，輸入・移入品が一旦香港に入り，そこからさらに各地に再輸出されるという図式は，近代華南の貿易の基本構造であった。

香港で米を受け入れたのは，潮州系などが主体であった「南北行」や「九八行」といった貿易商店のなかでも，サイゴン米やシャム米を取り扱った業者である。大手は，南北行では「元發」，「萬發祥」，「公源」，「合興」，「乾泰隆」，「萬祥源」，「寶興泰」，「德昌」，「榮發」，九八行では「炳記」，「裕德和」，「集祥」，「明順」，「同泰興」などであった［東亜同文会 1917, 1001-1003］。彼らは米を広東系の中間卸に売却して，利潤を極大化しながら現金化し，回収資金を潮州へ向けて送金した。

重要な点は，潮州系などによって運ばれて香港で売却された米は，広東系が掌握した香港—広州の商業ルートに乗せられ，4割近くが珠江デルタを中心とした広東に再輸出されたことである。たとえば，1914年の香港の輸入米再輸出先を見ると，表2-2の通り，広東向けが40.25％と圧倒的数量を示している[17]。ちなみに潮州（汕頭）向けはわずか3.28％にすぎない。これは潮州系の

米貿易が，あくまでも利潤獲得のための手段にすぎなかったことを示している。また，このように珠江デルタ流域圏で，米に代表される輸入物資の購買力源泉となったのは，東南アジア，米州，オセアニアに展開した広東系華人の華僑送金であった。

以上のように華僑送金は，異なる華人の系統間による商品貿易を伴うなど，アジア太平洋の多角的な決済関係の上で，複雑な影響を与えていた。このなかで香港市場は，華僑送金をはじめとする地域間の各種経済活動を集散・調節・接続する機能をはたしていた。以下では，華僑送金に伴う香港の役割を，さらに具体的に考察する。

表2-2 香港からの米再輸出先（1914年度）

| 順位 | 再輸出先 | 数量 | シェア(%) |
| --- | --- | --- | --- |
| 1 | 広東 | 4,600,000 | 40.25 |
| 2 | 日本 | 1,865,000 | 16.32 |
| 3 | 米国 | 1,000,000 | 8.75 |
| 4 | 香港 | 990,000 | 8.67 |
| 5 | 厦門 | 510,000 | 4.46 |
| 6 | マニラ | 480,000 | 4.20 |
| 7 | 豪州 | 475,000 | 4.16 |
| 8 | 山東 | 445,000 | 3.89 |
| 9 | 汕頭 | 375,000 | 3.28 |
| 10 | マカオ | 280,000 | 2.45 |
| 11 | 南米 | 250,000 | 2.19 |
| 12 | 天津 | 140,000 | 1.21 |
| 13 | 寧波 | 20,000 | 0.17 |
| 合計 | | 11,430,000 | 100 |

出所）外務省［1917, 273］より作成
注1）単位はトン
注2）表中の「香港」とは，香港域内での消費を指す

## 2) 香港の中継・分配機能

華僑送金の多くは，アジア太平洋と華南を結び，各地の為替需給が集積される金融中継地としての香港を経由した。

たとえば，東南アジアから広東への華僑送金では，商品貿易形態，あるいは為替形態のいずれも，「為替屋は南洋と直接に為すもの少なく皆香港に支店又は取引店を有するを以て一度香港に送金し更に広東へ取寄するが如し」［台湾銀行 1916a, 145-146］，「南洋華僑の送金は多くは香港の香上，渣打，台銀，フランス銀行，花旗及支那銀行宛等にして直接省城銀号に向けて送金するもの少なし」［台湾銀行 1919, 59-60］と言われた。すなわち東南アジアと華南各地の直接取引ではなく，外国銀行の支店網を通じて香港で調節された後，各地方に強みを持つ各郷党の地場レベルでの「つながり」を通じて，華南の目的地に再送金された。香港はこうした「つながり」と「流れ」を集散・調節・接続する役割

をはたしていた。

　数量的に見ると，1913年にシンガポールから送出された華僑送金は総額2000万海峡ドル，そのうち厦門宛が750万海峡ドル，汕頭宛が850万海峡ドル，広東宛が400万海峡ドルと推定される。このなかで厦門宛の60％，汕頭宛のほぼ100％，広東宛の100％が香港を経由した［台湾銀行 1914, 118］[18]。

　この理由は，次の2点である。(1)為替需給の関係で，東南アジアから華南の地方都市に直接送金する為替レートより，一旦香港を経由して同地向けの為替レートを利用するほうが有利であった。また外国銀行は，為替需給の不均衡を嫌気して，華南の地方都市向け為替より香港向け為替の引き受けに積極的であった，(2)商品貿易形態の場合，商品を売却して現金化するには香港市場が有利であった。

　香港の重要性から，信局は為替を中継する自己店舗や聯号を同地に有した。1902年の統計によれば，44の業者と162名の配達人が香港政庁に"Chinese Postal Hong"として免許税を納めて登録していた［HKG SP 1903, 138］。1913年の時点で，広東系では「余仁生」，「三益」，「廣利源」，「泰源」，「祥徳」，「廣鴻泰」，「逢源」，「瓊海通」，「瓊會安」などが著名で，特に「余仁生」と「三益」が多額を取り扱った［台湾銀行 1914, 105-106；1920, 39-40］。広東系信局は，広州など広東各地に支店・聯号を設置したが，漢方薬商としても知られた前述の「余仁生」のように，多くが貿易業者や商店の兼業であった。

　潮州系や福建系でも，やはり「南北行」や「九八行」などの貿易業者が，華僑送金の為替中継店として機能した。1913年の台湾銀行の調査によれば，信局の依頼に基づき香港で為替を中継した商店は，次の通りである。汕頭向け：「金成利」，「元發」，「順福成」，「乾泰隆」，「內南福」，「裕徳成」，「成順桟」，「安昌（元生發内）」，「振興桟」，「添和成」，「廣美盛」。厦門向け：「炳記」，「聚徳隆」，「建祥桟」，「建源」，「益記」，「天成桟」，「瑞記」，「福生春」，「啓瑞桟」［台湾銀行 1914, 110］。こうした中継店は，「筆資」と呼ばれた手数料を信局から受け取った。その方法は年額固定や出来高払いなど様々であった。むろん，汕頭向けは潮州人が経営し，厦門向けは福建人が経営していた。

　貿易業者や商店が信局の支店・聯号を兼ねた事実は，商品貿易と華僑送金の

間の関係が，いかに密接であったかを明確に示している。これは同時に，香港での潮州系や福建系の金融のあり方が，広東系のように金融専門業者である銀号を確立していたものとは異なることを示している。台湾銀行の調査［1920, 39］によれば，次のように記されている。

> 厦門，汕頭，福州等ノ沿岸各地ニ對スル為替ハ其地方ノ錢荘ノ出張員ヲ一名若クハ二名位ヲ當地ニ派遣シ各自其ノ地方ノ取引ニ從事スル知人商店ノ一室ヲ借リ受ケテ營業所トナシ為替ノ賣買ヲナスモノニシテ損益ノ決算モ其本店ニ於テ計算セラレ全ク代理店ノ如クニシテ其營業所モ斯ク小規模ニシテ當地銀號ノ如ク堂々タル店舗ヲ張レルモノナシ

したがって，香港での潮州系や福建系の金融業は為替中継が主体で，預金・貸付，両替，投機などを幅広く展開した広東系の銀号と比較した場合，その活動範囲は狭かった。

### 3) 香港銀号業の役割

　東南アジアからの華僑送金は，商品貿易の形態をとることもあれば，為替送金や現金携帯の形をとることもあった。

　電信為替の場合，東南アジアから送られてきた資金を，信局の香港支店や聯号が銀行で受け取り，各地に向けて再送金した。これを華南地方都市の信局や聯号は，現地の銀号や銀荘，外国銀行の代理店で受け取った。

　為替手形の場合，資金経路は複雑化する。一般に東南アジアにある外国銀行は，需給が一致せず片為替となりやすい汕頭や厦門などの地域に対する為替取り組みには消極的であった。むしろ外国銀行は，為替需給の均衡をとりやすい香港への為替取り組みには積極的であり，また需給関係からレートも有利であった。このため東南アジアの信局は，香港支払の為替手形を外国銀行から買い取った後，(1) 香港の支店・聯号に送付する，(2) 送金目的地の華南地方都市に直接送付する，といういずれかの方法を用いた。しかし，為替手形は香港支払であるため，(2) の場合，地方都市の信局は現地の銀号や銀荘で売却・現金化する必要があった。現地の銀号や銀荘は，買い取った手形を香港の聯号に送付

し，多くが香港の銀号を経由して外国銀行に売却された［台湾銀行 1914, 109］。

香港で手形の買い取りと現金化を手掛けたのは，両替を主とする「找換銀号」と呼ばれた業者であった［朝鮮銀行 1941, 30-31］。香港の銀号が華僑送金に伴う為替手形を買い取ることについて，找換銀号の大手「昌記」に勤め，後に「裕昌」を興した林癸生は，次のように証言［金銀業貿易場 1970］している。

> もともと当時は米国に渡った華僑が次第に多くなり，為替手形が故郷に送られるようになると，家族は香港に出てきて両替するか，あるいは江門などの銀号に売却した。しかる後に江門の銀号から香港に持ち込まれると，香港の銀号はこれらの為替手形を受け取り，銀号の印鑑を押してから香港の銀行で現金化したのである[19]

この証言からは，為替手形が香港支払のため，必然的に香港で最終決済されるものであったが，一方で為替手形はまず江門に送付されていることから見て，華僑送金のルートが一定でなく，むしろその都度に有利で利便性の高い方法が選択されていたことがわかる。

香港に持ち込まれた為替手形は，銀号が買い取った後に，外国銀行に売却された。だが為替手形の売買は，経路の複雑性から次のような問題をしばしば引き起こした。再び林癸生の証言［金銀業貿易場 1970］を見ると，次のようにある。

> これらの為替手形は，いくつもの経緯を経て香港に至るまでには長い時間がかかり，一部の内地の華僑親族は，さらにこれらの為替手形を現金と同じように長時間退蔵したため，現金化されるにはさらに時間がかかることがあった。香港の銀行が為替手形を外国に送る際には多くの問題が発生し，甚だしい場合は不渡りとなることがあった。この際，銀行は香港の銀号に対して遡求をおこなうが，香港の銀号が手形の経路を再追跡することは不可能であったため，銭枱や銀号は大きな損失を被った[20]

そこで華人系金融取引所の「金銀業貿易場」では，1910年代後半に総理（理事長）を務めた林癸生を中心に同業の利益を守るため，金銀業貿易場の名義で在香港の外国銀行（当時13行）と談判し，為替手形期限6ヶ月間有効の保

証協定を結ぶことに成功した［金銀業貿易場 1970］。

この他に找換銀号は，現金携帯形式での華僑送金に伴う両替にも積極的に関与した[21]。一流店では「永生」,「恕隆」,「昌記」,「崇裕」,「裕記」，その他では「安泰」,「建徳」,「恒昇」などが著名であった［台湾銀行 1914, 154］。交換可能な通貨は多岐にわたっていたが（表2-3），これは専門業者の找換銀号でなければ提供できないものであった。

找換銀号の両替業務の様子を，台湾銀行の調査報告［1914, 157］は，次のように記している。

**表 2-3** 銀号で両替可能な通貨の種類

| 紙　幣 | | 花英 | チョップ付旧メキシコ銀貨 |
|---|---|---|---|
| 寶叨紙 | シンガポール紙幣 | 舊銀 | チョップ付銀 |
| 新宋紙 | マニラ紙幣 | 什銀 | 各省鋳造雑銀 |
| 瓜亜紙 | 蘭領東インド紙幣 | 花旗銀 | 米国銀貨 |
| 西貢紙 | 仏領インドシナ紙幣 | 和蘭銀 | オランダ銀貨 |
| 一元西貢紙 | 仏領インドシナ1ピアストル紙幣 | 勞啤銀 | インド銀貨 |
| 日本紙 | 日本紙幣 | 暹羅銀 | シャム銀貨 |
| 勞啤紙 | インド紙幣 | 港中銀 | 香港50セント銀貨 |
| 暹羅紙 | シャム紙幣 | 廣中銀 | 広東五十仙銀貨 |
| 廣省紙 | 広東紙幣 | 廣双毫 | 広東二十仙銀貨 |
| | | 廣東毫 | 広東十仙銀貨 |
| 貨　幣 | | 港双毫 | 香港20セント銀貨 |
| 寶叨光 | シンガポール銀貨 | 港單毫 | 香港10セント銀貨 |
| 新宋光 | マニラ銀貨 | 寶叨毫 | シンガポール10セント銀貨 |
| 西貢光 | 仏領インドシナ銀貨 | 新宋毫 | 新マニラ小銀貨 |
| 香港光 | 香港銀貨 | 舊宋毫 | 旧マニラ小銀貨 |
| 舊宋光 | 旧マニラ銀貨 | 西貢毫 | 仏領インドシナ小銀貨 |
| 日本光 | 日本円銀 | 足金葉 | 金を薄く延ばしたもの |
| 廣龍光 | 広東銀貨 | 二一英金 | 英国1ポンド金貨 |
| 舊光英 | 旧メキシコ銀貨 | 二二美金 | 米国金貨 |
| 新光英 | 新メキシコ銀貨 | 二二日金 | 日本金貨 |
| 印日港 | チョップ付日本円銀および香港銀貨 | 一八舊宋金 | 旧マニラ金貨 |
| 廣印龍 | チョップ付広東銀貨 | 一七和金 | ジャワ金貨 |

出所）台湾銀行［1914, 155-156］より作成
注1）1914年7月4日調べ
注2）「二一」,「二二」,「一八」,「一七」などの数字は，貨幣重量を両建て換算し略称としたものである。二二金（5ドル金貨）を例にとれば，重量129グレーン＝0.2224両なので，切り下げて0.22となり，「二二」と称される。

余カ香港滞在中同地數軒ノ両替店ヲ訪問セリ殊ニ當日ハ南洋移民船到著
(ママ)當日ナリシヲ以テ狹隘ナル店頭来客織ルカ如ク一店四五人ノ店員忙
殺セラレ應接ニ遑ナキヲ實見セリ其ノ繁昌意想ノ外ニアリ

また同調査報告［1914, 94-95］は，次のようにも記している。

　余カ香港ニアリテ同地両替店ヲ訪問シツヽアル際偶々南洋ヨリ歸来シタ
ルモノニシテ一人一千餘弗ノ蘭領紙幣ノ交換ヲ為セルヲ見タリ同両替商ノ
主人ハ曰ク如斯ハ稀ニ見ル所ナルモ一口一二百弗ノ交換ヲナスモノ事実少
ナカラスト

　貨幣両替の種別出来高では，東南アジア紙幣，特にシンガポール紙幣が最も多かった。季節的に見ると，移民船の往来が頻繁化する毎年1〜3月と6〜8月の需要が多く，1ヶ月平均で30万ドル，年間では360万ドルが両替されたと推定されている［台湾銀行 1914, 157］。両替された各種貨幣・紙幣はまとめられ，レートが有利な時を見計らって外国銀行に持ち込まれるか，銀号の業者間市場である金銀業貿易場で取引された。

　以上のように香港の銀号は，為替手形の買い取りや多種にわたる両替に関与して，華僑送金を円滑化した。一方で，香港の銀号が東南アジアに進出し，現地で華僑送金の前段階から関与することは決してなかった。銀号の活動は，あくまでも香港—珠江デルタ流域圏を基盤とした地理的範囲に留まるものであった。

## 3　広東省内への為替送金

　華僑送金の最終段階は，香港から華南各地への送金である。しかし経路や方法は一定ではなく，様々であった。たとえば，珠江デルタ流域圏での資金移動の経路を見れば，香港から広州を経由して各地方に送金する場合もあれば，先述の江門の例のように，為替手形が地方に直接届けられる場合もあった。送金

の担い手を見れば，信局の数は福建や潮州と異なり多くはなかったが，各地の銀号，貿易商店，配達人の「巡城馬」など，多様な業者が参入していた。また資金移動には，貨幣や手形の現送，銀号為替の利用のほか，華商の香港—珠江デルタ流域圏間での為替需給に応じた相殺決済も活用された。

以下では，シンガポール，香港，広州を経由した信局と銀号の送金を参考に，華僑送金に伴う広東省内への為替の流れを見る。

まず広州の信局の場合，東南アジアとの間の為替は，シンガポール，マラヤ，仏領インドシナとの間に限られた［台湾銀行 1916a, 144］。信局はシンガポールや香港と同様に，ほとんどが貿易商店との兼業であった（表 2-4）。具体的に見ると，シンガポール向け為替を取り扱った代表的業者の「余仁生」，「益棧」，「廣源」，「謝悦和」［台湾銀行 1916a, 144］[22)]などは，シンガポールとの貿易を専門とする「石叨荘」と呼ばれた貿易商店であった。1913～15 年の台湾銀行の調査［1914, 158］によれば，これらは合計で年間 500～800 万の送金を取り扱っていたとされる。なかでも余仁生は最大の業者で，約 50％のシェアを握っていた。

広州の信局では，東南アジアから香港を経由して資金と手紙が到着すると，方面別に整理した後に，地方の聯号に送付するか，あるいは巡城馬を手配する。巡城馬は汕頭や厦門の「批脚」と同じく，第三者の依頼で書信，金銭，物品を運送する業者で，主に珠江デルタの水路を利用して，地方都市や村落間を定期移動した。

一般的に送金で届く貨幣は，市内であれば広東紙幣，地方であれば二十仙毫

**表 2-4** 広州におけるシンガポール向け為替の取扱店（石叨荘）

| 名称 | 司事 | 所在 | 年間取扱高 | 備考 |
|---|---|---|---|---|
| 余仁生 | 楊榮標 | 広州杉木欄 | 400 万 | 雑貨織物輸出 |
| 益棧 | 黄作文 | 広州杉木欄 | 200 万 | 反物輸出 |
| 廣源 | 郭伯棠 | 広州打銅街 | 100 万 | 煙草雑貨輸出 |
| 謝悦和 | 馮取 | 広州小市街 | 100 万 | 金細工輸出 |

出所）台湾銀行［1916a, 144］より作成
注）「余仁生」は雑貨織物輸出となっているが，実際は漢方薬取引が主体である

子（小銀貨）が配達された［台湾銀行 1914, 158］。配達が完了した際，受取人は「回批」（送金受取の確認証）に判を押す。代表的なものは三枚続きで，受取人の捺印を取った後，一枚は自ら保存し，一枚は取組店に送り，一枚は受取人に渡した［台湾銀行 1916a, 146］。地方の聯号や巡城馬によって信局に回送された回批は，逆のルート，たとえば広州から香港の支店・聯号を経由してシンガポールに回送される。シンガポールの信局は回批を依頼人に郵送するか，あるいは店頭で請求に応じて交付した[23]。

広州の銀号の場合は，同業間で構築した省内為替のルートを利用した。しかしその範囲は，通常取引のある銀号の地方，たとえば江門，仏山，陳村，西南，清遠，韶関などに限られ，省内為替がおよばない範囲には巡城馬などを利用した。銀号の省内為替レートは，香港—広州間為替のように広州「銀業公所」の集中取引値を基準とはせず，各銀号が独自に決定していた［台湾銀行 1919, 68］。その理由は，地方によって嗜好される流通貨幣が異なっていたためである。台湾銀行の報告［1919, 59-60］は，次のように述べている。

　　為替手續ニ關シテ元来支那貨幣ハ各地其ノ成色重量ヲ異ニスルヲ以テ自國内ト雖モ毫モ外國為替ノ場合ト異ナル所ナク從テ為替ヲ取組マントスル時ハ先ツ相互ノ為替平價ヲ計算スルノ必要アリ為替手數料即チ匯水ニ至リテハ両地間ノ為替出合ノ關係如何ニヨテリ（ママ）絶ヘス変動スルコト外國為替ノ場合ト異ナルヲ見ス唯為替關係密接ナラサル地方ニ對スル匯水ハ別ニ公表スルコトナク取組ノ都度之ヲ決定スルヲ以テ此ノ場合銀號ハ往々不當ノ匯水ヲ徴求スルコトナキニ非ス

手数料は一般に広州からの距離で異なった。區季鷲の調査によれば，仏山や陳村などは毎 100 元ごとに約 2〜3 元，江門は毎 100 元ごとに約 3〜5 元，その他は毎 100 元ごとに 7〜8 元であった［區 1932, 85］。また台湾銀行の調査によれば，広東と取引の多い広西省梧州への為替送金は，1000 元につき 22 元，梧州から南寧までは 1000 元につき 50 元を要したと言われる[24]。仕向地は広州を例にとれば，江門や仏山が多かった［區 1932, 85］[25]。

これらの信局と銀号の省内為替は一例である。実際はその時々によって，有

利な経路，担い手，送金方法が選択されていた。たとえば，珠江デルタ下流域南西部に位置し，華僑送金の最終到着地の一つであった四邑（新寧（台山），新会，開平，恩平）や江門といった僑郷（華僑出身地）では，距離の近さやアクセスの利便から，香港の銀号と直接取引がおこなわれていた。また僑郷では，集積される資金が金融機関の発達を促し[26]，香港の銀号による支店・聯号も村落部にまで広がった[27]。この一例として，香港の著名商人である馬叙朝が経営した「五洲銀號」は，四邑系の送金取扱いで有名であったが，香港本店や広州支店のほか，四邑地方である新寧（台山）の三合墟と白沙舊墟，開平の赤坎上埠にも支店を有していた［馮民徳檔案「五洲銀號書簡」1932.1.13］。

## おわりに

本章をまとめると，以下の通りとなる。

19世紀後半から20世紀初頭，広東系の華僑送金の多くは，アジア太平洋における各地域の集散地に集まり（前段階），香港という集散地を経由して（中段階），華南各地へ向う（後段階）という資金移動を基本とした。本章で取り上げた，シンガポールから広東の珠江デルタ流域圏へ向かった南北軸の資金流動は，その好例である。それらの資金は，同じく広東系による米州やオセアニアからの華僑送金とともに，香港に集積され，目的地に仕送りとして送金されるだけでなく，珠江デルタ流域圏で消費される物資輸入の決済資金となり，あるいは広東域内や上海などに向けた投資資金となった。こうした動きは，先述のように華僑送金の一例にすぎない。異なる系統・主体による華僑送金は，様々な経路や方法，あるいは資金の役割を持ちながら，相互に交錯しつつ流動・循環していた。

21世紀の現在でも，中国系社会の経済活動に伴う資金移動が，ふたたび活発化している。2002年，米国の大手金融サービス会社「ウェスタン・ユニオン」（Western Union）は中国市場に進出し，中国農業銀行や郵政局との提携によって，海外との送金業務を開始した。その目的について，ウェスタン・ユニオ

ンの経営幹部は「推定 5000 万人に上る華人と中国の間の送金需要」に応えることにあると述べている [SCMP 2002]。このように地場の金融・郵便機関を窓口代理店として資金を集散し，外国金融機関の広域ネットワークを利用する資金移動は，かつての華僑送金の接続関係を想起させる。

　その他にも各種資金が，様々なルートを経由して流動している。たとえば，筆者の調査では，シンガポールで活動する中国本土からの大量の出稼ぎ労働者は，送金代理業者を利用することで，仕送り資金を中国本土の口座に送っている [久末 2010a]。また中国本土から海外に向けた，あるいは海外から中国本土に向けた資金流動では，香港と深圳を結ぶ地下送金ルートが大動脈となっており，こうした資金は中国と世界をつなぐ香港で調節されながら，日々流出入している [久末 2010b]。

　むろん，こうした現代の資金流動は，かつてのように東南アジアから華南への一方向での動きを基本とするわけではなく，内容的にも変化している。しかし 21 世紀の現在，中国がふたたび世界に開かれ，各地域内でも中国系の経済活動が，大きな意味を持ち始めている。この経済活動を軸として，各種の「つながり」と「流れ」による回路が急速に姿を現すなかで，過去との共通性を伴いながら，巨大な資金の流動と循環が始まっているのである。

## 第3章

## 香港市場から見た上海向け為替
——20世紀初頭の構造とその動揺——

## はじめに

19世紀後半から20世紀初頭,ウエスタン・インパクトによって新しい「帝国」の枠組みが中華帝国を包摂するなかで,中国では経済活動のあり方も,特に沿岸部を中心として,開港場を軸とした新しい集散体制に組み込まれていった。

香港と上海という2つの都市は,こうした背景のなかで登場し,それぞれが独自の機能を形成しつつも,相互に連動しながら発展した。この連動は,各々が背景とした広範囲の経済活動を集約しながら,南北間をつなぐものであった。同時にこれを金融的に結んだ香港―上海間の為替も,単純に2地点を結ぶだけのものではなく,双方が背景とした経済活動を橋渡しして,資金を流動させる回路であった(図3-1)。

ところが従来,この回路への視座は,巨大な内国・国際金融市場であった上海側を中心としており[1],上海市場から見た香港向け為替は,南方向での内国為替の一辺にすぎないと考えられがちであった[2]。しかし,それはあくまでも上海からの視点であり,香港から見れば異なるものであった。なぜならば,香港市場から見た上海向け為替とは,香港が結んでいたアジア太平洋の経済圏で,広範囲かつ多角的な「つながり」と「流れ」の総体的なバランスを支えるための,柱の一つとして機能していたからである。

そこで本章では,20世紀初頭における上海向け為替の構造とその動揺を,香港市場の視点から考察することで,中国の経済活動が,開港場の代表格であ

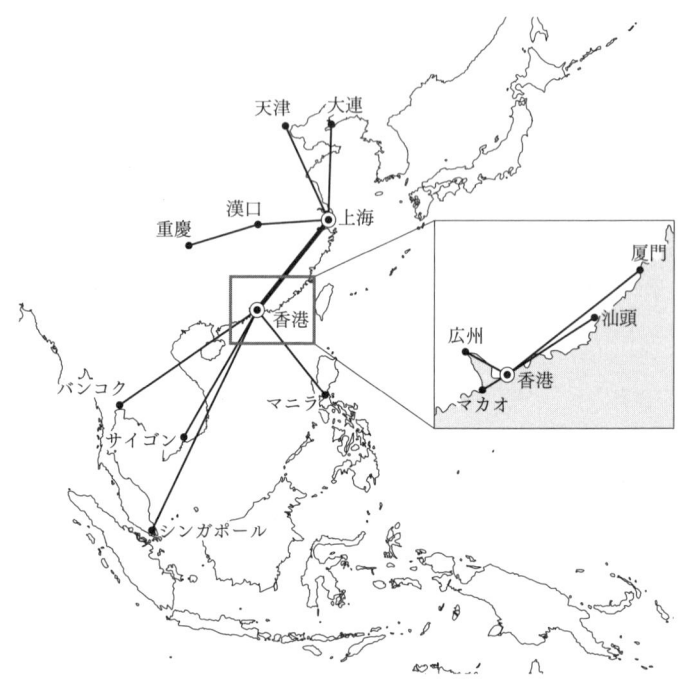

**図 3-1** 南北金融の回路としての香港―上海間の為替
出所）筆者作成

る香港と上海の連動によって，アジア太平洋の大きな空間に組み込まれて作動していたことを浮かび上がらせる。

　本章の構成は以下の通りである。まず第1節では，香港―上海間の為替の基底にある南北決済の構造のなかで，広州から香港につながるまでの，ローカル・レベルの決済を考察する。第2節では，香港における上海向け為替の取引市場であった，「銀行間市場」と「申電貿易場」という2つの市場を考察しつつ，香港市場がマクロでの決済バランスではたした役割を考える。第3節では，廣東造幣廠の稼動と閉鎖の繰り返しが多角的決済関係に動揺をもたらし，また銀貨輸出禁止令による香港ドルの変容が負荷となって，最終的に香港市場における上海向け為替取引が混乱を露呈した様相を考察する。

## 1 華南から見た上海向け為替の基本構造

### 1) 基礎としての南北決済の需要

中国の為替は，唐代の「飛銭」に始まったとされ［潘 1970, 153］，同じく唐代には「鑪局」という送金業者が活動していた［區 1932, 5］。しかし，地域交易の発達と比較して，遠隔地間の為替を取り扱う金融機関は，長年未発達であった[3]。清代に入ると，乾隆・嘉慶年間（18世紀～19世紀初頭）に「山西票号」が支店や聯号で各省を結び[4]，公金の送金だけでなく民間の送金にも関与することで，咸豊年間初期（19世紀半ば）に勢力を拡大した[5]。

しかし，同時期の19世紀半ば以降，ウェスタン・インパクトを受けた中国の経済活動のあり方は，従来のように地域経済を基礎としつつも，地域間の接続は開港場を軸とした新たな集散体制に組み込まれていった。この変化に沿う形で，西洋からもたらされた「銀行」が開港場を結び，中国では新たな為替の回路が台頭した。たとえば表3-1のように，20世紀初頭の外国銀行は，中国各地の勢力圏にある開港場を拠点に，為替の取り組みに応じていた[6]。特に，山西票号が清朝崩壊で没落した1910年代以降[7]，「各開港場間に於ける為替業務は漸次外国銀行の独占する傾向あり」［東亜同文会 1917, 1078］と言われるまでになる。この傾向は，1920年代前半に中国系銀行が本格的に勃興し，自前の為替の回路を整備するまで継続する。

表3-1 中国における主要な外国銀行の営業拠点（1917年）

| 銀行名称 | 所在地 | | | | | | | | その他 |
| --- | --- | --- | --- | --- | --- | --- | --- | --- | --- |
| | 香港 | 広州 | 上海 | 漢口 | 北京 | 天津 | 厦門 | 福州 | 汕頭 | |
| インドシナ銀行 | ○ | ○ | ○ | ○ | ○ | ○ | | | |
| IBC（萬國寶通銀行） | ○ | | ○ | | | ○ | | | |
| 香港上海銀行 | ○ | ○ | ○ | ○ | | | | ○ | |
| 台湾銀行 | ○ | | ○ | | | | ○ | | ○ | 九江 済南，青島 |
| ドイチェ・アジアテック銀行 | ○ | ○ | ○ | ○ | ○ | ○ | | | |
| チャータード銀行 | ○ | ○ | ○ | | | ○ | | | |

出所）東亜同文会［1917, 1078-1080］より作成

このなかで形成された香港―上海間の為替とは，単純に2つの開港場を結ぶものではなかった。香港と上海は，独自の金融機能を形成しつつも，相互に連動することで発展してきた。香港市場は，華南の国際貿易に加えて，アジア太平洋での華人による経済活動，華南と内国北方との交易などによる，八方での資金流動を中継した。一方の上海市場は，華中の国際貿易に加えて，揚子江流域の東西を横軸，広州や香港，大連や天津などの南北を縦軸とした内国交易の資金決済を中継すると同時に，各種遊資を吸収・運用する場でもあった。したがって香港―上海間の為替とは，2都市が背景とした広域の経済活動を集約し，南北間をつなぐ資金流動の回路であった。

香港―上海間の為替における基礎は，中国の南北間経済活動であった。具体的には，南による北からの物資移入と，その決済需要である。横浜正金銀行の調査報告書［1919, 15］は，次のように記している。

中部並ニ北部支那各省ヨリ南支一帯ニ對スル輸出入貿易ニ伴フ内國為替ハ大部分香港市場ヲ經テ上海ニ集中セラルヽモノニシテ，其南支輸入額ハ遥ニ輸出高ニ超過スルヲ以テ為替上ニ於テモ勢ヒ香港ヨリ上海向送金過多ニテ自然為替相場降下ノ傾向ヲ有スルヲ免レズ

たとえば，1915～17年の広東の内国移出入を見ると，表3-2のようになる。この平均を見れば，移出額は年間約610万両であるが，移入額は年間約2421万両に上り，内国各港からの移入超過は年間約1810万両となる。これは主として図3-2のように，東北を後背地とする大連，華北を後背地とする天津，華中を後背地とする上海や寧波などからの，綿糸，米，落花生，大豆，豆粕，豆

表3-2　広東の内国移出入（1915～17年）

| 年 | 国内各港からの移入 | 国内各港への移出 | 差引移入超過額 |
|---|---|---|---|
| 1915 | 29,558,061 | 6,504,654 | 23,053,407 |
| 1916 | 22,958,565 | 6,400,701 | 16,557,864 |
| 1917 | 20,129,237 | 5,413,387 | 14,715,850 |
| 平均 | 24,215,287 | 6,106,247 | 18,109,040 |

出所）横浜正金銀行［1919, 5］より作成
注）単位は両

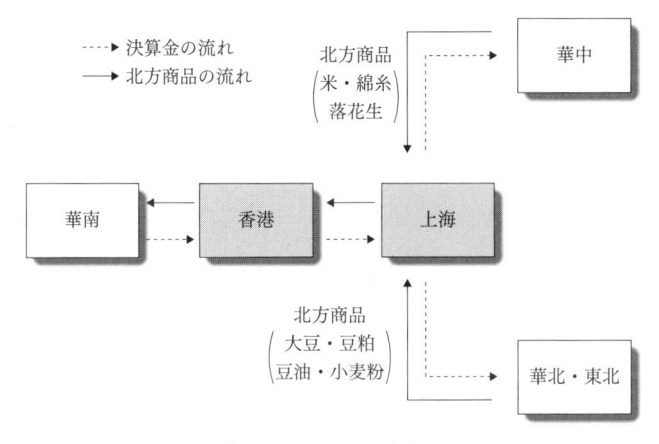

第 3 章　香港市場から見た上海向け為替　73

**図 3-2　南北移出入とその決済のイメージ**
出所）筆者作成

油，小麦粉などの大量移入によるものであった［台湾銀行 1918, 75］。この華南の対北方移入超過は，約 10 年後の 1920 年代後半になっても変化せず，恒常的なものであった[8]。

こうした貿易決済に加えて，後述の廣東造幣廠による銀輸入，投機筋の売買なども加わるため，香港市場での上海向け為替の需要は大きなものであった。その規模について，1919 年の横浜正金銀行の調査報告書［1919, 20-21］は，次のように記している。

　　上海為替ノ出来高ハ日々数拾萬両ヲ下ラザル可ク當行香港支店ガ上海支店ノ金融援助或ハ金為替出合代金ノ為メニ本年十一月中ニ約参百萬両ヲ苦モナク買入レタルニ徴スルモ明カナリ

また，1929 年の横浜正金銀行の調査報告書［1929, 13］は，次のように記している。

　　當地両為替取扱商人中一流銀號筋の自信ある調査記録に據れば，本年度八月迄の概算は大體に於て TS52,000,000 と云ふに一致して居る故各月平均 TS6,500,000 と観られ，尚此外廣東ミント所要銀塊の輸入せられたる高

TS15/16,000,000 は有ろうとのことである。1928 及 1927 両年度に於ては各ゝ一ヶ年の出来高約 TS100,000,000 と稱せられ各月平均 TS8,000,000 の多額であつた，更に 1926 年以前に溯れば毎月の平均 11/15. millions といふ數字を以て殷賑の度を示して居る。右は實需額の摘録に止るも更に相場變動上には寧ろ強大なる要因を構成する Speculators Operation を想定して之に算入する時は尚膨大なる額に達すべきを思はしめるであらう

以上のように，香港市場における上海向け為替は，内国での南北交易決済，とりわけ南の移入超過による北への支払い，という構造を基礎としていた。

### 2) 南北決済の回路――広東の対北方移入決済を例に

香港―上海間の為替の基礎となった南北決済を図式化したものが，前掲の図 3-2 である。すなわち北方各地からの商品は，上海から香港を経由して，華南に移入される。一方，その決済は華南から香港，香港から上海，上海から北方各地を経由した。これを香港を中心に見ると，香港を挟んだ 2 つの段階が成り立つ。以下では広東の対北方移入を例に，決済の第一段階である「広州―香港」の回路を見ていく。

まず商品の流れは，次の通りである。香港で，内国交易に従事していたのは「南北行」，「九八行」と総称された貿易商店であった。なかでも，華中・華北・東北との貿易を専門とする業者は，その得意とする取引範囲から「上海荘」，「寧波荘」，「漢口荘」，「四川荘」，「天津荘」，「山東荘」，「煙台荘」などの名称で呼ばれていた［中華人名録 1922］[9]。これらの貿易商店が北方から輸入した商品は，香港を経由して華南の各大市場，たとえば広東の省城である広州に送られる。

次にこの決済は，「狹隘ナル各自ノ為替市場ニ於テ直接賣買スルヨリモ却テ香港ニ提供スルヲ利便トスルニ因ルベシ」［横浜正金銀行 1919, 1］とあるように，流動性の低い広州から上海には直接つながれず，まずは様々な為替注文や資金が集積される香港につながれた。

香港と広州の貿易商店は，密接な関係を持つ聯号や代理店であることが多く，

可能な限り「帳簿振替決済」(bookkeeping barter) を基本とした。ただし，これは広州側が香港側への輸出などを通じて，同程度の債権を持つことが前提であったが，広東からの対北方移出が多くはないことを考えれば，不均衡は免れなかった。このため年2回の決算期を中心に，帳尻が決済された[10]。

この際には，広州の銀号が「銀業公所」でレートを形成し，店頭で提供した広東通貨建て為替が利用された。これは，(1)広州では20世紀に入るまで外国銀行の支店がなかった上に，支店開設後も為替バランスの不均衡と複雑な内国通貨の異同から，広東通貨建て為替の取り組みには消極的であった［横浜正金銀行 1919, 7］，(2)外国商社の主導した石油や綿布などの取引を除いて，香港から広東への輸出取引は華商が掌握していた［台湾銀行 1912a][11]，という2点に起因する。

具体的な流れは以下のようになる。まず広州には香港との広東通貨建て為替取引に従事する銀号が，1919年頃には百数十軒あった［横浜正金銀行 1919, 9］。そこで広州の貿易商店は，香港に代理店や取引先を持つ広州の銀号と，レートや手数料の交渉をする。このレートには，季節要因による変動があった。1902年の在香港日本領事館の報告［外務省 1902.10.23］は，次のように記している。

> 香港及廣東地方ニ於テハ銀紙ノ間常ニ若干ノ打歩アリ其開キノ最モ少ナキ時季即チ旧正月及盆ノ前後ニハ百弗ニ付四五拾仙ノ差アルニ過ギズト雖モ三四五六ノ四ヶ月ハ壹弗七八拾仙乃至二弗乃至二弗五拾仙ノ差アリ

このように，特に華商の決済期である旧暦の正月と盆には取引が集中するため，香港ドル／広東通貨のスプレッド（売値と買値の差）は，縮小傾向となるのが常であった。

銀号との交渉がまとまると，貿易商店は相当額を広東通貨で支払い，「匯票」という為替手形を受けとる。この匯票を「普通為替ハ多ク取組依頼人ヲ受取人トスルモナル（ママ）ヲ以テ裏書ノ上受送金者ニ送付ス」［台湾銀行 1919, 57-58］とあるように，香港の自店や聯号などに送付した。

一方で，為替を引き受けた広州の銀号は，香港との決済に際して2つの選択

肢があった。

　一つは，受け取った広東通貨や，これと引き換えに集積した大元やメキシコドルなどのドル系銀貨を，香港に現送する方法である[12]。香港の銀号は，これを受け取った後，外国銀行に持ち込んで売却するか，あるいは自前で上海市場などに現送して売却することで利鞘を稼ぎながら，為替の支払い原資とした。ただし，この広東からの現送による方法は，為替レートが何らかの理由で現送点を越えていることが必須であり，また1917年以降には大元やドル系銀貨が広東市場からほぼ払底したことで停滞する［横浜正金銀行 1919, 2］。

　もう一つの方法は，広州の銀号が香港に対して持っている債権と相殺する方法である。たとえば広州の銀号では，外国商社や生糸問屋から持ち込まれた香港ドル建て・香港渡し小切手を，現金化のために香港の代理店や取引先に送付した。香港の銀号では，これを外国銀行に持ち込むことで香港ドルに転換するが，広州には回金せず，広州の銀号が引き受けた為替の債権と相殺し，香港ドル建ての支払いをおこなう。あるいは香港の銀号は，広東向けの華僑送金の中継も手掛けており，しばしば広州の聯号や代理店に華僑送金の送達を依頼していた。これにより，広州の銀号が持つ対香港債権と相殺する形で，香港では広州からの為替につき，香港ドル建ての支払いをしたと考えられる。

　香港の銀号では，匯票を持参した受取人が香港ドルを受領する。もっともこれに際しては，匯票の裏書に統一的なルールが確立されていなかったため，しばしば問題も発生していた。台湾銀行の報告書［1919, 57-58］は，次のように記している。

　　　手形受取人ニシテ信用最モ確實ナルモノニ非サレハ往々振宛銀號ニ於テ
　　　現銀ノ支払ヒヲ肯シセサルコトアリ。是レ畢竟裏書方法ノ不完全ヨリ来ル
　　　自然ノ結果ナリ

　また支払いには，基本的に香港ドル紙幣が用いられたようである。1902年の在香港日本領事館の報告［外務省 1902.10.23］によれば，次のようにある。

　　　廣東ニハ常ニ紙幣払底ニシテ多クノ場合ニ於テ銀貨ヲ以テ受渡シヲ為ス

ガ故ニ若シ廣東ヨリ香港弗ノ為換壹千弗ヲ取組ムト仮定セバ時トシテ振出ノ際手数料ヲ除キ尚ホ壹千弐拾弗内外ヲ支払ハザル可カラズ是レ香港ニ於テハ一般紙幣ヲ以テ払渡タサルルガ故ナリ，然ドモ盆正月ノ頃ニ至レバ小銀貨ノ需要起リ銀紙ノ差近キヲ以テ如斯多額ノ割増ヲ要セズ（下線は引用者による）

　こうして，広東の対北方移入決済における第一段階「広州―香港」の一辺ができあがる。

### 3）香港銀号業者・送金業者による上海向け為替の取り扱い

　広東の対北方移入では，さらに香港を介した上海との決済が必要であった。これをまず，香港の貿易商店側から見れば，以下の流れとなる。

　貿易商店が用いた方法の一つは，上海の取引相手との間で，香港で自らが負っている債務と，上海で先方に持つ債権を相殺する，帳簿振替決済である。しかし先述のように，南北貿易の趨勢から見れば，香港側の輸入超過は避けられなかった。そこで実際の決済では，上海向け為替が利用されていた。

　ただし1910〜20年代にかけて，香港で華人系銀行が相次いで勃興するまでは，外国銀行が香港―上海間の為替取引をほぼ独占していた。このため言語上の問題，あるいは両者をつなぐ買弁との関係から，外国銀行を直接利用できる貿易商店は，一部の大手に限られていた。そこで実際には，多くの貿易商店が地場の銀号や送金業者を介して，上海向け為替を利用していた。

　たとえば1919年前後の香港で，上海向け為替を取り扱った代表的業者としては，「永徳」，「大有」，「天福」，「鴻徳」，「瑞古」などの銀号，さらには「瑞記」，「裕成」，「建祥桟」，「建源」，「捷盛」，「聯興」などの送金業者があった［横浜正金銀行 1919, 17］。上の5軒の銀号は，融資業務を中心とした按掲銀号の同業者団体「聯安堂」の会員であり，信用の厚い，名の通った大手であった。これらの銀号は，外国銀行との関係も深く，また同業者間でも一定以上の地位を有しており，外国銀行と華商を中継する役割をはたしていた。貿易商店はこれらの銀号と接触し，上海向け為替の取り組みを依頼した。

上海向け為替を引き受けた銀号側には，2つの取り組み方法があった。一つは，広州から現送されてきた大元や毫洋，香港にあるメキシコドルなどのドル系銀貨を，上海に直接送付する方法である。横浜正金銀行の報告書［1919, 15］は，次のように記す。

　　其南支輸入額ハ遥ニ輸出高ニ超過スルヲ以テ為替上ニ於テモ勢ヒ香港ヨリ上海向送金過多ニテ自然為替相場降下ノ傾向ヲ有スルヲ免レズ，<u>故ニ支那錢荘ハ常ニ香港，廣東，汕頭，厦門等ヨリ弗銀，小銀貨等ヲ聚集シテ之ヲ上海市場ニ現送シ利鞘ヲ得ルヲ慣用手段トセル</u>（下線は引用者による）

　香港の一定規模以上の銀号には，「司貨」（別名「秤銀」，「看銀先生」）という貨幣鑑定師がおり，有傷や真贋の入り乱れていた貨幣を検査・鑑別する専門能力を有していた。そこで価値のある銀貨を選別し，仮に上海や北方などで銀相場が高く，かつ輸送費や保険料などを含めても有利な現送点を越えた場合，これを上海市場に直接送付して売却した[13]。通常の現送では，回金のため香港で上海向け為替を売るか，上海で香港向け為替を買うかのオペレーションをおこなうが，この場合は現送によって上海での債務を相殺している。

　もう一つは，市中の小口注文を取りまとめて，外国銀行に取りつぐだけという方法で，通常はこれが多用されていた［横浜正金銀行 1919, 17］。すなわち貿易商店からの為替注文に対して，自ら為替を取り組むのではなく，単純に外国銀行に取りつぐのである。銀号がこの方法を好んだのは，(1)顧客に提示したレートと外国銀行が提示するレートの差額，さらには手数料を得ることで，低いリスクで確実な収益をあげることが可能，(2)上海との為替バランス調節を自らおこなう必要がない，という2点による。銀号が対顧客レートを設定するにあたっては，香港上海銀行が主導した直物の建値，特に前日の対顧客売レートを基準に自らの利鞘を上乗せして，市中からの注文に応じていた。しかし銀号は需給関係を熟知しており[14]，これを自店の提示レートに有利に反映させようとするため，レートは店ごとで大きく異なっていた。

　一方，送金業者の場合は，多くが貿易業との兼業であったと推測され，銀号とはビジネスモデルが異なっていたと思われる。まず貨幣鑑定については，銀

号に匹敵する専門能力を持っていたとは考えにくく，独自に現送をしたとは思えない。また為替を組む方法としては，外国銀行に直接注文を取りつぐ方法に加えて，自店や聯号が上海に有する債権と相殺する形をとっていたと考えられる。

たとえば前述の送金業者のなかで，「裕成」は上海との貿易に従事した「上海荘」の大手であったことが，当時の商業ディレクトリ［鄭 1915, 98］から確認できる。こうした業者は，上海からの輸入だけではなく，華南，さらには東南アジアからの輸出中継によって，上海の聯号や代理店に対する債権を有していたと推測される。同じく前述の「建源」は，蘭領東インドの大商人であった黄仲涵が率いており，ジャワを本拠にシンガポール，香港，厦門，上海の各地にも拠点を構えて物産貿易に従事し，独自の多角的な債権・債務関係を持っていた。特に蘭領東インドからの原糖輸出によって，上海の自店や代理店に対する債権を有していたと考えられ，おそらく香港での上海向け為替の取り扱いは，こうした広域での物産貿易と連動したものであった。

## 2　香港市場の役割

### 1) 銀行間市場の取引構造

香港と上海の間の決済は，基本的には銀行が掌握した為替[15]を利用した。香港市場で，この上海向け為替を取引する核となったのが銀行間市場であり，プライスリーダーとなっていたのが香港上海銀行であった。

銀行間市場とは，現代の為替市場と同じく固定された取引所があるわけではなく，多数の銀行が相対でおこなう取引の総体を指す。特に，香港の銀行間市場に参加した銀行のなかでも，香港上海銀行が圧倒的な力量を持っていた背景には，他の外国銀行と比較して，中国各地で吸収した豊富な銀建て資金の優位があり，また香港では香港ドル紙幣発行高の約7割[16]を掌握していたことがある。特にその行名が示すように，2都市を本拠としていた同行にとって，香港―上海間の為替は基幹的な取引の一つであった。横浜正金銀行の調査報告書

［1919, 16-17］は，次のように記している。

> 香港ニ於ケル上海為替ハ香上銀行ノ獨舞臺トモ云フ可ク，同行ガ多額ノ銀行券發行高ヲ擁スル以上密接ナル香上間ノ為替ノ掌握ニ努力シ，以テ銀行券ノ擁護ニ便セントスルハ無理ナラズ，（中略）其他ノ外國銀行ハ豊富ナル上海為替ニ手ヲ染ムルヲ企図セザルニ非レドモ動搖常ナキ香港銀行券ノ價位ハ或ル程度迄香上銀行ノ克ク左右スル所ナレバ到底發行銀行ニ對抗シ得ラレザルガ如ク，（中略）何レモ銀資金ノ缺乏ヲ嘆ゼル現情ニ於テ獨リ豊富ナル銀資金ヲ擁スル香上銀行ガ常ニ優越ナル地歩ヲ占ムルモ餘儀ナキ次第ト謂フベシ

このため銀行間為替取引では，香港上海銀行が主軸となっていた。しかし1910年代に入ると，外国銀行だけではなく，新たに勃興した華人系銀行も参入した。たとえば，「廣東銀行」の上海支店開設（1913年）を嚆矢に，1919年には「東亞銀行」，1921年には「中華國寶銀行」も上海に進出し，香港―上海間の為替取り扱いを開始した。また，中國銀行や交通銀行などの中国系銀行も香港支店を開設している[17]。これは外国銀行が掌握してきた開港場間の為替に，従来は地場の活動に終始していた華人系金融機関が参入し，地理的・機能的な拡大を始めたことを意味する。それにもかかわらず，香港上海銀行の相対的な優勢は，1930年代前半まで変化することはなかった。

具体的な取引方法は，次の通りである。香港上海銀行は毎朝，前日のロンドン市場やニューヨーク市場の為替相場と銀相場，さらには上海市場の気配を考慮し，当日の建値を決定していた。他行もこのレートを標準として取引を開始し，市中需給や同時間帯に動いている上海市場やボンベイ市場の気配を見ながら売買した。取引時間は，日曜を除く午前9時半から開始され，水曜と土曜は午後1時まで，それ以外の日は午後4時半までであった［台湾銀行 1920, 33］。

取引は各銀行を結ぶ電話で直接おこなわれたが［銀行週報 1940.10.8, 6］[18]，為替仲買人の仲介でも銀行間取引や対顧客取引が成立していた。香港の為替市場では，1917年には個人5名，パートナーシップ7社に加えて，数名のパールシー（インド出身のゾロアスター教徒）が為替仲買人として活動していた［外

務省 1917, 166］。後の 1940 年には総数 12 名で，内訳は英国人 9 名，ポルトガル人 1 名，米国人 2 名であった［銀行週報 1940.10.8, 6］。特に香港—上海間の為替取引では，上海を本拠とする「ホワイト・アンド・コー」（White & Co.）の香港事務所が圧倒的なシェアを握っていた［朝鮮銀行 1941, 31］。為替仲買人には，香港上海銀行の本店内に専用デスクと電話ボックス[19]が用意されており，香港市場の為替取引が同行を中心としていたことがわかる。こうした為替仲買人を経由した売買の手数料は，1917 年前後には取引金額にかかわりなく，また銀行間や対顧客の別にもかかわりなく，一律 1.125% を売り方が負担するルールであった［外務省 1917, 166］。

### 2）もう一つの市場「申電貿易場」の創設と限界

　香港では，上海向け為替の直物取引が活発になると，市場参加者はヘッジ，裁定，投機の手段を必要とした。特に 1916 年 11 月，香港政庁が第一次世界大戦による戦時経済統制から，銀輸出の一時禁止措置をとると，従来の現送による調整手段を失った上海向け為替は大きく変動した。このため華人の金融業者を中心に，為替先物を取引する「申電貿易場」が形成された。「申電」とは，「上海（＝申）向け電信為替（＝電匯）」の意味である。

　初期の会員は，上海向け為替を扱う銀号に限られていた。しかし，次第に北方交易や上海向け為替を兼業した貿易商店，中國銀行や廣東銀行などの中国系・華人系銀行，さらに後には外国銀行も加入した［朝鮮銀行 1941, 31-32］。その数は，1928 年頃には 40〜50 軒であったが，後述のように香港—上海間で為替が大きく変動した 1929 年前後には会員が激増し，1931 年頃には 120 軒強までに増加した。しかし 1935 年の幣制改革以降，上海向け為替の変動が低下して投機妙味が薄くなると，会員数はふたたび 50 軒ほどに減少した［銀行週報 1940.10.8, 6］。

　申電貿易場は，開設から 10 年ほどは定まった所在地を持たず，香港島文咸西街（ボナムストランド・ウェスト）の路上で，会員のトレーダーが集合して取引していた［銀行週報 1940.10.8, 6］。しかしトレーダーの数が増加し，また取引約定の確認にも手間取るようになったため，1926 年に徳輔道西（デヴォーロ

ード・ウェスト）26号にあった九八行「聚徳隆」（Chui Tack Loong）の1階部分を賃借し，初めて取引所を構えた［銀行週報 1940.10.8, 7］。

1929年頃には，7条から成る章程が作られた。そこには，会員の入場には業者番号の入ったパスを携帯する，このパスは会員専用で非会員への貸し出しは不可，不正発覚の場合には毎回10ドルの罰金を支払う，などが定められていた［姚 1940, 63-64］。また会員が顧客の委託で売買する場合，最低取引単位は1万ドルで，約定時には取引単位あたり5セントの手続費を申電貿易場に納付する規則であった［姚 1940, 63-64］。年会費は銀号と貿易商店が15ドル，銀行は30ドルで，非会員が取引気配値などの情報収集のため人を常駐させたいときは，月額1ドルで専用パスによる入場が可能であった［姚 1940, 63-64］。

取引日は日曜日とバンクホリデーを除く月〜土曜日であったが，実際は休日でも非公式に取引されていた［銀行週報 1940.10.8, 7］。取引時間は毎朝8時半から，香港上海銀行の建値が発表される9時半までであった。たとえば実際の取引風景を見ると，1939年4月27日の取引について，翌日の『大公報』［姚 1940, 140］は以下のように伝えている。

> 昨日早朝の申電貿易場では，価格179から179.0625で取引高約15万が成立したが，さらに2万の注文が178.8125で成立した。チェース銀行と華僑銀行が178.8750で29万売り，廣東銀行と華僑銀行が178.7500で6万売り，チャータード銀行は178.7500で<u>7月物</u>を7万売り，華僑銀行，廣東銀行および中南銀行がともに179で30万売りであった。これを受けて銀行間市場では，午前のオファーが178.6250となった[20]（下線は引用者による）

ここで注意すべき点は，「7月物」（原文では「七月期」）という表現である。すなわち申電貿易場で取引されていたのは，決済限月を定めた為替先物であった。上記からは，米国系のチェース銀行（Chase Bank），シンガポール華人系の華僑銀行，香港華人系の廣東銀行，英国系のチャータード銀行，中国系の中南銀行などが，大口の為替先物を売ったことで，同日午前の銀行間市場の直物価格形成に影響のあったことがわかる。

もっともここからは，当初は華人の金融業者によって形成された申電貿易場が，1939年には銀行の大口売買に支配されており，銀号などによる裁定取引や投機取引の場ではなくなっていたことも明らかとなる。実際，申電貿易場は1930年代初頭に最盛期を迎えたが，取引が両単位であったため，1933年の廃両改元によって利便性が低下した。さらに1935年の幣制改革以降，銀との連動性が断たれたことで裁定や投機の機会が減少した上に，香港での法幣取引が，找換銀号を中心とした「金銀業貿易場」を舞台としたため，1930年代後半には存在意義を喪失していった。

### 3）大きな決済関係から見た香港市場の意義

香港市場の上海向け為替は，銀行間市場と申電貿易場という2つの市場で取引・調節された。しかし，この基礎となった南北決済のバランスは，華南の大幅かつ恒常的な対北方移入超過という構造的不均衡を抱えていた。このため，1910年代後半までの香港市場では，対上海両での香港ドル安が避けられなかった。むろん，この不均衡は，華南に滞留・蓄積したドル系銀貨が上海に現送され，あるいは最終調整役である香港上海銀行が銀行間市場でレートを巧みに操作して調節が図られたが［横浜正金銀行 1919, 18-19］，こうしたオペレーションにも限界があった。

したがって，南北決済の構造的不均衡を解消するには，香港市場を利用した大きな決済関係のなかでの調節が不可欠であった。しかし，東南アジアからの米輸入による華南の赤字を，東南アジアからの華僑送金で埋めることができたのとは異なり，北方からの移入による華南の赤字を埋めるような，北方からの資金流入は期待できなかった。このため「華南の北方に対する赤字」は，香港市場を通じて，「華南の対米黒字」，「上海の対米赤字」との間で相殺するという，三角決済による調節がおこなわれた。

第1章で詳述したように，19世紀半ばから20世紀初頭，広東から欧米への生糸輸出は，それだけを見れば広東に莫大な貿易黒字をもたらした。この決済は，広東の対外窓口であった香港でおこなわれた。まず外国商社によって広州から香港で荷受された生糸は，香港で仕向地に再出荷される。これにより香港

の外国銀行は，外国商社から買い取る生糸輸出債権，特に対米での債権を有していた。加えて香港の外国銀行は，広東から北米に移動した華人が，広東各地に向けて送る華僑送金の受入れ窓口であり，これに伴う対米債権も有していた。

そこで香港と上海を通じた華南の対北方決済は，この米国との決済関係を取り込む形で不均衡を調節した。この具体例の一つが，1925年の横浜正金銀行の調査報告書［1925, 47］に，次のように記されている。

> 廣東よりは生絲が多量に米國へ積出されるので此米國向為替の買持處分方法として上海へ米國銀塊を輸入し，當地で買人の多い上海向 T. T. を賣る operation が屢々行はれる

ここでは図3-3（左側）のように，香港を軸として，広東最大の輸出商品であった生糸の貿易決済，上海を窓口として中国で大きな需要のあった銀塊の輸入，広東の対北方移入超過による上海向け為替への恒常的需要を基礎とした，多角的な決済関係が成立していることがわかる。すなわち，①香港側が米国側に対して持っている債権との相殺で，米国で銀塊が購入される，②この銀塊が上海に直接輸送される，③銀塊は上海市場で売却された後，代金として受け取った上海両を香港に回金するため，香港市場で上海向け為替が売却される，と

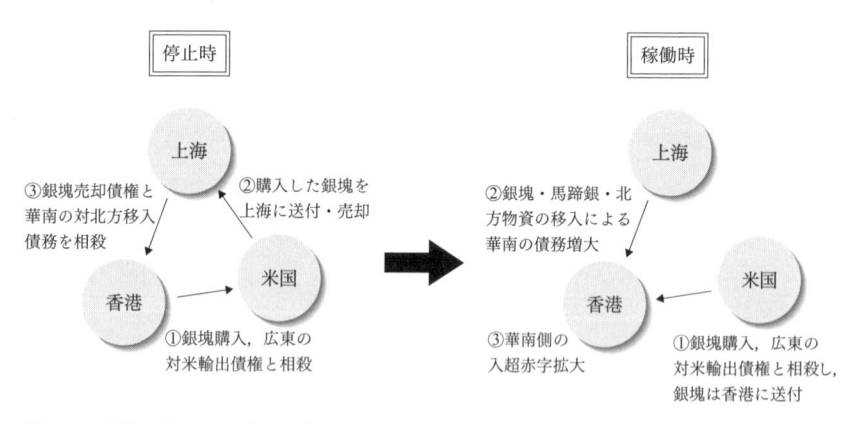

図3-3　香港・米国・上海の三角決済バランス調節（左）と廣東造幣廠稼動後のバランス変化（右）のイメージ
出所）筆者作成

いう流れである。以上のプロセスによって，香港での対米債権ポジションの調節が可能になると同時に，上海向け為替の買い需要に対して売りを出すことが可能であった。

この例が示すように，香港市場には華南，その他の中国各地方，米州，東南アジアなどとの決済関係が集中したことから，各種の為替バランスを調節することができた。しかし逆に言えば，香港市場を通じた多角的決済関係の安定は，香港—上海間の為替の安定にも依拠していた。すなわち，この金融の回路は単なる南北決済の一辺であったにとどまらず，香港市場のカバーした大きな決済関係のなかで，その全体構造を支える柱の一つとしても機能していたのである。

## 3　多角的決済関係の動揺のなかで

### 1)「廣東造幣廠」開閉の影響

先述のように，華南の対北方移入超過による構造的な不均衡は，香港市場の多角的決済関係のなかで，米国との決済関係や中国の銀需要などを取り込みながら調節されていた。もっともこの方法は，あくまでも要素の一つである銀が，華南に吸収されないことが前提となる。ところが1910年代後半以降の広東では，米国と華北から大規模に銀を吸収する「廣東造幣廠」が不定期に開閉を繰り返した。これによって必然的に，香港市場を介した三角決済を支える一辺の香港—上海間の為替も不安定になった。

廣東造幣廠は，両広総督張之洞の建議で，1889年（光緒15年）に広州で「廣東錢局」として開業した[21]。辛亥革命後には「中華民國軍政府廣東造幣廠」と改名され，その後も広東の政情を反映して改名しながら，1910年代から1930年代前半まで，稼動と閉鎖を繰り返した［廣東造幣分廠 1918, 1-10］。

1910年代，廣東造幣廠は，旧来のドル系銀貨を広東小銀貨「毫洋」に改鋳する業務に従事していた。背景には，歴代の広東政府が，毫洋鋳造のシニョレッジを利用した財源確保を目論んでいたことがあった。ところが1920年11月，孫文が広東軍政府を樹立すると，性急な北伐資金の需要から，廣東造幣廠を利

用した低品位毫洋の鋳造に拍車がかかる[22]。この原材料として，米国からは銀塊，華北からは上海経由で馬蹄銀が，香港を経由して大量輸入された（図3-4）[23]。

たとえば1919～24年の間，香港の銀輸入のうち，1919年には米国からの調達が71.25％，華北からの調達が19.60％，1920年には米国65.92％，華北25.15％，1921年には米国44.41％，華北49.98％，1922年には米国64.63％，華北6.16％[24]，1923年には米国45.42％，華北48.36％，1924年には米国53.89％，華北45.16％となっていた［横浜正金銀行 1925, 3-4］。これらの香港に輸入された銀は，1919年93.68％，1920年93.28％，1921年92.67％，1922年95.39％と，ほとんどが広東に再輸出された[25]。

この銀取引は，米国や上海から銀を輸入する外国銀行と，広州に銀を輸出する銀号が，香港で結びつくことで成立していた。

香港で銀の取り扱いで著名であったのは，按掲銀号では「瑞吉」，「錦榮」，「永徳」など，找換銀号では「崇裕」，「寶永」，「永大」など，貿易商店では譚禮廷[26]の南北行「廣裕和」である［横浜正金銀行 1925, 31］。また，馬蹄銀の取り扱いで著名であったのは「瑞吉」，「錦榮」，「永徳」である［横浜正金銀行 1925, 36］。こうした業者は，廣東造幣廠に銀を納入した広州の銀号から注文を受けて，外国銀行から銀を調達した。後の1930年ではあるが，上記「崇裕銀號」の伍季明が創設した「仁裕銀號」[27]の帳簿文書係であった伍宜孫は，広州

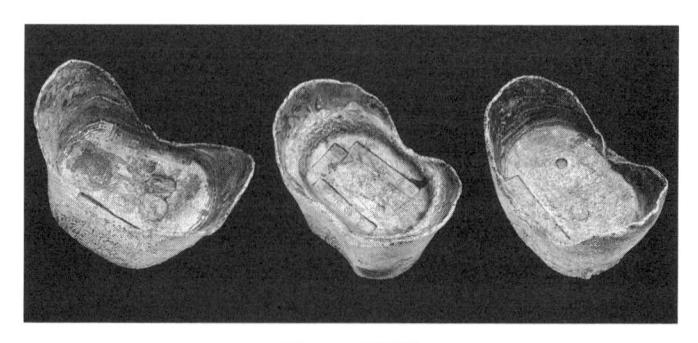

図 3-4　馬蹄銀

出所）Cribb［1987, 103, 118］

「廣信銀號」[28)]の銀の買い付けを，次のように回想している［伍，22］。

> 1930年，私が仁裕銀號に入ってから3年目，廣東造幣廠が鋳造を開始した。鄒殿邦が経営する廣信銀號から銀塊買い付けのために朱伯暉が香港に派遣され，仁裕に買い付け代理を委託した[29)]

注文を受けた香港の銀号は，外国銀行の買弁を経由して調達を開始する。外国銀行を利用したのは，銀号が米国や上海といった遠隔地からの銀輸入を，直接手掛ける方法を持っていなかったためである。すなわち銀号は銀調達でも，為替取引などと同様に外国銀行を活用していた。以下では，横浜正金銀行の香港支店を例に見る。

たとえば銀号の依頼で銀塊を輸入する場合，(1)銀行が先に売値を提示して契約する方法，(2)注文を受けてから実際に銀塊を購入した値段で契約する方法があった[30)]。(1)の場合，銀行は仕入価格を予測して提示するため，この変動リスクは銀行負担であった［横浜正金銀行 1925, 31］。仕入先は米国か上海が中心であった。米国注文の場合，銀行は香港で米ドル為替を買うか，輸出による受取為替の買い取りによる対米債権を利用して，銀塊代金を決済した。上海注文の場合，銀行は香港で上海向け為替を買って，銀塊代金を決済した。

馬蹄銀を輸入する場合には，(1)銀行が単に売値を提示する方法，(2)銀号が購入契約と同時に上海向け為替を売る方法があった[31)]。(1)の場合，銀行は代金支払のために為替市場で上海向け為替を買い入れる必要があり，馬蹄銀の売値との間に為替変動リスクがあった。(2)の場合，銀行は馬蹄銀の売値と上海向け為替の買値を相対の同時契約で固定するため，確実な差益を得ることができた［横浜正金銀行 1925, 39］。

以上のように，香港の銀号が外国銀行を経由して調達した銀は，広州の銀号によって廣東造幣廠に引き渡された[32)]。しかしここで問題となるのは，広東への大量の銀流入が，前掲図3-3（右側）のように，多角的な決済バランスに影響を及ぼす点である。

たとえば廣東造幣廠が閉鎖されるなど，広東での銀需要が低調なときは，先述のように華南の対北方移入超過による構造的不均衡を，香港の対米債権を用

いて米国の銀塊を購入し，これを上海に送って売却した後に，香港で上海向け為替を売ることで解消するという，三角決済による調節が可能であった。しかし廣東造幣廠が稼動し，広東に銀が吸収される場合，三角決済の構図が作動しないだけでなく，上海からの銀輸入によって対北方移入超過を増大させ，決済バランスのさらなる不均衡を招いた。

さらに問題であったのは，複雑な政治状況に左右され，廣東造幣廠が予測不可能な形で開閉したことである。このため開閉が繰り返されるようになると，必然的に，香港ドルを介した多角的決済関係の安定性に依拠しながら，南北を支える柱となっていた香港―上海間の為替にも影響が及んだ。

### 2) 香港ドルの歪み

1920年前後からの広東の銀吸収は，多角的決済関係だけでなく，これを媒介していた香港ドルの安定性にも影響を与えた。

たとえば廣東造幣廠が稼動していた1922年頃，広東の銀吸収による南北決済バランスの不均衡の拡大は，香港ドル安／上海両高の現送圧力となることで，香港では香港ドル紙幣がドル系銀貨に兌換され，上海への銀流出として作用した。また同年には，香港での海員ストライキによる華人脱出に伴い，広東への銀流出が危惧された。このような事態が香港ドルの安定を脅かす可能性を鑑み，香港政庁は1922年6月30日，以下のような銀貨輸出禁止令を公布した［HKG 1922.6.30］[33]。

> 何者も，監理官の緊急許可がある場合を除き，下記のいかなるものもいかなる場所に輸出することはできない。
> 
> 香港銀貨：合法的に領域を去る旅行者によって携帯される香港銀貨の総額は，額面50香港ドルを越えてはならない。
> 
> 銀貨のうち，中国の大元，また領海をただ通過する銀貨，すなわち荷揚げあるいは積み替えされない銀貨には，本法令は適用されない。

この法令はストライキが収束した後も，廣東造幣廠が稼動した間は撤廃されなかった。しかも1925年6月22日には，省港大ストライキの発生から，持出

金額が額面5香港ドルに引き下げられた。結局，同年9月10日には原法令に復帰し，1926年9月16日には法令自体も廃止されることで，香港からの銀貨輸出は，法的には再自由化された［横浜正金銀行 1929, 8］。

しかしこの法令は，実際には銀貨流出の防止と別の作用をもたらした。横浜正金銀行の調査報告書［1929, 6］は，次のように記している。

> 従来北支方面の需要旺盛にして「プレミアム」付にて取引せられ，且相当多額の輸出を見たる弗銀貨も爾来全く移動の途が無くなつた，一方従来金貨國との香港為替相場は銀貨輸出入の自由なりし間は殆んど Silver Parity に接近したる變動を保持し貿易の「バランス」も或程度迄弗銀輸出入に依り適宜調整せられ，為替相場も現送点の範圍内に於て維持せられたるものが，銀貨の輸出禁止以来一般に紙幣に據る支拂が為替オペレーション及其他商取引の基調と認識せらるゝ様になり，（中略）加之紙幣は携帯に便，運搬上運賃低廉等の理由からも紙幣の需要増加と共に銀貨の流通を駆逐してしまった次第である（下線は引用者による）

すなわち銀貨禁輸以前，香港為替市場は銀貨の現送点範囲で安定していた。同時にこの安定は，多角的決済関係のなかで成立していた香港為替市場が，米国や英国といった金本位国との為替バランスを維持する上でも，重要な役割をはたしていた。こうしたなかで現送が停止すれば，従来の調節メカニズムは機能しなくなり，香港ドルは銀価値と乖離しながら下落するはずであった[34]。

ところが実際に発生したのは，香港ドル高であった。法令発表後，香港では携帯に便利な紙幣を持ち出すため，銀行には大量のドル系銀貨が持ち込まれた。ところが紙幣の券面には，「紙幣に対して銀貨を等価で支払う」ことは約束されていたが，「銀貨に対して紙幣を等価で支払う」との言及はなかったため，兌換拒絶への不安から銀貨保有の警戒感が高まった［横浜正金銀行 1929, 8］。これを契機として，香港ドル建ての支払いや為替オペレーションでは紙幣決済の標準化が急速に進み，香港ドルは銀価値と乖離しながらも，下落ではなく上昇していったのである。

香港ドルの上昇に拍車をかけたのが，1910～20年代を通じて華南で高まっ

表 3-3　香港ドル紙幣の平均

|     | 1914 年 | 1915 年 | 1916 年 | 1917 年 | 1918 年 | 1919 年 | 1920 年 | 1921 年 |
| --- | --- | --- | --- | --- | --- | --- | --- | --- |
| 1 月 | 29,062,441 | 31,914,135 | 32,274,691 | 35,141,357 | 30,296,089 | 34,754,781 | 37,745,016 | 40,439,793 |
| 2 月 | 27,000,460 | 33,858,894 | 33,893,755 | 30,779,638 | 33,224,704 | 37,063,159 | 39,182,573 | 46,579,146 |
| 3 月 | 24,564,681 | 30,751,663 | 32,485,786 | 29,566,800 | 29,587,919 | 32,215,432 | 34,857,748 | 47,420,522 |
| 4 月 | 25,837,930 | 30,451,355 | 34,140,780 | 30,553,859 | 29,795,264 | 31,390,479 | 33,342,353 | 47,978,862 |
| 5 月 | 24,986,137 | 28,182,260 | 33,904,714 | 30,684,750 | 30,438,029 | 28,593,356 | 33,010,408 | 48,348,056 |
| 6 月 | 24,309,917 | 28,741,224 | 33,720,834 | 30,572,531 | 32,457,331 | 30,381,796 | 32,389,328 | 49,261,688 |
| 7 月 | 24,654,289 | 29,808,994 | 33,688,328 | 30,803,251 | 31,409,881 | 34,083,842 | 32,812,619 | 48,978,297 |
| 8 月 | 29,886,413 | 29,341,639 | 32,704,606 | 30,591,043 | 30,815,389 | 38,912,235 | 32,801,018 | 48,888,948 |
| 9 月 | 29,834,603 | 29,712,715 | 34,092,543 | 29,457,499 | 31,365,093 | 36,270,132 | 33,869,090 | 50,089,967 |
| 10 月 | 29,965,704 | 31,063,293 | 32,730,904 | 28,237,072 | 29,962,239 | 35,962,019 | 36,054,992 | 51,572,505 |
| 11 月 | 31,591,265 | 29,721,694 | 33,306,596 | 27,976,714 | 31,024,832 | 35,151,695 | 38,262,520 | 50,790,736 |
| 12 月 | 30,862,727 | 29,844,585 | 33,741,049 | 29,160,029 | 32,218,512 | 36,298,510 | 37,459,452 | 50,790,865 |

出所）横浜正金銀行［1929, 4-5］より作成
注）単位は香港ドル

た，香港ドル紙幣の需要と流通である。香港ドル紙幣は，香港上海銀行を中心に，チャータード銀行，マーカンタイル銀行が発行していた。1914～29 年の発行流通高を見ると，表 3-3 のように逐年増加傾向にあり，流通が香港域内に限らず，広東を中心に華南で広まっていたと言える[35]。これには，(1) 辛亥革命以降の広東で，政治的混乱から広東通貨への信認が低下し，相対的な香港ドルへの信認が高まった，(2) 額面に比して移送・退蔵の容易な性質が，受容と流通に拍車をかけた［横浜正金銀行 1935, 30］，(3) 現送で広東から流出する銀の代金として，香港ドル紙幣が広東に流入・流通した［The Canton Advertising & Commission Agency 1932, 99］，という 3 つの要因があった。

以上のような背景から，香港ドルは銀価値と乖離しつつ，紙幣を標準としながら上昇していった。たとえば 1922 年以降の香港—上海間の為替は，当時の理論的な現送点である 1 ドル＝ 72.25 両を越えて，恒常的に 76～78 両で推移している［横浜正金銀行 1929, 11］。こうした状況は，香港市場の最終的なバランス調節を引き受けざるをえなかった香港上海銀行にとって望ましいものであった。これは当時，現送による為替調節が限界に直面していたからである。

1910 年代後半，積年の対北方移入超過による現送活動や，廣東造幣廠による改鋳などで，広東からはドル系銀貨が払底し始めていた。特に 1916～17 年には上海で銀が払底し，大規模な現送が実施されたため，広東ではドル系銀貨

発行・流通高（1914～29 年）

| 1922 年 | 1923 年 | 1924 年 | 1925 年 | 1926 年 | 1927 年 | 1928 年 | 1929 年 |
|---|---|---|---|---|---|---|---|
| 50,790,865 | 52,692,330 | 62,463,141 | 62,247,248 | 61,588,464 | 72,631,721 | 74,458,124 | 65,510,461 |
| 54,325,187 | 58,993,091 | 65,905,697 | 57,378,673 | 69,188,928 | 75,031,148 | 71,234,948 | 69,874,499 |
| 53,351,455 | 59,107,334 | 58,599,224 | 53,361,527 | 64,042,085 | 70,785,900 | 67,026,057 | 64,103,409 |
| 51,320,373 | 57,768,885 | 55,315,912 | 51,464,881 | 60,197,836 | 69,321,252 | 64,152,758 | 63,643,965 |
| 49,559,944 | 57,223,411 | 53,092,064 | 51,211,942 | 58,317,852 | 68,368,038 | 61,919,401 | 65,472,794 |
| 48,853,880 | 58,561,417 | 51,588,235 | 54,823,072 | 56,526,613 | 66,779,987 | 61,768,320 | 68,963,982 |
| 47,436,035 | 59,996,659 | 49,739,360 | 57,708,830 | 55,362,101 | 63,977,036 | 61,428,791 | 67,035,360 |
| 48,134,772 | 60,510,852 | 49,700,464 | 54,575,685 | 55,275,614 | 62,134,282 | 62,093,175 | 63,963,201 |
| 47,930,053 | 59,099,546 | 52,538,590 | 58,007,500 | 58,076,976 | 62,589,730 | 63,419,346 | — |
| 46,527,613 | 60,103,626 | 54,153,830 | 62,948,964 | 63,886,088 | 63,129,411 | 63,766,748 | — |
| 45,944,162 | 59,047,277 | 54,239,017 | 59,200,466 | 66,427,022 | 62,301,460 | 62,140,007 | — |
| 47,578,789 | 58,974,108 | 55,048,175 | 58,291,190 | 68,185,751 | 64,806,432 | 61,965,862 | — |

の流通を見ることがなくなった［横浜正金銀行 1919, 2］[36]。しかし，広東からの現送を維持できなければ，香港からドル系銀貨が流出し，香港ドルの低落も避けられない。その影響は中国内地との為替だけでなく，米国や英国などの金本位国との為替など，香港市場を通じた多角的決済のバランス維持にも支障をきたすはずであった。

こうした事態を避けるため，香港上海銀行に残されていたのは，香港ドルの為替レートを，紙幣発行の増減で調節する方法である。そのためには，香港ドルを正貨のドル系銀貨から切り離し，事実上の紙幣決済に移行させる必要があった。結果として，それは 1922 年の法令によって実現し，香港ドルの為替レートは，圧倒的な発券量を持つ香港上海銀行が掌握する。横浜正金銀行の調査報告書［1935, 43］は，次のように記す。

> 現實に Premium が發生するのは，たとえば Hong Kong on Shanghai に於ける如く，兩幣種間に存在する需要の強弱に基く，といふことは言を俟たないが，唯發生した Premium は自然的調整を受けないから，需要の強度の儘に放置され，<u>僅かに香上銀行が欲せざる程度に昇騰したときにのみ，香上銀行によつて調節を受けるに過ぎない</u>のである[37]（下線は引用者による）

以上のように，香港ドルは1920年代を通じて，ドル系銀貨を名目的正貨としつつ，紙幣と銀価値の実質的な分離が進行した上，その発行・流通量を香港上海銀行が一存で調節した。もっとも，これによって引き起こされた人為的な香港ドル高の限界は，1929年，特に構造的な不均衡を基底としていた香港―上海間の為替取引で露呈する。

### 3) 1929年の為替市場における混乱

　1929年の香港市場，特に上海向け為替の取引では，急激な香港ドル高が進行した。この背景には，(1)華南の購買力減退と華北の政情不安に起因した輸入減少による，上海向け為替への需要低下，(2)政情不安に起因した貨幣退蔵による，香港ドル紙幣への需要増加［横浜正金銀行 1935, 38］，(3)華北・華中から上海市場に大量流入する銀建て資金を裏付けとした，香港市場での中国系・華人系銀行の上海向け為替売りによる資金調達［横浜正金銀行 1929, 11］，という要因があった。

　これを受けて，香港ドルは対上海両で前例のない上昇を示し，5月には1ドル＝80両を突破，9月には84両にのせ［横浜正金銀行 1929, 11］，当時の現送点を約2割も上回った。このため香港では，多くの銀行や銀号が，上海から新規鋳造したドル系銀貨を輸入し，香港ドル紙幣に替えることで，利鞘を得ようと試みた（図3-5）。この顛末を，横浜正金銀行の調査報告書［1935, 39-40］は，次のように記している。

>　最初各銀行共に輸入した銀貨は之を香上銀行に預金し，代り金は香上銀行券を以て引き出そうといふ筋書であつた。愈々銀貨の到著（ママ）となり，香上銀行に持参してみると，豫想外の障害に遭遇しなければならなかった。香上銀行は多額の銀貨を一時に受納れることを回避し，記録によれば某Native Bankが約十萬弗の銀貨を香上銀行に持ち込んだ處，之が真偽鑑定に長時日を要したいといふ理由で，預け入れ當日から漸く十日目に，内一萬弗をcreditせられたに過ぎないといふ様な結果になつた。茲に至つて切（ママ）角採算上利益はあり乍ら，香上銀行への道は遮断され實の持ち腐れ

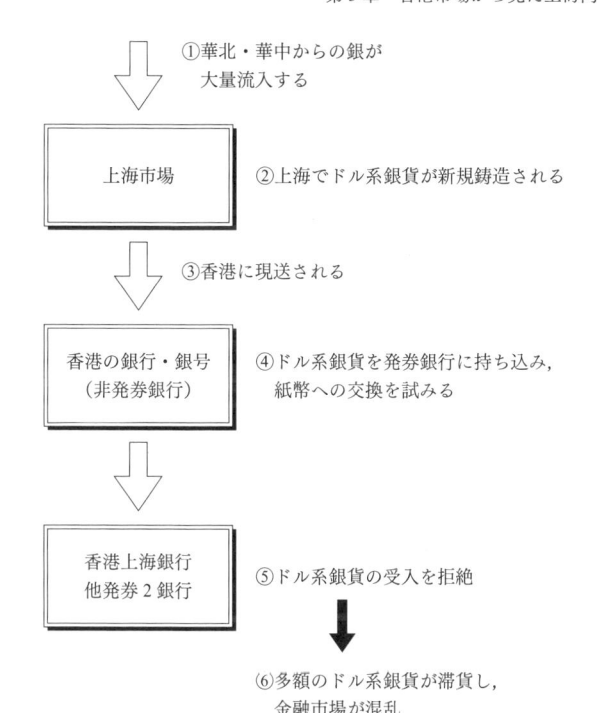

①華北・華中からの銀が
大量流入する

上海市場 ②上海でドル系銀貨が新規鋳造される

③香港に現送される

香港の銀行・銀号
（非発券銀行） ④ドル系銀貨を発券銀行に持ち込み，
紙幣への交換を試みる

香港上海銀行
他発券2銀行 ⑤ドル系銀貨の受入を拒絶

⑥多額のドル系銀貨が滞貨し，
金融市場が混乱

市況：香港ドル高／上海両安により現送点を約2割上回る状態

**図 3-5** 1929年の上海から香港に向けたドル系銀貨現送活動のイメージ
出所）筆者作成

となり，然も尚銀貨は續々と輸入されるから，未曾有の銀貨氾濫状態の現出が豫期された

　当時，理論上では現送点と実勢相場の乖離から利益を得ることができ，法令上も銀貨輸出入に制限はなかった。しかし香港上海銀行は，香港ドルの高値維持のため，紙幣増発には消極的であり，ドル系銀貨の受け入れを避けようとした。このため同行が，香港ドル紙幣が銀貨に対して交換誓約のないことを利用し，何らかの理由を付けてドル系銀貨の受け入れを渋れば，投機家の目論む利鞘稼ぎは，実質不可能となった。

しかしこれは同時に，現送による為替調節が機能不全に陥ることも意味した。それまで，少なくとも等価交換が可能と考えられてきたドル系銀貨は，一挙に信用を失った。このため銀行間市場の為替売買では，売り方は買い方が紙幣で支払うことを承諾しなければ売らない，買い方は売り方が銀貨で受け取ることを承諾しなければ買わない，などの条件を要求して［横浜正金銀行 1935, 40］，取引は混乱をきわめた。
　このため香港銀行協会は，10月24日にドル系銀貨と香港ドル紙幣の等価受用を再確認した。しかし実際には，香港上海銀行を含めた多くの銀行が，1000ドル以上のドル系銀貨による預金を拒否した［横浜正金銀行 1935, 35］。これは輸入された銀貨の氾濫から，各銀行の金庫に物理的限界が生じていたためである［横浜正金銀行 1935, 40］[38]。
　11月23日，銀貨輸入を阻止するために現送点が引き下げられ，このレート以上では，銀行間だけでなく，市中でも取引しないという協定が成立した［横浜正金銀行 1935, 40］。また各銀行が香港ドル資金に不足したときは，市場で上海向け為替を売却して調達するのではなく，チャータード銀行を経由して他銀行が固定レートで引き受け，それでも処分困難な場合は香港上海銀行が引き受ける，という協定も成立した［横浜正金銀行 1935, 40-41］。
　ところが，この時期は広東からの輸出期であった上，華南の不景気から輸入・移入は抑制されていた。このため，銀行間市場では上海向け為替の売りが圧倒的となり，チャータード銀行を経由した調節も機能不全となる。一部の銀行は，買弁や銀号を経由して秘密裏に市中で売りをこなそうとしたが，すべての処分は不可能であった［横浜正金銀行 1935, 41］。
　そこで最終手段として，香港上海銀行による上海向け為替の買い取りが必要となった。しかし，相変わらず香港ドル増発に消極的な同行は，容易に要求には応じなかった。すでに10月には，ニューヨークの株式市場暴落に端を発した混乱が始まっており，金本位国為替との関係からも，香港市場および香港ドルの安定性には注意を要した時期である。一方で銀行協会会員の間には，香港ドル紙幣のプレミアムを香港上海銀行が受益しているとの非難が高まり，一部会員はレート固定協定や普通手形交換からの離脱を示唆し始めた［横浜正金銀

行 1935, 41]。

　この異常事態を憂慮した香港政庁は，12月19日に紙幣発行税の一部免除を決定して香港上海銀行の発券を促し[39]，銀行協会もレート固定協定を廃止した。これを受けて香港上海銀行は，条件付での銀貨の受け入れを承諾することで［横浜正金銀行 1935, 41-42］，為替市場の混乱は一旦収束を迎えたのであった。

　しかし以降も，滞留銀貨の処分[40]と香港ドルの調節手段不在への不信から，上海向け為替の取引は円滑を欠き，この原因とも言える香港ドル発券制度を含む，幣制改革の必要性が浮き彫りとなった。そこで香港政庁は，公私合同の幣制調査委員会を設置し，1931年5月にはドル系銀貨に代わって銀塊を本位とする改革案を提案したが，香港上海銀行の強い反対に遭い頓挫する［横浜正金銀行 1935, 42］。

　結局，香港ドル改革が実現し，香港―上海間の為替取引が相互に銀価値から切り離された香港ドル対法幣のペアとして取引されるには，中国が幣制改革を実施した1935年を待たねばならなかった。

## おわりに

　本章をまとめると，以下の通りとなる。

　香港―上海間の為替は，近代中国における経済活動の構造変化から生まれた。中国の経済活動は，19世紀半ばからのウェスタン・インパクトの影響を受け，特に沿岸部を中心として，開港場を通じた集散体制に再編される。こうしたなかで，開港場の代表格でもある香港と上海は，独自の地理的背景と金融機能を形成しつつ，相互に連動していた。したがって香港―上海間の為替とは，単純に南北2地点を結ぶものではなく，2都市が背景とした広域での経済活動を集約して結ぶことで，資金を流動させる回路であった。

　この基礎には，中国における南北間の経済活動があった。それは華南から見ると，北方からの物資移入と決済需要であり，決済バランスは恒常的に対北方移入超過であった。決済の流れは，たとえば広東であれば広州―香港間など，

香港を軸に華南の地場レベルで決済がおこなわれた後，香港—上海間の決済を経て，上海から華中や華北との決済がおこなわれた。このように華南にとって，中国の他地域との接続には香港—上海間の回路を経由することが必須であったため，香港では上海向け為替の取引が活発であり，直物を扱った銀行間市場に加え，先物を扱った申電貿易場も形成された。

　もっとも，不均衡な決済バランスを基礎とした香港—上海間の為替が，長期にわたって安定を維持したのは，アジア太平洋の経済空間と連動した香港市場で，多角的な決済関係によって総体的なバランスが調節されていたからである。逆に言えば，香港—上海間の為替は単なる南北間決済の一辺ではなく，香港市場を通じた地域全体の決済構造を支える柱の一つでもあった。

　ところが1910年代後半から，米国と華北から大規模に銀を吸収する廣東造幣廠が開閉を繰り返した影響を受け，決済関係を媒介した香港ドル，ひいては香港—上海間の為替も不安定になった。特に，1922年の銀貨輸出禁止令発表後，ドル系銀貨の香港ドル紙幣への交換が進んだり，華南での香港ドル紙幣の需要・流通が高まったことなどから，香港ドルは銀価値と乖離しながら上昇していった。

　これは，香港市場の最終的なバランス調節を引き受けた香港上海銀行には，望ましい傾向であった。1910年代後半，積年の現送活動や廣東造幣廠の改鋳から，広東ではドル系銀貨が払底し始めており，香港ドルの低落は避けられなかった。この影響は中国内地との為替だけでなく，米国や英国など金本位国との為替，ひいては多角的決済の維持にも及ぶはずであった。この事態を避けるために香港上海銀行に残されたのは，香港ドルを紙幣発行増減で調節する方法であった。これは銀貨禁輸を機に，1920年代を通じて実現していったが，一方では人為的に引き起こされた香港ドル高という歪みも生じた。

　1929年，この香港ドル高は限界に直面し，香港—上海間の為替取引に大きな混乱を招いた。同年の急激な香港ドル高で，銀行や銀号は上海からドル系銀貨を輸入し，香港ドル紙幣との交換で利鞘を得ようとした。ところが，香港上海銀行は香港ドル高値維持のため紙幣増発に消極的で，ドル系銀貨の受け入れを渋ったため，紙幣との交換が実質的に不可能となった。それは同時に，現送

による為替調節が機能不全となることを意味した。このためドル系銀貨は一挙に信用を失い，為替取引は混乱に陥った。この事件を契機に，香港上海銀行の掌握した香港ドル発券制度を含む，幣制改革の必要性が浮き彫りとなったが，その実現は中国が幣制改革を実施した1935年を待たねばならなかった。

　しかし第5章で考察するように，1930年代に入ると，それまでの開港場を経由する経済活動は，急速な変容と崩壊に向かう。特に香港―上海間の為替は，1930年代後半の日中戦争による経済の混乱と金融統制から，直接的な影響を受ける。それはもはや，香港上海銀行でも避けることのできない環境変化であった。これに対して台頭したのが，戦乱による空白を巧みに利用し，規制の枠外で柔軟に活動した銀号が，新たに創出した金融の回路であった。

## 第 4 章

## 廣東銀行の興亡
——華人資本の銀行業展開とその限界——

### はじめに

　19世紀後半から，香港を底流で支えていた「つながり」と「流れ」は，「帝国の時代」の枠組みが比較的自由な経済活動を保証するなかで，一つの空間を形成した。しかし20世紀に入ると，この空間では次第に，既存の秩序規定者の弱体化，その競合相手の出現，さらには民族自立の機運などによって，動揺が生じる。こうして前世紀からの秩序が変容を迎えたとき，地域内の「つながり」と「流れ」を調節して結んだゲートウェイとしての香港，主体であった華人の経済活動，さらにはその金融モデルにも，確実に変化の波が及んだ。

　本章では，「香港廣東銀行」（1912年創業，以下「廣東銀行」と略称）の興亡史を通じて，近代の広東系華人が，広域で展開した経済活動の変容を考察する。この廣東銀行は，香港の華人資本が全額出資して創設された最初の銀行であった[1]。それは華人の郷党，実業，革命の三角関係から生まれ，その広域展開に依拠して発展し，最終的には基盤とした経済圏や商業活動の衰退とともに破綻した。その軌跡からは，19世紀後半から20世紀前半に，広東系華人が地域を結んで活動した様相が，彼らの生み出した空間の変容とともに明らかになる。

　これまでにも，近代のアジア太平洋における外国銀行の研究は進展しており，また中国系銀行についても中國銀行などの研究が進展している[2]。しかし，この地域に大きなインパクトを与えた華人の活動を背景に，香港を中継地として展開した華人系銀行については，ほとんど研究が進んでいない。その代表例である廣東銀行についても，先行研究で歴史的重要性は認識されてはいたもの

の[3]，具体的な研究は，基礎史料の散逸からほとんど存在しなかった。また廣東銀行以外の華人系銀行の歴史についても，必ずしも研究は進展していない。それらは一般的な行史が多く[4]，華人系銀行が広域で展開した多面的な役割を解き明かすまでには至っていない。

　そこで，本章では廣東銀行の展開を多面的な考察から掘り起こす。これによって従来の研究空白を埋めると同時に，近代の広東系華人が形成した，19 世紀後半からのアジア太平洋での経済活動による空間が，20 世紀前半に進行した「帝国の時代」の枠組みの変容によって衰退していった軌跡を明らかにしたい。

　本章の構成は以下の通りである。第 1 節では，創設の背景となった北米華人と広東の金融関係，香港での創業を支援した人脈の様相などを考察し，さらに具体的な設立過程や，辛亥革命後の広東省財政支援への関与とその挫折などを描く。第 2 節では，創設後の廣東銀行における業務の諸側面に焦点をあてながら，その経営の発展，推移，転機を明らかにする。第 3 節では，資産・利益データの推移比較から成長の限界を確認し，廣東銀行の抱えた構造的問題を踏まえつつ，その破綻と再建の経緯をたどる。

## 1　創設——郷党，実業，革命の三角関係

### 1)　創業の背景

　19 世紀半ば，広東の珠江デルタ流域圏から送出された大量の移民は，多くが香港経由で北米，中南米，東南アジア，オセアニアに向かう。特に北米への移民は，ゴールドラッシュや大陸横断鉄道建設による労働力需要，移民ブローカーによる契約労働制を背景に急増する。たとえばカリフォルニアの華人人口は，1840 年代後半に 50 人前後であったが，1852 年には約 2 万 5000 人に増加し，1880 年には北米全体で 10 万人を超えた［潘 1998, 261］。

　華人社会の発展に伴い，その経済活動も活発化した。特に移民先でも伝統的な生活様式を保持した華人のため，諸物産を輸出入する「金山荘」と呼ばれた貿易業者が急速に成長した[5]。金山荘は香港を中継して広東と北米およびオー

ストラリアの間で，同族や同郷などの紐帯を軸とした商業活動を展開した。このため金山荘は香港でも重要な位置を占め，1870 年代には約 30 軒，19 世紀末には約 100 軒，1920 年代には約 280 軒，と増加した［馮 1997, 22］。

金山荘の主力は貿易であったが，移民関連の労働力差配，郵便，送金などにも関与した。特に送金では，華人社会で資本・信用の優位であった金山荘が，広東への送金窓口として関与した[6]。しかし金山荘は，北米─広東間の遠隔地間送金を実際に処理する能力はなかった。そこで外国銀行の為替送金を用いる方法が一般的となり，外国銀行と華人は相互補完の関係を形成する。

たとえば，大手金融・輸送専門会社の「ウェルズ・ファーゴ」（Wells Fargo & Company. 1852 年創設）は，1860 年代後半から華人顧客と取引を始め，1870 年代には取引が恒常化していた［Anderson 1983, 749-750］。また香港上海銀行は，創業間もない 1865 年に「カリフォルニア銀行」（Bank of California）を通じてサンフランシスコ代理店を開設したが，カリフォルニア銀行が 1875 年に破綻した後，自行関係者を代理店として事業を継続している。当時の経営会議はその理由に「華人の間で確立された信望と，これに伴うサンフランシスコ 中国間の巨額のビジネス」［King 1987, 152］を挙げている。また最も影響力を持つようになった International Banking Corporation（IBC，萬國寶通銀行）は，米国─アジア間の金融を主目的に設立され，1902 年には香港と上海，1904 年には広州，1909 年には北京と漢口に支店を開設し，「米国貿易業の組合なる金山荘に取りては欠く可からざる金融機関として大いに信用されつつあり」［台湾銀行 1916, 72-73］という評価を得ていた。

しかし，20 世紀初頭には華人の資本蓄積が進展し，また外国銀行の手法を習得することで，自身の「銀行」を創設する動きが始まる。その先駆が 1907 年にサンフランシスコで創業した「金山正埠廣東銀行」（Canton Bank of San Francisco，以下「金山廣東銀行」と略称）である。同行は 1907 年，IBC と Russo-Asiatic Bank（露亜銀行）に勤務した陸蓬山（広東香山人）[7]が主導し，多数の華人の賛同を得てカリフォルニア州登記の銀行として設立された。設立趣意書［麥 1992, 94-95］は，次のように記す。

商戦の世では銀行を以て富強の基とする。(中略) 華僑商業はサンフランシスコで繁栄しているにもかかわらず,未だに銀行が創業されていない。利権は外部へと失われることになって久しく,外国人からは我々の愚かさを密かにあげつらわれている。我らはこうした利を自ら計ることなく,銀行業における貸付や為替の利便を失ってきた。(中略) 株式を募集せず創業をおこなわねば,利権はついに失われる。ゆえに祖国の富強を謀り,外国人の誹りを免れねばならない[8]

ここでは華人が銀行を持たない損失を訴えるなど,民族色を強く打ち出している。事実,北米華人の金融サービス需要は旺盛で,同行は設立当初から華人社会の支持を受けて急速に成長した。一方で,同行は業務拡大に伴う問題も抱えていた。当時,米国銀行法は州立銀行の州外や海外での活動を制限しており,有望な収益源となるはずの広東への送金業務に困難が生じた。この解決のため,金山廣東銀行は広東の対外窓口である香港に直接的に資本関係のない,しかし連動する新銀行の設立を模索する。

### 2) 香港の四邑・香山系人脈

1909年,金山廣東銀行の陸蓬山は新銀行設立のため香港に赴く。そこで頼りとしたのが,同じく米国から戻った広東の香山と隣接する四邑(新會(台山),新寧,恩平,開平)の出身者であった。彼らは北米で三邑(南海,番禺,順徳)の郷党と覇を競った集団で[9],一部は排華移民法の影響などで香港や広東に戻った後も,米国の同郷人と緊密な関係を維持して商業に従事した。その結束は強く,不買運動,義捐活動,政治活動,社会団体の組織,故郷の開発投資にも積極的であった[10]。

特に際立った活動が,孫文の革命運動への一貫した支援である。孫文の革命運動は幾度もの挫折を経ているが,その度に各地の華人が支援したことは知られている。なかでも香港の四邑・香山系人脈は革命運動を一貫して支援し,香港「四邑商工總局」はその中心であった。その指導的人物が李煜堂(広東新寧人)である(図4-1)。

李煜堂は1850年に生まれ，18歳で米国の叔父を頼って移住する。米国で商業経験を積んだ後に香港に戻り，「金利源」，「永利源」という金山荘を興して成功する［呉 1937, 7-8，李 1966］。そして次第に近代型事業の創業に意欲を強め，郷党人脈を活用して保険，銀行，商社，電力，鉄道，汽船，工業，百貨店，ホテルなどへの出資・経営に関与した。

また，その関心は政治にも向かい，同盟会への加入以降，同郷人を動員して革命運動に積極的に貢献する[11]。彼が初代会長を務めた四邑商工總局は公然と革命を支持し，金利源は香港の革命派集会地として軍資金・武器調達の拠点となった[12]。さらに1911年10月に広東が独立を宣言すると，李煜堂は広東省財政司に任命され，約半年後の辞任まで多額の資金調達に奔走する[13]。このように革命運動を熱心に支えた香港の同盟会，特に李煜堂を中心として郷党，実業，革命という要素の交錯した人脈の支援は，革命成就の重要要素であった。香港の廣東銀行は，この李煜堂を中心とするグループの支援に基づき創業された。

図4-1　廣東銀行創業の中心人物であった李煜堂
出所）呉［1937, 7］

### 3）香港における廣東銀行の創業

1911年11月，香港での廣東銀行の設立に関し金山正埠廣東銀行の名義で株式募集趣意書が発表される。設立意義を趣意書［外務省 1912.3.22］は，巻頭言で次のように記述する。

> 香港は商業繁栄の地であり，我ら華人の商業活動もまた，ここを交易の地とする者が多い。それにもかかわらず，自らの整った銀行を創業できず，利権が外国に流出するのは誠に遺憾である。数年前，米国サンフランシス

コで開業した廣東銀行は，利便を提供して専ら利権を挽回し，創業以来の成果は著しい。ただ香港のみ未だ機運に呼応しておらず，ゆえに同志を糾合して銀行を創業し，迅速な交易を図ることは，同胞に利益をもたらす[14]

その内容は金山廣東銀行と同様に，金融利権が外国資本に流れることを憂い，華人自身による銀行設立の必要性を唱えるものとなっている。

同行の主要業務は「第壱章宗旨」に記され，「本公司は同志を糾合して資本を集め，金山廣東銀行や内外各地との為替を手掛け，本港の貿易金融や金融業者の手掛ける各種事業をおこない，利権挽回を旨とする」[15]とあるように，陸蓬山が当初計画した通り，主として香港と内外各地，特に金山廣東銀行との間の為替送金や貿易金融にあった。

具体的な設立・経営については「第八章辦法」に，次のように示される[16]。(1)香港会社条例に基づき資本金200万ドルの有限会社を設立登記する，(2)4万株を発行し，仮に申込者多数で応募超過の場合は衆議を経て増資を可能とする，(3)銀行の経営管理者に重視するのは，背景が確かであり品行方正な者であること，(4)13名定員の董事会を設置し，年1回の株主総会で改選。本年度董事は次の通り。陸蓬山氏　李煜堂氏　唐溢川氏　馬應彪氏　鄧仲澤氏　李寶龍氏　唐麗泉氏　劉其華氏　林護氏　劉鼎三氏　余寶山氏　李聘侯氏　麥禮廷氏，(5)監査役2名は株主のなかから選出，あるいは外国人を招聘し，監査にあてる。この監査をおこなう者は算術に優れることを必須とする，(6)収支会計は半年決算で，一年ごとの総決算で年度を終了し，2月に年度決算を公布。

上記で注目すべきは初年度董事である。13名中には金山荘関係者6名，革命運動を援助した募金団体「三十人籌餉團」の中心会員3名，香港華商の連合団体「華商公局」設立時の値理（理事）2名が含まれる（表4-1）。また四邑系以外に，孫文や陸蓬山と同郷の香山人である馬應彪などが含まれている。馬應彪は華人資本最初の百貨店で，後に紡織や金融に多角化して香港・上海の大財閥へ成長した「先施公司」の創業者である。香山人もオーストラリアや北米に渡って金山荘を営み，四邑人とは同業であった。すなわち廣東銀行の形成は，郷党，実業，革命という軸で交錯した人脈が基盤となっており，広東系華人に

表 4-1　廣東銀行創立時における董事の出身背景

| 氏名 | 職　業 | 備　考 |
|---|---|---|
| 陸蓬山 | 「金山廣東銀行」總理 | 香山人 |
| 李煜堂 | 「金利源」「永利源」当主 | 四邑人,三十人籌餉團と同盟会の会員,華商公局の設立時値理 |
| 唐溢川 | 「新發公司」董事 | |
| 馬應彪 | 「先施公司」創業者兼董事正司理 | 香山人 |
| 鄧仲澤 | 「新廣合」金山荘当主 | 四邑人，三十人籌餉團と同盟会の会員 |
| 李寶龍 | 不明 | |
| 唐麗泉 | 「好時洋行」買弁 | 華商公局の設立時値理 |
| 劉其華 | 「廣益隆」金山荘当主 | 四邑人 |
| 林護 | 「聯益建築公司」創業者 | 四邑人，三十人籌餉團と同盟会の会員 |
| 劉鼎三 | 「裕盛銀號」当主 | |
| 余寶山 | 「同德盛」金山荘当主 | |
| 李聘侯 | 「旋昌泰」金山荘当主 | |
| 麥禮廷 | 「裕盛隆」金山荘当主 | 同盟会の会員 |

出所）外務省［1912.3.22］の名簿より作成

よる，広域での経済活動という商業的目的と，民族主義や革命運動といった政治的目的が混合する形で展開したものであった。

　これは設立発起人リスト［外務省 1912.3.22］を基に，設立発起人の背景を調査すると同様の傾向がわかる。その 53 名の内，職業別背景では金山廣東銀行 5 名，金山荘 20 名，南北行 5 名[17]，その他貿易業 8 名[18]，銀号業 3 名，保険業 1 名，建築業 1 名，買弁 2 名，百貨店兼貿易業 5 名[19]，不明 3 名で，また三十人籌餉團の中心会員 6 名，華商公局設立時の値理 3 名も含まれている。実際，百貨店兼貿易業のうち 4 名もオーストラリア華人で金山荘を営んでいることを考慮すれば，設立発起人の約半数は金山荘関係者で占められていた。

　他の華人系銀行では，廣東銀行のような政治的要素は強くないものの，やはり同郷や同業の紐帯を基軸とした設立提唱・資本調達がおこなわれた。たとえば 1917 年創業の「工商銀行」を見ると，陳國權や程天斗などの創業者兼経営者は，米国からの帰国者や留学生が主であった［外務省 1917.6.29］。1919 年創業の「東亞銀行」は，創業者の簡東浦，李冠春，李子方，黃潤棠などが広東系の銀号や南北行の同業であった。1921 年創業の「國民商業儲蓄銀行」は，馬應彪，王國旋などの創業者が香山出身のオーストラリア華人で，「先施公司」

の人脈に関係していた。こうした出資形態は，伝統的な華商の共同出資形態「合股」と原理的には変わらないものであった。

収支予測は「第九章預算」に示されている[20]。これによれば年間経費として人件費2万ドル前後，事務所賃貸料やその他支出合計が8000ドルと推定している。一方で，営業額は金山廣東銀行との間の為替取扱い額である約2000万ドルに加え，その他地域との間の為替および香港での融資業務からの金額が合算されると推定している。

1911年末には法人設立が登記され，翌年1月末までに募集株式分の資本金200万ドルの払い込みが完了する。また同時期には，開業に向けた広告も華字紙に登場している[21]。こうして1912年2月21日[22]，「香港廣東銀行有限公司」は正式に開業した。

### 4) 広東における新銀行設立計画

民間商業銀行として成立した廣東銀行ではあったが，設立を支援した人脈には，当初から広東の新政府支援と，これに乗じた広東進出という思惑があった。当時，財政司長に就任した李煜堂は，債券発行と通貨改革という課題に直面しており，三十人籌餉團や四邑商工總局の香港華商と，広州商工業ギルドの間では，財政支援の活発な議論が交わされていた。在香港日本領事館の報告［外務省 1912.5.11］は，次のように記す。

> 久シク行悩ノ体ニアリシ外債問題決裂ノ報當地ニ傳ハルヤ當地支那銀行業者発起トナリテ檄ク廣東各商ニ傳ヘ内債ヲ起シ先ツ廣東ヨリ発起シテ三千万元ヲ引受ケ進ンテ全國ヲ慫慂センコトヲ計リタル由ナルカ廣東ニ於テハ粤商維持公安會ニ於テ會議ヲ開キテ之ニ應シ更ニ七十二行總商會九善堂等ト聯合シテ香港在留支那商人等ヲ勧誘シテ其目的ヲ達スルコトト議決セル由尚此會議ニハ當地支那商陳李漢等列席シテ大ニ應援演説ヲナシタル由此他當地支那紳商葉履剛外十余名発起トナリ連名ヲ以テ廣東各團体ニ書ヲ送リ五元債券（年利六分）ヲ発行センコトヲ献議セル由[23]

さらに議論からは債券発行を優先すべきか，あるいは募集機関の銀行設立を

優先すべきかという問題が持ち上がる。同じく領事報告［外務省 1912.5.20］は，次のように記す。

> 支那商人等ノ集會機關ナル當地四邑商工總局ニ於テハ昨十九日集會ヲ催シ內債ト銀行設立ト何レヲ先ニスヘキヤニ就キ大体ニ於テハ銀行設立ヲ先ニスル方ニ贊成多キモ當地南北行ノ商人等ハ內債先ツ主張スルニ依リ互ニ討論ノ結果銀行ハ即チ募債機関ナルヲ以テ先ツ銀行ヲ設立シ以テ募債ノ地步タラシムルコトニ一決シタル由右銀行ニ二千元ノ株式ヲ取得スルモノハ取締役トナルコトヲ得ル由ニテ主唱者ノ重ナルモノハ李煜堂（廣東前財政司長），黃錦英，吳東啓，李葆葵，余斌臣，譚亦僑等ノ當地支那紳商ナル由

こうして広東での新銀行設立が急速に始動する一方，李煜堂に代わって財政司長に就任した廖仲愷からも中央銀行構想が持ち上がる。領事報告［外務省 1912.5.29］は，次のように記す（●は文字判読不能）。

> 廣東政府カ財政●危ノ極ニ達セルハ明カナル事實ナルガ新財政司長廖仲愷ハ其救済策トシテ廣東省半官半民的中央銀行設立案ヲ都督ニ建議シ都督ハ実業振興策ニ付テハ実業司長関景新ト熟議シ遂クヘキ旨訓示セル趣ナリ

廖仲愷は新銀行の出資者に東南アジアの華人を想定し[24]，李煜堂の影響下にある香港の四邑系人脈を排除しようと試みた。この背景には，李煜堂と廖仲愷の確執があった。廖仲愷も四邑系で，かつては李煜堂の下で副財政司長を務めていた。しかし，李煜堂は廖仲愷を単純な理想主義者と考え，廖仲愷は李煜堂を利益目的の投機家と考えていた［Chung 1998, 85］[25]。この結果，対立した双方は新銀行の設立構想で独自案を主張するが，廖仲愷の計画は，出資の柱とされたマラヤの大財閥である陸祐から協力を拒絶されて破綻する[26]。

こうしたなかで，孫文は 1912 年 6 月中旬に中外合資の銀行構想を提唱するが，香港の支持者達からの反応は否定的であった。領事報告［外務省 1912.6.18］は，次のように記す（●は文字判読不能）。

本月十五日孫逸仙廣東ヨリ當地ニ来ルヤ先晩四邑商工總局ナル國民義捐所ニ赴キ演説シタルカ其要領ハ余ノ考ニテハ今日ノ場合四國借款ノ範囲外ニ於テハ國民銀行ヲ設立スルヨリ外急ヲ救フノ途ナキモ其資本全然支那人ノモノノミニ依ル時ハ外國人ハ我ニ公債発行ノ権アルコトヲ信セサル●●ニヨリ今特ニ欧州ノ諸友ト熟議シテ一ノ支那外國合資ノ銀行ヲ開キ其目的ハ専ラ外債ヲ輸入セントスルモノニシテ現ニ計画既ニ定マレルヲ以テ該●ノ賛成應募セラレンコトヲ乞フ尚合資ノ数目，外債ノ輸入数目及何國ノ外人ト合弁スルカ等ハ何レモ秘密ヲ守ラレタシ云々ト之ニ対シ集會セル支那人中ノ多数ハ反対ノ意ヲ表セルガ如シ

こうして広東での新銀行設立計画が宙に浮くなかで，暫定的に調達された資金の受け皿となり，広東側への資金のパイプラインとして役割をはたしていたのが廣東銀行であった。『香港華字日報』[1912.8.10] には，廣東銀行が広東省財政司の代行機関となって募集した借款に関し，財政司が領収した旨を知らせる広告が掲載されている。こうした廣東銀行の働きは，同行創立に関わった人脈の背景を考えれば，当然の成り行きであった。

### 5）四邑系と香港政庁の対立

一方，香港政庁は過激化する四邑系の政治活動に神経を尖らせ，広東での銀行設立にも注目していた。以下は香港政庁の内部報告［CO129/391 1912.8.16］である。

先月 23 日付の緊急書簡以降，広東と香港の華字紙には書簡付属 2 のように，広東政府発行の非兌換紙幣問題改革を目的とした "Canton and Hong Kong Financial Company" と称する組織創設に関する幾つかの記事が見られます。この発表は紙幣割引率を 10％まで急低下させましたが，割引率は再び急上昇して現在 27％です。これについて登記局長には，香港商人は政庁の諮問を通さず事業を開始することはできず，計画が資金的に不健全である旨を警告すべく指示しましたが，局長からは計画に信用背景の確かな香港商人が全く関わっていないと報告がありました。計画の主要提唱者

は悪名高い李煜堂（第9節参照）(ママ)です。株式引受は香港でおこなわれていますが，多くの華商に人気があるとは言いがたいにもかかわらず引き受けられるのは，敢えてこれを拒否できないためです

上記の報告から裏付けられるように，新銀行の目的は広東の通貨改革を支援するものであった。この計画に香港政庁はきわめて強い警戒感を持っており，特に以前から革命支援の問題で対立関係にあった李煜堂を著しく警戒している。報告書は香港政庁の見解というバイアスはあるが，四邑商工總局を中心とした運動も，すべての香港華商に歓迎されていたわけではなく，むしろギルドの強制力に頼っていたことも示唆している。これに対して香港政庁は対応策を講じ，計画阻止を試みる。香港政庁報告［CO129/391 1912.8.16］は，次のように記す。

　本件に関して法務長官と行政会議の諮問後，私は登記局長に対して当該計画の提唱者達に，香港政庁は株式引受の強制を好ましくないと見ていること，脅迫的な株式引受の資金徴収を試みる全ての人物に対し巡査を用いて監視すること，華人有力者に対して昨年11月にF・ラガード卿より先になされた説明では，香港政庁は革命政権支援の資金調達とその促進が香港でおこなわれてはならないとの立場をとっていること，香港政庁は資金調達阻止のためあらゆる試みをする用意があること，などを警告するよう指示しました。（中略）一般の株式引受による資金調達の試みは中止され，現在，確認可能な限りで運動は一時中断し，香港内では何者からの私的支援も受けていないようです

さらに香港政庁は，李煜堂とその支持者への直接的な事情聴取に踏み切った。香港政庁報告［CO129/391 1912.8.16］は，次のように記す。

　6日時点，法務長官は李煜堂と他3名の主要支援者に事情聴取をおこない，香港政庁の見解を通達しました。李煜堂は香港政庁の意に反したことに遺憾の意を表し，また現在の提唱者達の意図は何啓氏の助言に従い，香港で会社条例に基づく銀行を設立して廣東通貨改革を商業ベースで支援す

る計画であるとのことでした

　香港政庁に対し李煜堂は，銀行設立と通貨改革支援はあくまで「商業ベース」と説明している[27]。しかし表面的に中断したかに見えた新銀行設立計画は，水面下では継続していた。香港政庁報告［CO129/391 1912.8.16］は，次のように記す。

　　ハリファックス氏の報告によれば，これらの（敢えて大袈裟に呼べば）金融家たちが資金調達について様々な方策を話しあっているとのことです

　さらに香港政庁と四邑系の対立は，広東通貨の香港内通用問題に波及する。基本的に香港での広東通貨通用を禁じる香港政庁と，通用による影響力拡大を目論む政治勢力は，決定的な対立関係に入る。これを受けて香港政庁は，1895年の紙幣条例に基づき，1912年10月12日の臨時政府広報に未認可の紙幣発行・流通を警告する緊急布告を掲載した［HKG 1912.10.12］。また同年11月，香港政庁は四邑系団体の新たな債券発行計画を察知し，これに非公式な禁止通達を出すと同時に，警察力を動員して監視を強化した。

　この一連の動きのなかで起きたのが，1912年12月に香港での広東通貨受取拒否に端を発し，四邑系団体が扇動した電車ボイコット事件であった。これを受けて双方の対立は頂点に達した。香港政庁は「あらゆる犠牲を払ってもこれを粉砕する」［Sinn 1990, 168］との意向を固め，反ボイコット条例を施行して鎮圧を図り，さらに1911年成立の"Ordinance 47 of 1911, Societies Ordinance"を名分に四邑系団体への弾圧を開始する。

　この香港政庁の徹底的な圧力を受け，四邑系団体の活動は次第に弱体化し，新銀行設立計画も急速に後退する。これが最後に顕在化したのは，1913年の「普通銀行」設立計画である。『香港華字日報』［1913.4.5］は，次のように伝える。

　　胡都督（引用者注：胡漢民）は近日，国家財政の一時万難に対し，性質が最も銀行と似ている銀号を普通銀行に改組する案を調査し，政府を補助することが大いに可能と考えている。金融恐慌を救済するため，香港金融

業者へ株式銀行設立の計画を連絡すべく李煜堂に帰省の電報を発し，第二課長には株式銀行章程の作成を命じ，中央の同意を求める電報を発したもよう[28]。

この胡漢民から発案された計画は，既存の銀号を糾合して銀行に改組し，その中心に李煜堂を据える予定であったが，ついに実現することはなかった。1913年5月，袁世凱は広東省政府の人事に介入し，胡漢民は失脚する。この結果，広東省での新銀行設立計画も決定的に破綻した。同年7月，軍閥の陳炯明が広東独立を宣言して以降，香港の四邑系商人による広東政治への直接的影響力は甚だしく後退する。

## 2 発展──業務の展開と転機

### 1) 支店・代理店網の展開

民間商業銀行としての廣東銀行は，設立当初から外国銀行をモデルに，為替銀行としての展開を目指していた。そこで広範囲な支店・代理店網を構築する必要から，1913年2月までには金山廣東銀行をはじめ，ロンドン，ハワイ，上海，東南アジア各地に代理店を設置し，広州には支店を開設していた［香港華字日報 1913.2.21］。

すなわち廣東銀行は，当初から北米─香港─広東のルートだけでなく，広東系華人の商業活動に沿う形で，香港を中継地とした広範囲な金融網の形成を目指していた。広東系華人は19世紀後半から，米州・オセアニア・東南アジアなどのアジア太平洋地域に展開し，やがて中継地の香港を経由して広東に回流した。これはヒトの流れだけではなく，カネの流れも同様であった。華人の蓄積した資金は，故郷への仕送りだけではなく，投資などの形としても広東に回流し，やがて香港を再経由して中国の内国センターである上海にも北上した。その動線は，近代の広東系華人による地理的展開の軌跡そのものであった。

たとえば，1913年の廣東銀行による上海支店開設の意義は，従来は香港上

海銀行などの外国銀行が独占した香港—上海間為替に代表される開港場間取引を，華人系銀行が直接取り扱い始めたことにとどまらず，広東系華人資本の上海進出を象徴していた，という点にある[29]。1910年代の上海には，廣東銀行と関係のある「永安」，「先施」，「新新」などの広東系華人資本が進出し，百貨店，紡織，金融を中心とした「省港財団」と称される郷党財閥を形成した[30]。それらは主にオーストラリアや北米に展開した広東系華人の資本が華南に回流し，香港を再経由した後，中国各地の資金が集中・再投資される内国センターの上海に北上したものであった。廣東銀行上海支店の開設と広東系による機関銀行化は，この広東系資本の北上現象と軌を一にしていた[31]。

また1915年には東南アジアへの支店開設が計画され，李煜堂が視察に向かう。この様子は，李煜堂の動向を注視する在シンガポール日本領事館報告［外務省 1916.7.19］に記されている（●は文字判読不能）。

> 李煜堂ハ在●出資ニ係ル南軍ノ機関銀行タル廣東銀行ノ支店（本店ハ香港）ヲ當地ニ設立スル任務ヲ帯ヒ四五日前當地ニ来着シタルカ暹羅及馬来半島ヲ視察シタル上愈々當地ニ開店スル筈ナルヲ台湾籍民林麗ヨリ間聞セリ

報告から明らかなように，当時の廣東銀行は孫文と一線を画すことなく，引き続き政治的役割を担っていた。この時点では東南アジアへの支店開設は実現しないが，1918年にバンコク支店開設が決定され［銀行週報 1918.10.1, 16][32]，1919年2月に営業を開始する。

1919年末までには，広州，上海，バンコクに支店を構え，ロンドン，サンフランシスコ，ニューヨーク，ホノルル，横浜，マニラ，シンガポール，バタビア，スラバヤ，スマラン，ラングーン，コロンボ，カルカッタ，ボンベイ，カナダおよびオーストラリア各地に代理店を設置する［台湾銀行 1919, 34-35][33]。また1921年には米国東海岸に進出し，ニューヨーク支店を開設した［外務省 1921.7.6］。

一方で中国内地での支店開設については，1920年代以前は積極的ではなかった。1917年，工商銀行総理の陳國權は「廣東銀行は桑港倫敦に支店を有し

為替の取扱い為すも支那内地に支店若しくは出張所を有せず不便を感じつつあるを以て本行は追て汕頭，厦門其他に支店を設立して廣東銀行の及はざる所を助け（後略）」［外務省 1917.6.29］と述べており，海外取引重視から内地支店の構築に積極的でなかったことがわかる。しかし1924年頃には漢口支店を開設し［銀行通信録 1924.11, 97-98］，揚子江中流域圏に直接進出している[34]。これは後述の経営戦略転換の影響と考えられる。

以上の支店網拡大は，香港—広東を結ぶ在来金融業者「銀号」が主体の時代と比べ，華人によっておこなわれる金融活動の地理的範囲が拡大したことを示す。他の華人系銀行を見ても，東亜銀行は広州，上海，サイゴンに支店を，その他の世界各地に代理店を有した。工商銀行は漢口に，華商銀行はサイゴンと広州に支店を展開したが，両行は後に華人が大量流入していた中南米の拠点としてキューバにハバナ支店の開設を検討している［外務省 1923.5.9］。

### 2）業務内容と利益処分——1918年度財務諸表を例に

廣東銀行は当初から，為替を主要業務として念頭に置いていた。しかし，外国銀行のように為替の専門知識に長けていたわけではなく，設立直後には香港上海銀行の元行員モルダー（J. Mulder）を外国為替支配人（司理匯兌，Manager of Foreign Exchange）として招いた。その後，先述の支店・代理店網を構築し，活発な為替取引をおこなった［台湾銀行 1919, 33］。こうして1919年には「外國為替ニ主力ヲ注キ熱心發展ヲ計リ居ルヲ以テ勘カラサル利益ヲ計上シ居レリ」［台湾銀行 1919, 34］との評価を得ている。

一方で預金・貸付業務にも力を入れていたことが，1918年度末の貸借対照表（表4-2）から確認できる。預金・貸付業務の比重を資産ベースで見ると，有担保貸付（「押款」）で422万751ドル54セントを計上し，総資産における比率は約50.8％を占めている。また負債項目の「定期・普通預金」（「定期及活期存款」）は，468万810ドル42セントを計上し，総資産における比率は約56.4％となっている。したがって預貸比率は約90.2％であった。これら数字からは，資産ベースでは預金・貸付業務が主体であったことがわかる（図4-2）。

一方で，利益ベースでの業務比重を確認することは，1918年度の損益計算

**表 4-2　廣東銀行香港本店貸借対照表（1918 年 12 月末）**

| 資　産 | | 負　債 | |
|---|---|---|---|
| 現金・コール・他行預入 | 475,734.42 | 資本金 | 2,000,000.00 |
| 外国貨幣 | 246.81 | 諸積立金 | 400,000.00 |
| 有担保貸付 | 4,220,751.54 | 土地建物償却金 | 40,000.00 |
| 各支店・代理店貸勘定 | 2,016,973.94 | 定期・普通預金 | 4,680,810.42 |
| 受取手形 | 1,342,671.73 | 各支店・代理店借勘定 | 880,647.56 |
| 買為替 | 135,938.80 | 売為替 | 81,997.74 |
| 上海支店印紙幣費 | 20,255.45 | 未払配当金 | 131,400.57 |
| 華美銀行株式 300 株 | 37,344.40 | 賞与金 | 22,533.75 |
| 営業用什器 | 23,965.50 | 次期繰越金 | 60,026.78 |
| 広州支店不動産 | 23,534.23 | | |
| 計 | 8,297,416.82 | 計 | 8,297,416.82 |

出所）台湾銀行［1919, 35-37］，銀行週報［1919.4.29, 21］より作成
注 1）単位は香港ドル
注 2）資産項目「華美銀行株式」の詳細は不明であるが，民国 14 年営業報告には「檀香山華美銀行」とあることから，ハワイにある華人系銀行への出資と推測される

書（表 4-3）に収益内訳が記載されておらず不可能であるが，為替業務は毎年度利益の大部分を占めたとされている［銀行週報 1919. 4. 29, 21］。これは為替業務の成長という反面，為替売買による収益獲得という一面を示している[35]。同時に，これは当時の預金・貸付業務の利鞘が薄かった可能性や，貸付業務の審査・管理不全から貸倒率が高かった可能性も考えられる[36]。

次に利益処分を見る。1918 年度末の損益計算書では，諸支払，賞与，支払利息を控除した後に，利益処分では資産償却や積立金繰入をおこない，また通常配当に 11 万 377 ドル 42 セントを充てている[37]。

興味深いのは「酬労招股（値理紅股）」（「株式募集慰労（発起人賞与）」）の項目に，2 万 8550 ドルを計上している点である。この慣習は紅股と呼ばれた華南の華商社会特有の制度で，伝統的な共同出資形態の「合股」に由来する。合股では利益から，出資に対し利子を支払う慣習の「官利」や，積立金である「公積」を控除した残額を紅股と名付け，出資者や経営者の股份に応じて分配する慣習があった［根岸 1943, 558］。すなわち酬労招股（値理紅股）とは，設立時の株式引受先獲得に際し，発起人の名望をもって将来誕生する会社への信用を獲得して株式募集をおこなうため，発起人兼出資者として名前を連ねた者への報

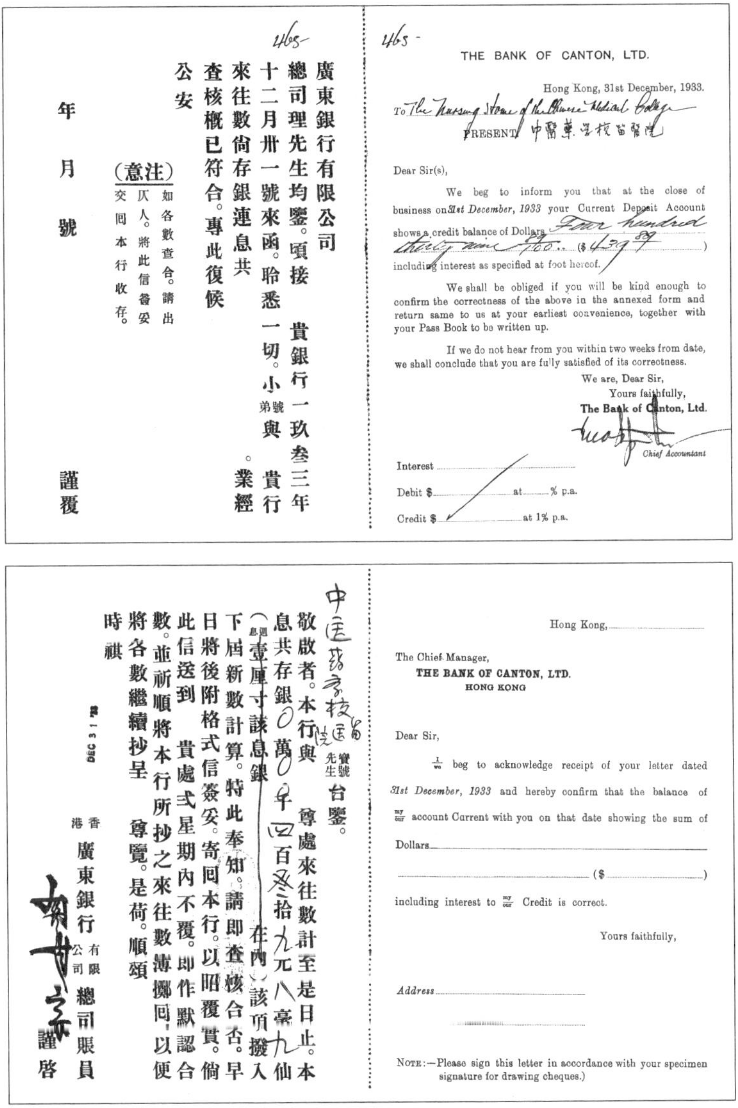

465-

THE BANK OF CANTON, LTD.

Hong Kong, 31st December, 1933.

To The Nursing Home of the Chinese Medical College

PRESENT 中醫藥学校留醫院

Dear Sir(s),

We beg to inform you that at the close of business on 31st December, 1933 your Current Deposit Account shows a credit balance of Dollars Four hundred thirty nine 89/100 ($439.89) including interest as specified at foot hereof.

We shall be obliged if you will be kind enough to confirm the correctness of the above in the annexed form and return same to us at your earliest convenience, together with your Pass Book to be written up.

If we do not hear from you within two weeks from date, we shall conclude that you are fully satisfied of its correctness.

We are, Dear Sir,
Yours faithfully,
The Bank of Canton, Ltd.
Chief Accountant

Interest ______
Debit $ ______ at ___ % p.a.
Credit $ ______ at 1% p.a.

465-

廣東銀行有限公司
總司理先生均鑒。頃接　貴銀行一玖叁三年
十二月卅一號來函。聆悉一切。小弟號與　貴行
來往數尙存銀連息共　業經
查核概已符合。專此復候
公安

（注意）如各數查合。請出仄人。將此信簽妥交回本行收存。

年　月　號　謹覆

Hong Kong, ______

The Chief Manager,
THE BANK OF CANTON, LTD.
HONG KONG

Dear Sir,

I/We beg to acknowledge receipt of your letter dated 31st December, 1933 and hereby confirm that the balance of my/our account Current with you on that date showing the sum of Dollars ______ ($ ______) including interest to my/our Credit is correct.

Yours faithfully,

Address ______

NOTE:—Please sign this letter in accordance with your specimen signature for drawing cheques.)

中醫藥学校留醫院　寶號先生台鑒。
敬啟者。本行與　尊處來往數計至是日止。本
息共存銀0萬0千四百叁拾九元八毫九仙
（週息壹厘寸該息銀　在內）該項撥入
下屆新數計算。特此奉知。請即查核合否。早
日將後附格式信簽妥。寄回本行。以昭覆實。倘
此信送到　貴處弍星期內不覆。即作默認合
數。並祈順將本行所抄之來往數簿擲回。以便
將各數繼續抄呈　尊覽。是荷。順頌
時祺

DEC 31 '33

香港 廣東銀行有限公司 總司賬員 謹啓

**図 4-2　廣東銀行の預金残高確認請求用紙（1933 年）**

出所）筆者所蔵

表 4-3　廣東銀行香港本店損益計算書（1918 年 12 月末）

| 収　益 | | 支　出 | |
|---|---|---|---|
| 上半期収益 | 204,153.05 | 諸支払 | 64,262.21 |
| 今期収益 | 362,389.00 | 支払利息 | 112,434.09 |
| | | 建物器具償却 | 4,679.40 |
| | | 土地償却 | 3,695.25 |
| | | 賞与 | 22,516.90 |
| | | 配当金 | 110,377.42 |
| | | 発起人賞与 | 28,550.00 |
| | | 積立金繰入 | 160,000.00 |
| | | 来期繰越 | 60,026.78 |
| 計 | 566,542.05 | 計 | 566,542.05 |

出所）台湾銀行［1919, 35-37］，銀行週報［1919.4.29, 21］より作成
注1）単位は香港ドル
注2）「発起人賞与」は，原文中で「酬労招股値理紅股」と表示されている

酬であった。これが継続的なものであることは，創設から約 6 年目の 1918 年度時点でも分配がおこなわれている点からも明らかである。このように，新式金融機関として設立された廣東銀行ではあるが，利益処分に紅股という伝統的な慣習が温存されている点からは，創業時の設立提唱・資本調達と同様に，経営者達の行動が，基本的には伝統的な合股の思考に基づいていたことを示唆している。

以上を経て創業から 7 年後の 1919 年，廣東銀行は「経営宜シキヲ得テ當地方一帯ニ於ケル信用アル銀行ニテ外國銀行ニ匹敵セントス」［台湾銀行 1919, 33］という評価を得るまで成長していた。同年には「香港華商銀行公會」の設立に参加し[38]，1923 年には手形交換所「香港票據交換所」会員となっている。後者の会員のうち華人系・中国系銀行は，1924 年時点で廣東銀行，東亜銀行，中國銀行のみで，その他の銀行は 3 行を含む会員を通じて手形交換をおこなった。したがって交換所会員であることは，華商社会だけでなく，香港金融界で圧倒的な地位を有した外国銀行からも実力を認められた証拠であった。

### 3）資本金の本位通貨転換

1919 年，廣東銀行は重要な転機となる資本金の本位転換を実施する。これ

は国際的な金銀価格変動を捉えて，資本金の本位転換によって巨額の為替差益を得たものであった。

19世紀後半以降，銀価格は下落傾向にあったが，20世紀初頭には比較的安定して推移した。しかし1914年の安値の後，第一次世界大戦による金売り風潮から高騰する。これに伴い香港ドルと英ポンドの為替相場も，1915年に1ドル＝18ペンス付近で推移していたが，1919年には59ペンス近くまで変動する。この金銀価格の変動が最高潮に達した1919年春，廣東銀行総司理の陸蓬山は一つの提案をする。それは資本金を，銀高で高騰する香港ドルから金安で急落する英ポンドに切り替えた後[39]，新株発行で資金を調達するものであった。廣東銀行は香港政庁に提出した請願書［HKG 1919.6.5］で，次のように説明する。

> 当行資本は現在ほぼ満額が発行・払込済みで，増資の意向です。仮に資本が銀から金へ転換され安定すれば，特に金本位国からの大幅な新株引受が期待され，さらに外国為替取引で常に巨額の資金を金本位国に保管する当行に有利となります

廣東銀行は臨時株主総会を開催し，(1) 200万ドルの資本を60万英ポンドに転換，(2)海外と香港で各20万，合計40万英ポンドの新株を発行，(3) 1株5英ポンドと定め，資本金を100万英ポンドとする，と決議した［銀行週報 1920.5.11, 39］。

この実施前後，銀高金安の動きは急転し，為替相場は1919年の最高値1ドル＝59ペンス前後から1920年に28ペンス前後まで変動し，1925～26年前後には20ペンスを割りこむ。陸蓬山はこの動きを捉え，1925年には資本金の本位通貨を香港ドルに再転換する。香港政庁に提出した請願書［CO129/488 1925.5.28］には，次のように記している。

> 1919年には資本金を英ポンドに転換して100万英ポンドまで増資し，以降は120万英ポンドまで増資しました。当時の銀から金への転換は，予期された事業拡大と金本位国からの巨額の株式引受を考慮した場合に望ま

しいと考えられました。しかし実際，予測は一部が的中したのみで，<u>当行の董事達は銀行業務の最大の収益源である極東，特に条約港間取引への取り組みに迫られています。現在，当行は漢口，汕頭，上海，廣東に支店を有し，間もなく中国各地にその他支店を開店する意向です。この方針は必然的に巨額の銀取引を伴い，当行本店も同様に銀通貨地域の香港に所在します</u>（下線は引用者による）

　こうして1926年10月，廣東銀行はふたたび資本金を英ポンドから香港ドルに変更した。これは巨額の為替差益を生み出し，再転換後の資本金は増資分を差し引いた実質増加率で約2倍に達した。これにより財務基盤はいっそう強固なものとなった。

　しかし上の請願書からは，さらに重要な事実が判明する。それは1920年代半ばの廣東銀行が，下線部に示されたように，経営の主軸を内国取引に転換しようと試みていることである。これに関連して，まず1924年に起こった金山廣東銀行の分離問題を取り上げたい。

### 4) 金山廣東銀行の分離と破綻

　廣東銀行は1910年代，米国を中心とした金本位国との外国為替取引を主要業務としたが，1920年代半ば以降には銀本位の内国取引に重点を置きつつあった。こうした経営戦略の転換には，1920年代半ばに直面した金山廣東銀行との関係断絶も影響していたと考えられる。

　事のはじまりは1915年，サンフランシスコの「中國郵船公司」（China Mail Steamship Co.）創業に遡る。同社は第一次世界大戦の船舶不足を背景に，サンフランシスコ華商を中心に設立され，金山廣東銀行の人脈と資金も深く関与していた。たとえば金山廣東銀行の陸蓬山は董事に就任しており，最初の船舶の買い付けには金山廣東銀行から6万米ドルの融資が実行された［麥 1992, 100］。また『銀行週報』［1919.7.29, 52］は「この銀行（引用者注：廣東銀行）は中國郵船公司の兄弟会社で，欧州戦争以来，中國郵船公司の営業は興隆しており，船を予約しようとする者は，4～5ヶ月先でなければ予約もできない」と伝えてい

第 4 章　廣東銀行の興亡　119

る。

　しかし実際は，1918 年頃から経営陣・株主間の方針相違があり，また大戦終結による海運市況安定化から他社との競争に直面した。この結果，1923 年に中國郵船公司は破綻する。

　問題は中國郵船公司と金山廣東銀行が株式持ち合い関係にあり，破綻によって中國郵船公司保有の銀行株が放出され，また同時期に一部株主が自身の財政危機からやはり銀行株を放出したことにあった。これらの株式は香港に本店を置く米系銀行「オリエンタル・コマーシャル銀行」(Oriental Commercial Bank) が取得し，1924 年初頭には過半数を握る筆頭株主となる。この結果，1924 年 4 月 10 日に廣東銀行は金山廣東銀行との関係に終止符を打ち，同時に為替取引の関係も停止された。これは廣東銀行が，創業以来の重要市場であった北米―広東間取引のカウンターパートを失ったことを意味した[40]。

　完全に分離した両行は別々の道を歩む。金山廣東銀行は，1926 年のオリエンタル・コマーシャル銀行破綻に伴い，業務停止に追い込まれた。在サンフランシスコ日本領事館の報告「外務省 1926.7.21」は，次のように伝える。

　　　一九〇七年ノ創立ニ係リ資本金百万弗ヲ有スル当地廣東銀行ハ，七月二十日加州銀行監督官ヨリ突然営業停止ヲ命ゼラレ，支那人関係取引者及預金者間ノ恐慌ヲ惹起シタルガ，監督官側ノ意向ハ，同銀行ノ閉鎖ハ，同銀行ノ母銀行ナル，在香港オリエンタル・コムマーシャル・バンク破産ノ結果ニ基クモノデ，曩ニ同銀行カラ香港ノ母銀行宛ノ売為替金額約三十五～四十万弗ハ，香港側デ支払不可能トナリ，此ノ結果廣東銀行ハ，右金額ヲ香港ヘ送金セザルベカラザルコトトナリ，手許ニ大穴ヲ生ジタル上ニ，オリエンタル・コムマーシャル銀行ノ破産ハ，当地デ廣東銀行預金者ノ大取付トナッタガ，故ニ，監督官ハ自余ノ預金者保護ノ為，営業ヲ停止シタモノダト言フ

　金山廣東銀行の破綻は，華人社会に大きな影響を及ぼす。サンフランシスコ華商総会は救済資金調達を試みるが，銀行監督官の定めた 2 ヶ月の期限内には間に合わなかった。この結果，業務は「アングロ・カリフォルニア・トラスト」

（Anglo California Trust）に売却・合併され，金山廣東銀行は名実共に消滅した。

一方で，廣東銀行は分離後にサンフランシスコ支店を開設，1926年初頭には現地法人「カントン・ナショナル・バンク」（Canton National Bank）を設立し[41]，北米業務の継続に努力した。

### 5）廣東銀行の経営戦略転換

金山廣東銀行との分離を経た廣東銀行は，1925年には「最大の利害である極東，特に条約港間取引への取り組みに迫られ（中略）間もなく中国各地にその他支店を開店する意向」［CO129/488 1925.5.28］であった。この戦略転換がどのような見通しで実施されたのかは，現存する史料からは明確にならない。

しかし伏線としては，すでに1910年代から広州，上海などへの支店展開のように，海外に展開した広東系華人資本が回流して内国投資に向かうという，その動線に沿う形での内地展開が見られた。また1924年頃からは，分裂状態にあった中国国内で，南北間の和平構築に向けた動きが始まりつつあり，巨大な統合された市場の誕生を予測していたことも考えられる（図4-3）。たとえば廣東銀行香港本店ビル（図4-4）新築落成式での，外国為替部門支配人リー（K. K. Lee）の発言を『銀行通信録』［1924.11, 97-98］は，次のように伝えている。

> 現在の如き支那の商業状態に關して樂觀的に言説し得ざるべし，支那も亦，世界と共通に世界的商業的不況の影響を蒙りつゝあり，然れとも一般的不景氣は減退しつゝあり，而して世界的商業は再び回復し來らんとするの徴を呈するに至れり尚，支那につきて考ふるに今日尚不秩序の状態にあり，従って尋常なる商業的生活及びその發達を可能ならしめざるの恐あり，又現前の見込は容易に立ち得ざるなり，廣東に於て商工業の不況は良好なる方向に轉回せらるゝに至らず，而して一時，開展の表示ありたるも現實に目撃する迄に至らず，<u>しかも平常の平和状態への回復が更に永引くが如きことなかるべく，又支那の繁榮の増進するに於て，廣東銀行は商業的活動の復活に援助を與ふるに可能なるのみならず，又その準備あるものなり</u>
> （下線は引用者による）

## THE BANK OF CANTON, LTD.

### HEAD OFFICE: HONG KONG

CAPITAL AUTHORISED ... ... ... ... $11,000,000.00
CAPITAL PAID UP ... ... ... ... 8,664,200.00
RESERVE ... ... ... ... ... 850,000.00

### BRANCHES

BANGKOK, CANTON, HANKOW, NEW YORK, SAN FRANCISCO, SHANGHAI

### LONDON BANKERS

LLOYDS BANK, LIMITED
CORRESPONDENTS IN MOST PRINCIPAL CITIES IN THE WORLD
BANKING AND FOREIGN EXCHANGE BUSINESS OF EVERY
DESCRIPTION TRANSACTED. SAFE DEPOSIT BOXES FOR HIRE.

香港廣東銀行有限公司

図 4-3　廣東銀行の新聞広告（1928 年）
出所）Leb's trade & shopping guide of Hong Kong ［1928, 171］

図 4-4　廣東銀行本店（1920 年代と推定）
出所）SCMP ［2002.10.18］

上記からは，廣東銀行が中国内地の情勢に一方的な楽観を示してはいないが，その政治・経済の安定化は遠い先ではないと予測しており，景気回復に備えた展開を準備していることがうかがえる。時期的には，北米―広東間取引のカウンターパートである金山廣東銀行を喪失しており，新たな市場としての中国内地で業務拡大を目指したとも考えられる。

しかし，廣東銀行には大きな誤算があった。統一的な中国が形成されてゆくなかで内地取引に参入するということは，開港場間取引での優位性を喪失すると同時に，中国系銀行との競争に直面することを意味していたからである。まさに「革命後，外国銀行が主要開港場間の為替業務を一時代替するが，国内に136の分支行網を形成した中国銀行が内国為替において絶対的な優位を占めるようになる」［黒田 1994, 270］という状態が生まれつつあった[42]。

廣東銀行の内地取引拡大戦略は，基本的には19世紀後半からの外国銀行のように，開港場を軸として後背地を集積し，これを接続することで地域間を結ぶビジネスモデルと同様のものであった。こうした近代中国における経済活動の枠組みは，1927年の国民政府成立以降，次第に進行した国民経済建設の政策によって「中国」という全国的枠組みに包摂されるなかで，優位性を喪失していった。それは同時に，廣東銀行が「中国内地の一銀行」として，中国国内の銀行との競争に直面することを意味していた。その限界は，次に見る業績・財務体質の低落からも明らかである。

## 3　破綻——華人系銀行の限界

### 1）資産・業績の推移，および他行との比較

ここでは廣東銀行の1919～33年頃までの資産・業績推移を確認し，香港の同業との間でどのような位置にあったかを明らかにする。

まず1919年の香港華人系5行における資本金，払込資本，諸積立金を見る（表4-4）。これによれば，公称ベースで最も多いのは華商銀行である。しかし，同行は払込ベースが5行中最低の50万ドルで，実体を反映していない。つまり，実際には廣東銀行と中華國寶銀行の資本金が高水準である。また，払込ベースで廣東銀行の首位は変わらないが，公称ベースで廣東銀行と中華國寶銀行の半分以下の東亜銀行が払込で200万ドルを擁している。諸積立金を見ると，廣東銀行と東亜銀行は積み立てているが，他3行はほとんど積み立てていない。

こうした資本面の数字を比較すると，廣東銀行と東亜銀行の2行が健全な財

表 4-4　香港華人系銀行各行の資本・積立金（1919 年）

| | 資本金 | 払込資本 | 諸積立金 |
|---|---|---|---|
| 廣東銀行 | 4,102,600 | 2,859,512 | 654,364 |
| 東亞銀行 | 2,000,000 | 2,000,000 | 200,000 |
| 工商銀行 | 2,051,300 | 1,246,529 | 132 |
| 華商銀行 | 5,000,000 | 500,000 | 0 |
| 中華國寶銀行 | 4,102,600 | 1,062,573 | 0 |
| （以下比較参考用に英系最大手 2 行） | | | |
| 香港上海銀行 | 20,000,000 | 20,000,000 | 29,000,000 |
| チャータード銀行 | 12,307,800 | 12,307,800 | 14,359,100 |

出所）台湾銀行［1921.6］より作成
注 1）単位は香港ドル
注 2）資本金がポンド建ての銀行（廣東銀行，工商銀行，中華國寶銀行，チャータード銀行）は，廣東銀行の 1919 年末決算に使用されているレート（1 ポンド = 4.1026 香港ドル）で香港ドル換算
注 3）セント以下切捨て

務内容であると同時に，他行は比較的不安定なことがわかる。しかし最大手の廣東銀行ですら，英系大銀行と比較すると，その差は圧倒的であった。たとえば香港上海銀行と廣東銀行を比較すると，資本金で約 4.9 倍，払込資本で約 7 倍，諸積立金では約 44.3 倍の開きがあった。

次に廣東銀行を，同業大手の東亞銀行と國民商業儲蓄銀行との間で，資産・収益面から比較する（表 4-5）。まず 1927 年と 1932 年の各行における資本金・払込資本金に大きな変化はない。しかし総資産増加率を見ると，廣東銀行の約 13.71％に対し，東亞銀行が約 83.24％，國民商業儲蓄銀行が約 53.7％となっている。預金増加率は廣東銀行約 8.31％に対し，東亞銀行が約 221.23％，國民商業儲蓄銀行が約 45.03％となる。すなわち廣東銀行の発展が，他 2 行と比較して緩慢なことがわかる。

積立金の総資産に占める比率も停滞している。たとえば，廣東銀行の積立金が総資産に占める比率は，1927 年に約 2.35％，1932 年に約 2.67％であったのに対し，東亞銀行はそれぞれ約 6.67％，約 5.62％と高く，國民商業儲蓄銀行は 1927 年が不明であるが 1932 年は約 1.13％であった。もっとも廣東銀行の比率は，1919 年に約 3.31％，1925 年に約 1.97％で，同行のみの推移では特に低下していない。しかし総資産および預金の増加率，総資産に占める積立

**表 4-5** 廣東・東亜・國民商業 3 行の資本・積立金（1927 年・1932 年）

|  |  | 廣東銀行 | 東亜銀行 | 國民商業儲蓄銀行 |
|---|---|---|---|---|
| 総資産 | (1927) | 36,178,025.39 | 17,992,734.02 | 11,517,680.94 |
|  | (1932) | 41,140,627.51 | 32,970,081.87 | 17,703,157.44 |
| 資本金 | (1927) | 11,000,000.00 | 10,000,000.00 | 5,000,000.00 |
|  | (1932) | 11,000,000.00 | 10,000,000.00 | 5,000,000.00 |
| 払込資本 | (1927) | 8,665,600.00 | 5,000,000.00 | 2,571,550.00 |
|  | (1932) | 8,665,600.00 | 5,598,600.00 | 2,574,100.00 |
| 諸積立金 | (1927) | 850,000.00 | 1,200,000.00 | 不明 |
|  | (1932) | 1,100,000.00 | 1,851,400.00 | 200,000.00 |
| 各種預金 | (1927) | 23,455,262.00 | 9,520,791.74 | 6,713,275.50 |
|  | (1932) | 25,403,592.17 | 21,063,154.10 | 9,736,106.66 |
| 利益 | (1927) | 338,410.99 | 723,322.54 | 269,727.76 |
|  | (1932) | 1,077,521.01 | 933,041.96 | 202,408.27 |

出所）銀行週報［1928.4.17, 1-2；1928.6.19, 1；1933.6.13, 1-3］より作成
注 1）単位は香港ドル
注 2）廣東銀行の 1927 年度における利益項目は「其他負債」に分類されているため、その他の内容が合算されている可能性があり、正確な数字ではない

金比率を見ると、最大の競合相手であった東亜銀行の健全性と躍進が際立つ。これらの結果からは、廣東銀行はほぼ全ての項目で最大手の優位を保っていたが、その成長は内地取引に主軸に移そうとした 1920 年代半ば以降、比較的停滞していたことがわかる。

これは廣東銀行単体の資産・収益推移を比較すると顕著になる。表 4-6 は 1919 年、1926 年、1933 年の 7 年間隔での比較である。これによれば、1919 年から 1926 年には資産、収益が急速に拡大している。これは業務の発展に加え、1919 年と 1926 年の資本金の本位通貨転換による資本・総資産の膨張がある。しかし 1926 年と 1933 年を比較すると、成長に著しい停滞が見られる。総資産の減少、利益の急減、諸積立金の払底は、それまで一定水準で保たれていた財務体質が、1930 年代に入って急激に悪化している証左であった。

表 4-6　廣東銀行の各種資産・預金・利益推移（1919 年・1926 年・1933 年）

|  | 1919 年 | 1926 年 | 1933 年 |
|---|---|---|---|
| 総資産 | 12,068,584.99 | 38,295,665.49 | 32,170,492.30 |
| 資本金 | 4,102,600.00 | 11,000,000.00 | 11,000,000.00 |
| 払込資本 | 2,860,882.05 | 8,664,200.00 | 8,665,600.00 |
| 諸積立金 | 400,000.00 | 700,000.00 | 0 |
| 各種預金 | 7,883,144.38 | 21,957,185.51 | 21,666,063.64 |
| 利益 | 2,188.81 | 1,233,598.26 | 127,987.20 |

出所）銀行週報［1920.5.11, 39；1927.4.5, 1；1934.7.31, 1］より作成
注）単位は香港ドル

## 2）廣東銀行の破綻

　廣東銀行の 1920 年代後半からの業績・財務体質の低迷は，明らかに 1920 年代半ばからの内国市場に集中する戦略が順調ではなかったことを示唆している。こうして経営体力の弱った廣東銀行にさらなる打撃を与えたのが，世界大恐慌の影響から華南で発生した不況の連鎖であった。

　1929 年に端を発した世界大恐慌は，1930 年代前半に広東生糸，雑糧，豆油などの輸出・移出に大きな低迷をもたらし，また海外華人社会の不況は華僑送金の減少として現れた。これらは恒常的な輸入・移入超過状態にあった広東経済に深刻な打撃を与え，その影響は農村部から始まり，次第に広州や香港などの都市部に拡がっていった[43]。

　こうしたなかで，香港の華人系銀行は構造的限界を露呈した。それらは 19 世紀半ば以降に華南からアジア太平洋に展開した華人の活動を軸に，その中継地としての香港で各種の資金移動を調節するものであり，経営は厳しい環境に追い込まれた。たとえば 1912～35 年の間，香港では確認できるだけで 15 行の華人系銀行が設立されたが（表 4-7），実際は 12 行が業務を停止し，そのうち再開したのは 3 行のみであった。なかでも大手行が相次いで倒産したのが，広東経済の不況を受けた 1930 年代前半であった[44]。

　特に，廣東銀行は華人系銀行の典型として，世界的な経済不況の影響から諸外国間取引で打撃を受けていただけでなく，1920 年代半ばからは中国に業務の主軸を移すことを試みていたため，その取引からも打撃を受けた。この経営

表 4-7 香港の華人系銀行一覧

| 開業 | 銀行名 | 主要創業者 | 主要支店 | 背景 | 業務停止・再開 |
|---|---|---|---|---|---|
| 1912 | 廣東銀行 | 陸蓬山, 李煜堂 | 広州, 上海, 漢口, バンコク, サンフランシスコ, ニューヨーク | 広東四邑系, 金山荘, 同盟会人脈, 北米帰国華人 | 35年停, 36年再 |
| 1917 | 工商銀行 | 陳國權, 薛仙舟 | 広州, 上海, 漢口, 天津 | 仁社, 同盟会, 北米帰国華人 | 35年倒 |
| 1918 | 華商銀行 | 劉兄弟, 劉希成 | 広州, 上海, サイゴン, ニューヨーク | 安南米商人 | 24年倒 |
| 1919 | 東亜銀行 | 簡東浦, 李冠春, 李子方, 周壽臣 | 広州, 上海, サイゴン | 広東系銀号, 南北行 | |
| 1920 | 中華國實銀行 | 廣東銀行関係者 | 上海 | 金山廣東銀行関係者 | |
| 1921 | 國民商業儲蓄銀行 | 馬應彪, 王國旋 | 上海, 漢口, 天津 | 先施公司関係者, 広東香山系オーストラリア帰国華人 | 倒 |
| 1922 | 康年儲蓄銀行 | 陳任國, 陳符祥 | 広州 | 広東四邑系, 康年・陸海通集団 | 35年停, 36年再 |
| 1922 | 聯華銀行 | 不明 | 不明 | 不明 | 倒 |
| 1923 | 五華實業信託銀行 | 不明 | 不明 | 不明 | 倒 |
| 1924 | 華利銀行 | 不明 | 不明 | 不明 | 倒 |
| 1925 | 嘉華儲蓄銀行 | 林子豊 | 広州, 上海, 桂林, 梧州 | 潮州系 | 35年停, 36年再 |
| 1933 | 金華實業儲蓄銀行 | 張抜超, 朱家藩, 余楊慶 | 広州（香港では営業せず） | 北米帰国華人 | 倒 |
| 1934 | 永安銀行 | 郭泉, 郭楽, 郭順 | 広州, 上海 | 永安公司関係者, 広東香山系オーストラリア帰国華人 | |
| 1934 | 華業銀行 | 不明 | 不明 | 不明 | 倒 |
| 1935 | 香港汕頭商業銀行 | 馬澤民, 林兆熊, 劉榮基, 劉鎮基 | 広州 | 潮州系 | 倒 |

出所）中國銀行總管理處經濟研究室［1937］，姚［1940］，張［2001］，馮［2002］より作成

の悪化は信用不安を招き，1931年には390万ドルの預金が流出する取り付けが発生した。

廣東銀行の不安定な経営をさらに悪化させ，経営破綻の直接的原因となったのが，1930年代初頭から過度に関与した不動産関連融資であった。香港と広東では，1931～33年にかけて異常な不動産投機が発生し，銀行界も土地投資・開発に過剰融資をおこなう。これは広東の地方農村部から広州や香港といった都市部に集中した銀資金が，銀行や銀号に流入したものの，輸出関連融資の低迷などで行き場を失い，不動産投機やその関連融資へと向かったためであった。

廣東銀行も例外ではなく，不動産関連の融資に関与する[45]。特に問題となったのは，四邑系郷党の実力者で李煜堂の縁戚でもあった陳符祥の主導した不動

産投機への巨額融資であった。陳符祥は廣東銀行の董事も務めており，融資は明らかな情実によるものであった。これは同行の経営管理や企業体質に，問題が内包されていたことを示している。

しかし，滞留が一時的であった投機資金の逃げ足は速く，1932年末から1933年前半に香港の不動産投機は急速に減退し，多くの不動産関連融資が不良債権化する。先述のように，廣東銀行の諸積立金が1933年時点で払底するなどの財務内容の悪化は，こうした事情の反映でもあった。

1935年，香港の華人系銀行の経営悪化は頂点に達し，金融恐慌が発生する。同年1月4日，香港と廣州を地盤とした嘉華儲蓄銀行が，広州の不動産投機失敗から業務を停止する［中行月刊 1935.1-2, 140］。この信用不安は9月初頭に廣東銀行にも波及し，取り付けで数日間に1000万ドル以上の預金が引き出された。しかし，経営方針を巡り対立していた経営陣は，一致した危機への対応策をとることができなかった。特に，李煜堂の甥である李星衢の派閥は，従来から陳符祥による土地関連融資に批判的であり，救援を拒絶した［鍾 1996］。流動資金の不足した廣東銀行は，4日早朝に業務停止を発表。上海，広州，漢口，バンコクの各支店，サンフランシスコの子会社も一斉に休業した。『銀行通信録』［1935.9, 289］は，次のように伝える。

> 香港に於ける中國人経營資本金一千萬圓（ママ）香港弗積立金百万弗を有する廣東銀行は九月四日朝突如休業した。同行休業の原因は，過去数箇年間に亙り土地建物に對し為したる放漫なる貸付の回收不能，不景氣の深刻化及銀相場の變動であると。右廣東銀行の閉鎖に非常な衝動を蒙った香港財界は恐慌人気濃厚となり，四日午後には香港國民商業儲蓄銀行，永安銀行及其他銀行錢荘等は何れも夥しき預金の取付に遭った

こうして，香港で最も長い歴史と実力を有した華人系銀行である廣東銀行は破綻した。

### 3）官僚資本による併呑

休業翌日の1935年9月5日，香港政庁は管財人を派遣して銀行を接収する。

経営陣は再建に尽力するが，その中心であった李煜堂は 1936 年 1 月 1 日に死去した。数ヶ月後の 4 月 15 日，債権人集会で再建案協議が成立した。これを主導して新たに経営権を握った人物が，国民党の最重要人物の一人で，中国財界でも重きを成していた宋子文であった。

再建案では新たな資本総額を 800 万ドルと定め，株式を次のように割り当てた。まず宋子文などの新株主に第一優先株を 200 万ドル。次に債権者の債権を株式転換した第二優先株が 450 万ドル。最後に旧株主の普通株が 150 万ドル分の新株に転換された［中行月刊 1936.12, 65］。

新たな資本構成の下，11 月 14 日の株主総会で宋子文は董事長に推挙され，総勢 22 名の董事が選出された。この構成を休業直前と比較（表 4-8）すると，「永安公司」創業者で廣東銀行の創業発起人でもあった郭泉と郭楽の弟である郭順，李煜堂の息子である李炳超の 2 名以外は，旧経営陣の関係者がほぼ排除されていることがわかる。一方で新董事会は，宋子文と親しい国民党関係者が多数含まれる。22 名中の 3 分の 1 が香港在住者，3 分の 2 が上海在住者で［CO129/557 1936.12.17］，香港在住者に限って見れば，元国民政府官僚で香港華商總會司庫の陳鑑坡，元広東省政府衛生部長で孫文の従医であった李樹芬などが董事となっている。また上海市長の呉鐵城将軍，孫文の息子で立法院長の孫科（哲生）という 2 人の国民党実力者が董事となっている点は，民間銀行としては異色である[46]。

同年 11 月 23 日，廣東銀行は業務再開の式典を開き，正式に再建をはたした。新たに司理に就任した歐偉國[47]の業務方針は，『銀行週報』［1936.12.1, 5］に見られる。

> 業務再開後の方針に言及しますと，それは広東人の資金を以て，広東人の事業を発展させることが大前提です。営業は為替・貸付・貯蓄の経営を原則とします。将来的に可能な業務範囲としては，地方商工業などへの融資が考えられます[48]

また，この席での宋子文の声明も『銀行週報』［1936.12.1, 4-5］に収録されている。

表 4-8　廣東銀行の新旧董事会構成

|  | 旧董事会 | 略　歴 | 新董事会 | 略　歴 |
|---|---|---|---|---|
| 主席 | 李煜堂 | 創業者 | 宋子文 | 国民党要人，財界重鎮 |
| 董事 | 陸蓬山 | 創業者 | 呉鐵城 | 上海市長 |
|  | 李自重 | 李煜堂の息子 | 霍寶樹 | 不明 |
|  | 鍾錫蕃 | 不明 | 鄧勉仁 | 不明 |
|  | 李文啓 | 李煜堂の実弟 | 孫哲生 | 孫文の実子，立法院長 |
|  | 李星衢 | 香港華商總會副主席，李煜堂の甥 | 胡均 | 不明 |
|  | 譚煥堂 | 四邑系有力者，同盟会元老 | 馮耿光 | 不明 |
|  | 羅旭和 | 有力者 R. Kotewall の弟 | 宋子安 | 宋子文の弟 |
|  | 陳符祥 | 李煜堂の縁戚，四邑系有力者 | 霍芝庭 | 広東軍閥陳済棠腹心，アヘン・賭博商 |
|  | 黄茂林 | 著名商人 | 郭順 | 永安公司創業者 |
|  | 李葆葵 | 元香港華商總會主席 | 唐海安 | 不明 |
|  | 李亦梅 | 元香港華商總會主席 | 張福運 | 不明 |
|  | 伍于瀚 | 四邑系有力者，同盟会元老 | 李弗侯 | 不明 |
|  | 李炳超 | 李煜堂の息子 | 林炳炎 | 生大信託公司,香港恒生銀號の創業者 |
|  | 伍耀庭 | 創業発起人，四邑系有力者 | 江筏呂 | 不明 |
|  |  |  | 陳鑑坡 | 元国民政府官僚，香港華商總會司庫 |
|  |  |  | 勞敬修 | 不明 |
|  |  |  | 李炳超 | 李煜堂の息子 |
|  |  |  | 李樹芬 | 元広東省政府衛生部長,孫文の従医 |
|  |  |  | 何清海 | 不明 |
|  |  |  | 郭星 | 不明 |
|  |  |  | 霍寶材 | 不明 |

出所）中行月刊［1935.10, 74-75］，全國銀行年鑑［1937, 484］より作成

　全国で著名な広東・広西の巨頭は，当行を維護して商業界の繁栄を助け，広東人の経済界での信用名声の一端を回復すべく，当行営業再開と同時に，この任を引き受けるよう私を推挙しました。私は新時代の中国における各種実業には少なからぬ広東人創業者がおり，また現在は粤漢鉄路開通で全国統一の完成するなか，健全な金融機関への我々広東からの需要は切迫したものと考えます。皆様の議論を助けに方策を進め，国内主要銀行の協力を得て，この信用確かな広東人の銀行の業務を再開することは，我らの広東がまさに積極的に建設される需要に適応すると考えます。（中略）私は当行が今後も国内外同胞に尽くし，さらに顕著優良な前進を遂げると深く信じます[49]

声明で強調されているのは，全国統一化における広東を地盤とした銀行の必要性である。これは当時の中国金融界の趨勢を反映していた。1930年代半ば以降，国民政府の経済統一政策は，従来は比較的独自性の強かった華南を，次第に全国的枠組みに組み込みつつあった。同時に政治的動乱の高まりは，それまで国内資金の逃避先であった上海を脅かし始め，英領香港への資本逃避が見られるようになった[50]。この結果，宋子文に代表される中国の官僚資本は次第に華南への資本移動を強めており，廣東銀行の再建に介入して華南への拠点を築くことは，「渡りに船」とも言うべき機会であった[51]。まさに声明中，宋子文が再三にわたって「広東人」を強調していることは，廣東銀行が華南や華人社会で築き上げてきた地位を認識し，それを利用しようとする姿勢を端的に表している[52]。

一方で中国の官僚資本による香港進出は，英国には扱いの難しい問題となる。それは中国の国民経済建設の動きによって，華南を後背地とする香港が包摂され，「国民国家」中国からの政治的・経済的な影響や制約を受けることで，「英領香港」が有名無実化してゆく第一歩を意味した。特に廣東銀行のように，香港籍法人として登記しながら，宋子文のように国民政府と密接な人物が所有した企業に対し，英国が政治的・経済的な線引きをどこにすべきかは微妙な問題となった。英国領事報告［CO129/557 1936.12.17］は，困惑と懸念を次のように記す。

> 会社経営陣は中国政府の利権と近い関係を有し，香港会社条令が求める全ての必要条件を無視しています。清算手続きに入れば，彼らの利権が他の中国系機関ときわめて複雑に絡み合っているがゆえに，当方は治外法権の行使が不可能であり，また中国政府が課すあらゆる不法な取り決めに黙って従うことを強要されるでしょう。こうした最近の例は，國民商業儲蓄銀行の清算が当方の暗黙かつ不承不承の同意の下，大体が中国当局によって管轄された件です。また香港で経営管理がおこなわれ，現在まで香港華人系企業ということになっている廣東銀行は，宋子文氏が会長を務める董事会によって再編されたばかりです。(中略) 同封の銀行再開時における

宋子文氏の演説は，彼が同行を純粋な中国系銀行とみなしていることを示しています

　1936年末の時点で，すでに廣東銀行と國民商業儲蓄銀行という香港大手の華人系銀行は，中国の官僚資本によって再編され，その傘下に入っていた。このように広域での華人による経済活動を金融面から担うため，民間の華人資本によって設立された銀行が，最終的に中国の官僚資本に併呑されていった事実は，19世紀後半から香港を窓口に，華人を媒介としてアジア太平洋圏との連動により独自の経済圏を築いてきた華南が，1930年代に進行した国民経済化の趨勢によって，国民国家としての中国に組み込まれていったことの反映でもあった[53]。

## おわりに

　本章をまとめると，以下の通りとなる。
　廣東銀行は，北米の華人移民社会による，広東との間の金融サービス需要を基礎として設立された。19世紀後半の北米華人社会では，第2章で考察した構造とほぼ同様に，金山荘と称された華人の貿易商店を窓口として，外国銀行の機能を利用することで，遠隔地間での金融取引をおこなっていた。しかし20世紀初頭には，華人による銀行創設の運動が始まり，サンフランシスコで金山廣東銀行が設立される。さらに関連銀行として，華南とのゲートウェイである香港にも，香港廣東銀行が誕生する。
　この銀行の設立運動が，広東系華人の郷党，実業，革命の三角関係から誕生したことは，興味深い。設立の中心となったのは，広東の四邑や香山の同郷者で，多くが金山荘を経営し，孫文の革命運動を支援した集団でもあった。すなわち廣東銀行は，広東系華人の商業的思惑と政治的思惑の両方に基づき，それが混合した形で創設されたという特殊性を帯びていた。
　設立当初の廣東銀行は，広東系華人による広域での活動に沿う形で，米国を

中心とした金本位国との外国為替を主な業務として成長する。さらに，全国統一の兆しが見え始めた1920年代半ばからは，内国の開港場間取引を主力とするビジネスモデルに転換を図った。ところが1930年代前半，廣東銀行は，世界的経済不況が華南に及ぼした金融環境の悪化という外的要因，さらには情実融資に象徴される経営管理体制の不備という内的要因から，大きな打撃を受けた。

　こうして1935年に破綻すると，宋子文の率いる中国の官僚資本が再建に介入したことは，中国で進行した経済の枠組みの変化を象徴していた。それは19世紀半ば以降，アジア太平洋に展開した華人の活動と連動しながら，大きな経済圏の一部として強い独自性を持っていた華南，そのゲートウェイでもあった香港が，国民政府による経済建設の推進のなか，次第に「中国」という枠組みに包摂されつつあったことを意味していた。

　以上のように廣東銀行は，広東系華人の郷党，実業，革命による三角関係から生まれ，彼らの広域展開に依拠して発展したものの，最終的には基盤としたビジネスモデルや経済圏の変容・衰退とともに破綻し，新たに台頭した枠組みに組み込まれていった。その興亡史は，19世紀半ば以降のアジア太平洋で，華人の縦横な展開を可能にした「帝国の時代」が，20世紀前半における地域秩序の変容を受けて，次第に衰退していった軌跡と一致している。

# 第5章

# 日中戦争期の香港における金融的位置の変容
—— 新興銀号業者「恒生」,「永隆」の活動と重ねて ——

## はじめに

　19世紀後半から香港という都市は,八方からの「つながり」と「流れ」が集散・調節・接続されるゲートウェイの役割をはたしてきた。しかし第4章で述べたように,1930年代には,自由な流動を保証してきた大きな経済圏の枠組み自体が,崩壊に向かった。

　1930年代前半には,世界的な経済不況の影響から各方面の「流れ」が滞り,また後半には,日中戦争の勃発から正常な経済活動が打撃を受け,従前の「つながり」が分断される。一方で,戦乱の中国本土と香港の間では,密輸や投機などの経済活動が活発化し,それまでとは異なった「つながり」と「流れ」が形成された。この過程で香港の役割も,従来以上に中国本土との密接な関係性のなかに包摂され,変容を迫られていった。

　もっとも香港は,1941年12月の太平洋戦争開戦で,自らを襲った戦乱の前にあっけなく機能を停止してしまう。興味深いのは,香港に集積されていた「つながり」の一部がマカオなどへ移動し,そこで新たな「流れ」を形成し,さらに戦後には香港に復帰した点である。これはゲートウェイとは,ヒトや組織といった主体の連関である「つながり」が,利便性を求めて集中することで存立するものであり,またこれら個々の「つながり」が生み出す「流れ」こそが,ゲートウェイを作動させる本質であることの証左と言える。

　そこで本章では,1930〜40年代という不況と戦乱の時代,香港の金融的位置がどのように変容したかを,この動きに沿って登場・台頭した,香港の新興

銀号業者の活動と重ねることで考察する。この金融業者たちの「つながり」から，戦乱による情勢変化に沿って香港が従来以上に中国本土に包摂されるなか，新しい金融の「流れ」を再形成していった様相が明らかになる。それはまた，ゲートウェイを成立させる根源とは何かを示すと同時に，従来から漠然と指摘されてきた華商の「ネットワーク」とは，どのようなものであるかを明らかにする。

本章の構成は次の通りである。第1節では，1930年代の経済的・社会的な動揺によって，珠江デルタを基盤とした既存の金融モデルが衰退した一方，戦乱から香港が内国金融センターの性格を強めるなかで，一部の新興銀号業者が独自の「つながり」を形成し，中国本土の遠隔地との間で金融活動を展開し始めた過程をたどる。第2節では，1930年代後半の日中戦争期，戦乱拡大に沿って，香港を軸としつつも経済活動のあり方が変容するなかで，これに対応した2つの新興銀号が，どのように業務を展開したかを考察する。第3節では，日中戦争の一側面であった「通貨戦争」のなかで，香港の金融的位置の変容がもたらした法幣売買の活発化，新興銀号の主導で取引市場が形成・掌握された実態，これらが全面統制に至った経緯，などを明らかにする。第4節では，香港陥落を契機としてマカオに脱出した銀号業者たちが，新たな拠点での人脈形成によって，どのように「つながり」と「流れ」を再生成したかを考察する。

## 1　1930年代香港の金融的変容

### 1）1930年代前半の不況と既存金融モデルの衰退

19世紀後半，広州と香港を結ぶ経済活動から，そこに金融の回路が成立する。すでに第1～4章で考察したように，それは単純に広州と香港を結ぶだけでなく，珠江デルタという地域を，香港を介して，広域の空間と結ぶためにあった。外国貿易の融資や決済，内国移入による華中や華北への内国為替，東南アジアや米州などからの華僑送金，金銀貨幣の輸出入など，各種の金融取引はこの回路を経由して実行された。

このなかで銀号のような華人系金融業者は，地場レベルでの金融を実質的に掌握することで，力量を誇ってきた。しかし，1930年代前半の未曾有の不況は，従来型の金融モデルに打撃を与えた。

19世紀後半から，珠江デルタの経済は生糸を中心とする輸出と海外からの華僑送金，という2つの収入源によって，恒常的かつ巨額な輸入・移入

表5-1 広東生糸輸出の量・金額・平均価格（1923～32年）

| 年 | 数量（担） | 金額（海関両） | 平均単価（ドル／1担） |
| --- | --- | --- | --- |
| 1923 | 96,004 | 59,707,471 | 1,980 |
| 1924 | 111,370 | 51,920,755 | 1,430 |
| 1925 | 102,832 | 60,886,007 | 1,260 |
| 1926 | 99,862 | 59,793,576 | 1,080 |
| 1927 | 77,514 | 46,062,362 | 1,000 |
| 1928 | 100,866 | 48,416,570 | 1,020 |
| 1929 | 103,911 | 52,337,849 | 960 |
| 1930 | 77,749 | 28,834,849 | 800 |
| 1931 | 81,562 | 29,847,314 | 620 |
| 1932 | 33,862 | 12,064,942 | 500 |

出所）数量・金額は興亜院［1939, 23］，平均単価は横浜正金銀行［1934, 2-3］より作成

による赤字とのバランスを保ってきた。ところが1930年代前半に入ると，まず米国への生糸輸出が大きな打撃をうけた。たとえば1923～32年の広東の生糸輸出推移（表5-1）を見ると，1930年代には輸出量・価格が大幅な低落傾向にある[1]。また海外の華人社会では，不況のため広東への送金余力が減少した上，購買力の低下によって，広東からの特産物輸入には減少圧力が加わる[2]。このため広東の貿易赤字は拡大し，1930年以前は年平均で5000万海関両前後であったものが，1931年には約6600万海関両，1932年には約1億4000万海関両，1933年には約1億海関両となった［興亜院 1939, 41］。

貿易赤字の拡大は，広東からの大量の銀流出を招き，銀不足による域内金融の逼迫から金融恐慌が発生した［興亜院 1939, 43］[3]。特に珠江デルタの農村部では，生糸生産が打撃をうけた上，華僑送金の流入が滞ったため，1932年には江門，九江，石龍，東莞，恵州，仏山，西南，肇慶，石岐などで，銀号が連鎖倒産する［香港華商總會 1935, 24］。また広州などの都市部では，農村部からの銀資金が一時的に流入したものの，ただちに香港へ向けて再流出した上，輸出関連金融や華僑送金も低迷したことで，きわめて不安定であった。このため1930～33年にかけて，廣東中央銀行券の兌換停止，廣東省銀行への大規模な取り付けが，数度にわたって発生した。また1933年前半には，広州の大手銀

号である「粤豐」,「裕生」,「金信」,「禎祥」が倒産し,同年12月には大手銀号の「兆榮」,「廣信」,「廣成」,「華隆」なども倒産,さらには「裕祥」,「和慶成」,「嶺海銀業公司」,「大中儲蓄銀行」も営業を停止するなど［香港華商總會 1935, 25］,信用不安が拡大した。

　これに対して香港では,華南各地からの銀資金流入に加え,金高銀安のなかで金本位国の華人から送られて滞留する送金資金があり,資金的には逼迫していなかった。しかし,香港が調節してきた八方の「流れ」が滞ることで,ローカルレベルの金融を掌ってきた華人系金融業者が次第に影響をうけることは,不可避であった。1933年の香港華商總會「本港商業概況」［1933, 13］は,次のように記す。

　　担保貸付と各種売買を専門とし,銀業行聯安堂に加入する業者は,昨年（引用者注：1932年）は担保貸付業務が多くなく,また株式市場も沈滞しており,利益を得た者はきわめて少なかった。もう一つの金銀投機売買を専門とし,少数ではあるが為替送金や担保貸付を手掛ける業者は,金銀業貿易場に属しているが,やはり昨年は営業不振であった。原因は2つあり,一つは香港の事業環境が冷え切っていること,もう一つは金銀業貿易場で,昨年に廣東中央銀行紙幣とインドシナ・ピアストル紙幣の売買が停止されたことにあった。期間中,多くの業者は為替業務に営業を転換したが,損失も大きかった。ゆえに金銀業貿易場は,新規加入者を制限して同業の氾濫を防いだ。こうして去年,大きく利益を計上できたのはわずか4～5軒であったが,これは経営者の方針が当を得ていたためで,業界全体の動向とは関係のないものであった[4]

　以上からは,香港の華人系金融業の主力を担った銀号が,厳しい経営環境にあったことがわかる。さらに同年には,金銀業貿易場の米国金貨取引における投機ブームの崩壊があり,10数軒の銀号が連鎖破綻した［香港華商總會 1934, 65］。

　追い討ちをかけたのが,広東各地から香港への流入資金が生み出した,不動産バブルの形成と崩壊である。1931～33年初頭,広州や香港の金融機関に集

中した資金は，折からの不況によって輸出関連融資で運用することができず，不動産への投機関連融資に向けられた。しかし一過性の資金流入の反動から，1933～34年には不動産価格が暴落したため，この不良債権が金融機関の経営体力を低下させた。こうした事態への懸念について，香港政庁の報告書［HKG Report 1935, 104］は，次のように記している。

> 不本意な貿易や工業への融資よりも，一部の銀号は高金利ではあるが不十分な利鞘で不動産に放漫貸付をしている。この状況は，いとも容易に資金信用を獲得できる傾向を生み出している。獲得された資産は，しばしば全額まで再担保に入れられるため，たとえ小さくとも景気後退の影響を受けやすく，ひとたび大不況が発生すれば貸手の金融破綻が避けられないような，不安定な信用構造を生みだしている。この危険性に対抗する立法案の検討はおこなわれないであろうが，堅実な金融手法を選択することは，本植民地の安定性を高めることになろう

しかし時すでに遅く，1935年には広州の大手銀行である「嘉華儲蓄銀行」の倒産が波及して，香港でも廣東銀行，國民商業儲蓄銀行などが業務を停止する金融恐慌が発生した。

この状況下，19世紀後半からの金融モデルが限界を迎えたことをまさに象徴する出来事が，1884年に創業された香港最大手「瑞吉銀號」の自主清算であった。香港で最も長い歴史を誇った屈指の銀号も，1930年代前半の不況から業績が低迷する。このため1935年，先行きに悲観的であった出資者間の合意によって解散・清算が決議され，その門を自ら閉じたのである［馮民德檔案「瑞吉銀號」1920.12.15］。それは香港や広州を基礎に，19世紀後半から確立してきた金融モデルと信用によって活動した既存の華人系金融業者が，深刻な構造的不況に直面していたことを示している。

## 2) 1930年代後半の戦乱と新たな金融モデルの出現

1935年，中国本土と香港では個別に幣制改革が断行された。また1937年には，国民政府の幣制改革による経済的全国統一に，最後まで抵抗していた広東

**表 5-2** 香港における中国系金融機関の開設

| 銀行名 | 開設年 |
|---|---|
| 中國銀行 | 1916 |
| 鹽業銀行 | 1919 |
| 廣東省銀行 | 1929 |
| 國華銀行 | 1930 |
| 上海商業儲蓄銀行 | 1932 |
| 廣西省銀行 | 1932 |
| 中南銀行 | 1934 |
| 交通銀行 | 1934 |
| 金城銀行 | 1936 |
| 中國通商銀行 | 1937 |
| 中央銀行 | 1938 |
| 中國國貨銀行 | 1938 |
| 南京商業儲蓄銀行 | 1938 |
| 廣州市立銀行 | 1938 |
| 四川省銀行 | 1938 |
| 福建省銀行 | 1938 |
| 中國實業銀行 | 1938 |
| 中國農工銀行 | 1938 |
| 聚興誠銀行 | 1938 |
| 四明銀行 | 1938 |
| 新華信託儲蓄銀行 | 1938 |

出所）朝鮮銀行［1941, 22-24］より作成
注）支店開設よりも出張所などの開設が早い場合には，後者の開設年を記している

が屈する。こうした中国本土の国民経済的秩序への転換のなかで，香港もその枠組みに包摂されていった。

さらに香港が中国本土との密接性を深めた契機は，1937年8月の第二次上海事変によって，上海の担ってきた内国金融センターの機能が，香港に移転し始めたことであった[5]。たとえば，香港に流入した逃避性資金は総額20億香港ドル以上と推定され，この相当量が現金形態で流入したと言われる［Wong 1958, 2-3］。また表5-2のように，各種の中国系金融機関は，相次いで内地の拠点や準備金を香港に移転させた。この結果として香港は，戦時における中国系銀行のセンターになったと同時に，軍事・民間両面での物資取引に伴う金融を提供した。

1938年に入ると資金流入は一段落し，中国系銀行の本拠も重慶に移動する。しかし上海陥落と揚子江流域への日本軍侵攻から，上海と香港を結ぶ金融取引は，通常のルートでは不可能となっていた。また，それまで上海を窓口とした華中の輸出入貿易は，粵漢鉄路を利用して香港―広州―漢口を経由するルートに変更される（前掲図序-7）。このルートは，漢口や広州の相次ぐ陥落によって途絶を余儀なくされるが，後には香港からポルトガル領マカオ，仏領広州湾，同ハイフォンなどを経由して，本土に向かうルートに変化する。

さらに広東では，日中戦争の開始によって，国民政府の信用力を背景とした法幣が徐々に信用を失い，地域通貨の毫券が復活した。また1938年10月の日本軍の広東占領後には，軍票が新たな通貨として流通した。この結果，華南では軍票，香港ドル，法幣，毫券という多種の通貨が錯綜する，新たな通貨圏が形成される。

しかし広州陥落によって，銀行や按掲銀号は，伝統的に基盤とした香港―広州間の回路が閉じられた上，激しい市場変動や各種の金融規制から，新しい経営環境に順応することができなかった。これらの金融業者は，平時の経済活動に大きく依存していたため，戦乱による急激な変化から打撃を受けていた。たとえば1937年頃の按掲銀号について，香港華商總會「一九三七年香港商務概況」［1938, 5］は，次のように記している。

> 民国23年以降，世界経済は不振であり，この業種の営業は下り坂の趨勢にある。かつて盛んであったときには，全体で40数軒あった店が，現在残っているのはただ10数軒だけである[6]

こうした状況は，カウンターパートであった広州でも同様であった。1938年について興亜院の報告書［1939, 42-43］は，次のように記している。

> （中略）商工業の衰退のために各種商店の破産するもの其の数を知らず，各銀行及び銀店の貸倒額も当然巨大である。昨年（引用者注：1938年）六月十五日の「超然報」所載に拠れば，各種商店破産のため，銀行界が貸倒れになった額は一千二百万元にして，資金の運転不良なるための預金引出額は総計八百万元にして，相互比較すると，銀業界の欠損は四百万になると云ふ。（中略）昨年迄に廣州銀店の破産せるものは数十軒にして，銀行中従来信用の厚かった嘉南堂銀行も，運転不良のために破産してしまった。（中略）仏山方面には元来銀業は五十余軒あったが，昨年に至り十中の九迄は欠損し，破産せるものには億安，元發，永昌，台盛等十三軒がある

このように，伝統的に香港と広州を結ぶ経済活動を基礎としてきた按掲銀号は，没落の一途をたどっていた。一方で，戦乱に伴う香港の金融的位置が，中国本土と従来以上に密接化したことによる恩恵を享受していたのは，両替や投機をおこなう找換銀号であった。それらは，内地から香港への資金流入に伴う両替を手掛け，変動する金融市場に投機をおこなうことで，大きな収益を得ていた。特に内地通貨取引の香港集中は，找換銀号の活動をいっそう活発化させた。香港華商總會「一九四零年香港商務概況」［1941, 2］には，次のようにあ

る。

　　盧溝橋事件勃発から欧州大戦発生までの時局変動により，通貨価値の上下は常に激しく急速であり，この業界の一部は大きな利益を獲得した[7]

　このように找換銀号は大きな収益機会を得たが，特に一部の銀号は貿易活動を兼営することで，内国各地との自前の為替のルートを構築して，金融活動に従事した。その代表が，1930年代前半に設立された新興の找換銀号「恒生」，「永隆」，「道亨」などであった。これらは自前の「つながり」を基礎に，戦時の経営環境に柔軟に適応するべく，それらを応用配置して，新たなビジネスモデルを形成した。

　こうして台頭した找換銀号と，その同業者間市場であった金銀業貿易場を中心とした金融取引は，1939年9月の欧州大戦勃発による法幣取引の一大ブームで，戦前期における最大かつ最後の隆盛を極めることになる。

### 3）新しい銀号，新しいビジネスモデル——「恒生銀號」を例に

　戦乱の時期に台頭した新興銀号は，いずれも1930年代前半に創業されている。ここではその代表例として，1960年代には香港最大の華人系銀行に成長した「恒生銀號」の創業経緯と，そのビジネスモデルを考察する。

　恒生は1933年3月3日，香港島中環（セントラル）永楽街70号に開店した。この銀号は林炳炎，盛春霖，梁植偉，何善衡という4名の広東系金融業者が創設した。特に注目すべきは，主導者である林炳炎と，一番の若手であった何善衡である[8]。

　林炳炎は広東省清遠に生まれ，青年時代に上海へ渡る。同地で「生大信託公司」を設立し，為替や金の売買，貿易業を手掛けていた。政財界にも幅広い人脈があり，香港の有力華商や国民政府高層などにつながりを持っていた。後の1935年，国民党官僚資本が香港で廣東銀行を買収した際には，その役員に就任している（第4章表4-8および注(46)参照）。一方で最年少の何善衡は，1900年に広東省広州の貧しい家庭に生まれた。塩問屋の徒弟を経て，長兄の貴金属店に入店して22歳で店を任された後［何 1991, 3］，広州で通貨売買を専門と

する「雙記」を設立。1929 年には，同郷・同業の友人である「鴻記」の何賢[9]，「科記」の馬子登と，広州上九路で「匯隆銀號」を開設する。その活発な売買から，若くして広州金融界では名を知られていた［劉 1999, 3］。

4 名の創業者は，取引過程で面識を得て交流を深め，次第に香港を基盤とした共同事業の計画が持ちあがり，恒生の設立が具体化したと言われる。しかし，1930 年代の不況時に香港で銀号を創設した具体的理由については，記録がない。だが，その後の事業展開を考えると，次のようなビジネスモデルを想定していたと思われる。

1930 年代前半は，経済不況や第一次上海事変の影響によって，正常な経済活動が分断される一方，中国本土との間で逃避による資金移動や，相場変動による投機が盛んになりつつあった。このため，おそらく恒生の設立目的とは，林炳炎と盛春霖が基盤とした上海，何善衡が基盤とした広州，という 2 つの地点を，梁植偉が基盤とした香港で結び，広域での金融取引拠点を確立することであった，と推測される。

これは恒生の創業初年度である，1933 年の決算報告書「年結」［恒生銀號 1934］の記載事項からも明らかとなる。その取引先分布を見ると，香港 2 軒（「永昌泰」，「生大」），上海 3 軒（「泰和興」，「恒興」，「生大」），広州 5 軒（「匯隆」，「永生」，「永成」，「銘記」，「富榮」）である。上海と香港の取引先である「生大」は林炳炎の「生大信託公司」，上海の「恒興」は盛春霖の経営する「恒興銀號」，上海の「泰和興」は香港・マカオの質屋業と賭博業を掌握し，戦前には香港四大家族と称された一人である高可寧の所有する「泰和興銀行」を指す。この高可寧は，広東・広西の軍閥や国民党右派とも関係を持っており，林炳炎をその人脈につなげた人物であった。また林炳炎は，泰和興銀行の役員も務めている［泰和興銀行 1941］。さらに広州の取引先を見ると，「匯隆」は共同創業者である何善衡の「匯隆銀號」，「永生」は何善衡と同郷の友人である陳蔚文の経営する「永生銀號」である。

この取引先の地理的分布と人のつながりからわかる恒生のビジネスモデルとは，次のようなものであった。第一に，その地理的展開の範囲は，香港を軸として，上海や広州などの諸都市間で，広東系の金融業者あるいは商業機構を結

ぶものであった。第二に，取引先は単なる顧客ではなく，恒生の創業者たちが各地に持つ独立・半独立した拠点，あるいは彼らの関係者が関与する金融機関や商業機構であった。すなわち恒生とは，それらと連動しながら広域間の金融取引を結び，調整するための拠点であったと思われる。これは恒生銀行の行史に，創業初期には盛春霖は上海，何善衡は広州，梁植偉は香港を管轄し，林炳炎はその3都市をまわりながら指揮をとっていた［Chambers 1991, 12］，と記されていることからも裏付けられる。

このような形態は「聯号」と呼ばれる，中国では伝統的な事業展開の手法である。それは経済活動を円滑化するため，同族・同郷・同業などの社会的関係を軸に，独立・半独立した商業機構が提携・合同関係を結び，連動しながら経済活動に従事する事業体を指す。ただし相互間の関係は，資本関係を伴うとは限らなかった。

もちろん聯号の手法は，すでに19世紀後半からの香港と広州の間だけでなく，香港と上海の間でも用いられていたが，銀号のような金融業の場合は，基本的に香港と広州の間を中心とした珠江デルタを市場圏として，用いられてきた。ところが1930年代前半，広東の経済不況や戦乱を受けて，正常な経済活動が混乱をきたし，変動の激しくなった金融市場では，長らく「金銀找換商」や「銭枱」と呼ばれていた一部の両替商が，聯号を用いた広域間での裁定取引や為替送金を活発化する。恒生の創業者たちも，金銀貨幣の売買や両替などを主力に，找換銀号と呼ばれて台頭した金融業者であった。

すなわち恒生とは，1930年代に変動の激しくなった金融市場を利用しながら，聯号で広域間を結び，各種の金融取引に従事するという，新たなビジネスモデルの軸として設立された。それは同時に，香港が「中国」という国の枠組みのなかに包摂されながら，内国金融センターとしての新たな役割を担い始めたことを，象徴するものであった[10]。

## 2 日中戦争のなかでの新興銀号の活躍

### 1) 日中戦争勃発による香港―広州―漢口ルートの形成

　1937年7月の日中戦争勃発による戦乱から，香港の金融的位置は，中国本土と従来以上に密接化し，香港の新興銀号に業務拡大の機会を与えた。その具体的な様相は，先述の恒生銀號と同じく1933年に創業した永隆銀號の活動から明らかとなる。

　永隆は，創業者の伍宜孫[11]（図5-1）が1931年，「永隆」名義で金銀業貿易場の会員権を獲得したことを起源として，1933年2月に香港島ボナム・ストランド・イースト37号で正式開業した（図5-2，5-3）。初期払込資本は4万4500香港ドル，職員は8人，主要業務は両替，為替送金，金銀貨幣の売買であった［永隆銀行 1980, 8］。業務は順調に拡大して，1934年には伍宜孫が金銀業貿易場の執行委員に就任し，また1936年には資本金と準備金の合計が20万ドルまで増加している［伍，32］。

　1937年，永隆は広州との連携を図りながら事業を展開するため，友人の馮堯敬，広州「聯安銀號」の潘恵予との合股で「永亨銀號」を設立する。これについて伍宜孫は，次のように回想している［伍，33］。

> 　1937年，潘恵予氏の提唱から，馮堯敬氏との協力によって，広州十三行街に永亨という聯号を創立した。私が総経理，馮堯敬氏が経理を担当。（引用者注：永隆と永亨の）両店は相互に呼応して，利益を上げていった。特に馮君は事を任せるにおいて勇ましく，「十二行掃把」（引用者注：「十三行の箒」，すなわち「利益をかき集める」の意味か）というあだ名を有するほどであった。永隆との取引で多大な貢献をし，誠に得がたいパートナーであった[12]

　この永亨の設立からまもなくして，盧溝橋事件が勃発する。さらに1ヶ月後，上海では第二次上海事変が起こり，華南と華中・華北を結ぶ動脈であった香港―上海間の経済活動は事実上停止した。また一方で，前年に開通した粤漢鉄

図 5-1　永隆銀號創業者の伍宜孫
　　　　（1933 年）
出所）個人所蔵

図 5-2　永隆銀號創業当時の店舗（1933 年）
出所）永隆銀行［1993, 32］

図 5-3　永隆銀號創業時の飾り看板
　　　　（1933 年）
出所）永隆銀行［1983, 1］

路によって漢口―広州―香港を結ぶ経済活動が活発化する。こうした事態を受けて，永隆では新しい試みを開始した。伍宜孫は，次のように回想している［伍, 32］。

　　粤漢鉄路の開通後，私は，南北の交易が容易になり，香港は（引用者注：内陸から）華南をつうじて海外に向かうための貿易センターとなることで，必ず将来は少なからぬ外省人が香港を訪れると考えた。この需要に応えるため，河北人の劉秉衡を招いて国語（引用者注：普通話）を教えてもらうことにして，各店員が一律参加した。7月7日の盧溝橋事件後，湖南・湖北の各地から多くの外省人が貿易のため香港を訪れたが，永隆の各店員は国語を操るので，外省人を相次いで引き寄せることになった[13]

ここからは，戦乱の影響によって，以前には関わりのなかった新たな市場圏との経済活動で，香港が新たなゲートウェイとしての役割を担い始めていることがわかる。さらに永隆は，金融業務との相乗効果を狙って，漢口に自らの貿易商社を設立している。伍宜孫は，次のように回想している［伍, 34］。

　　漢口と広州は華中，華南の貿易センターとして，さらに香港は華南から海外につながる交易要衝であることから，永隆，永亨，聯安，泰恒の四銀号は共同で，漢口に永福行を設立した。私は最初，広州，漢口，長沙の間を往復して策をめぐらしつつ，香港での永隆の業務は次第に3番目の弟が担当するようになった。後に永福行については，潘植楠氏と6番目の弟である冕端を漢口に常駐させたので，私は香港に戻り，いつも毎晩1時には漢口と通話して対応を諮った[14]

ここで重要なのは，永隆が他銀号と共同で遠隔地に拠点を設立し，業務の地理的範囲を拡大する際に，現地責任者として旧友や家族を派遣している点である。こうした信頼のおける近しい者に店を任せることは，遠隔地間，しかも戦時という臨機応変な対応の必要な環境では，機動的な経営行動のために有利に働いたことは想像に難くない。この結果，香港の本店である永隆の業務も大きく発展した。伍宜孫は，次のように回想している［伍, 34］。

このとき永隆の両替業務は一日千里の勢いで，店の入口はまるで市場のような混み具合，店じまいは深夜になるのが常であったが，当時の店員は一致協力して，文句を言うことなどは全くなく，誠に得がたいことであった[15]

　一方で恒生も，やはり日中戦争の勃発を契機として事業を急拡大していた。恒生は，聯号を上海と広州に有しており，これらを連動させる形で，逃避による資金移動，内国通貨から香港ドルやその他通貨への両替など，各種の金融活動を展開した。また，前出「年結」の取引先記録には，「金銀業貿易場三個行底」（「金銀業貿易場会員権3口」）とあり，創業からわずか2年後の1935年には，何善衡が金銀業貿易場の執行委員に就任している［金銀業貿易場 1970］ように，同取引所の会員としても活発な通貨売買を繰り返していた。特に1937年には，国民政府による香港での軍資金両替の独占権を獲得し，巨額の利益を上げている。この独占権獲得には，林炳炎と盛春霖の人脈が功を奏したと言われている［陸，黄 1997, 36］。当時，恒生の店員であり，後に経営者の一人となる何添は，次のように述べている［Chambers 1991, 16］。

　内地から抗日軍費調達のため，大きな箱に詰められた「大洋」が貨車で送られてきた。私たちは2日おきに，これらの外貨への両替を独占的におこない，そのたびに手数料を得た。これは恒生にとって素晴らしいビジネスであった

　このように1937年の日中戦争勃発による戦乱のなかで，新しい経営環境に順応した香港の新興銀号業者は，大きな収益機会を得ていった。

## 2）華南への戦乱拡大と香港―マカオ―広州湾ルートの形成

　1938年6月，日本軍の漢口・広東作戦決定により，戦火は華南に拡大する。同年8月22日，武漢三鎮の攻略戦が開始され，10月21日には広州が陥落する。これよって，香港を介した経済活動の形態も，ふたたび変化することになった。

まず広州の陥落は，同地の銀号業に大打撃を与えた。その様子について，台湾銀行広東支店の報告書［1939, 9］は，次のように記している。

> 僅かに舊式銀行たる錢荘が漸次開業しつゝあるの状態なるも，これとて戦前の百八十一軒に比すれば尚五分の一程度のものであつて營業範囲も目下の處軍票及在来貨の交換によつて利鞘稼ぎを爲し居る位のものである

この1年後，日本軍は広州銀号業の一部を，公認銭荘[16]という形で組織化し，金融業を統制下においた。こうして伝統的に香港と広州を結んできた回路は閉じられ，金融活動は沈滞した。

さらに武漢陥落は，粤漢鉄路による漢口─広州─香港を結ぶ回路を通じた経済活動の分断と崩壊をもたらした。台湾銀行香港支店の報告書［1938］は，次のように記す。

> 廣東陥落ハ當地ノ生命線タル對南支貿易ニ大打撃ヲ與ヘ二月中商品輸入三千六百八十三萬弗昨年同月ヨリ四百五十七萬弗減同輸出三千六百五十萬弗同様百九十一萬弗ナルカ廣東ニ代リテ澳門，廣州灣及海防等第三國領域トノ貿易激増竝廣東省中治安紊乱ニ乗シ當地ヲ始メ此等三地ヲ中心トスル密貿易増加ノ兆アルハ注目ニ値ス

このように，香港をつうじた中国本土との貿易・金融活動は，ポルトガル領マカオ，仏領広州湾，同ハイフォンなどを通じた密貿易形態となっていった（前掲図序-7）。これに伴い，正規の経済活動を基礎としていた銀行や按掲銀号の活動の余地はますます狭まり，一方では柔軟に自前のルートで広域展開した香港の新興銀号業者が，拠点を再配置することで対応し，さらなる収益機会を見出していった。

たとえば永隆では，漢口陥落とともに永福行の事業を閉じ，また広州陥落とともに永亨を広州湾に撤退させ，後には香港にも店を構えている[17]。また1938年11月には，いわゆる「援蔣ルート」（ビルマ・ルート）が確立されたことから，1941年頃にはこの方面での活動も試みていた。伍宜孫は，次のように回想している［伍, 35］。

表 5-3 香港―マカオ間の輸出入高推移
(1935～39 年)

| 年 | マカオへの輸出 | マカオからの輸入 |
|---|---|---|
| 1935 | 13,466,266 | 9,054,232 |
| 1936 | 13,001,016 | 6,874,612 |
| 1937 | 17,107,844 | 11,509,790 |
| 1938 | 20,850,969 | 13,682,225 |
| 1939 | 17,260,490 | 12,467,410 |

出所）台湾銀行［1940, 192-193］より作成
注）単位は香港ドル

香港陥落前，ちょうど昆明の上海商業銀行総経理であった程順元君が香港に来て（この銀行は永隆の代理であった），昆明，上海，香港とビルマのラングーンでの為替送金を拡大する件について永隆と相談した[18]。

恒生では，何善衡が広州陥落を契機として香港に移動し，金銀業貿易場を舞台として，ふたたび活発な投機を繰り広げた。何善衡の売買手腕は高い評価を得て，その名声は米国金融界のトレーダーたちにまで轟いたと言われる［Chambers 1991, 16］。また恒生の創業者たちは，広州で「元盛銀號」と「元興銀號」を経営していた友人の梁銶琚[19]と共同で，香港に貿易部門「合成行」を創設する。合成行は事務所を恒生の店内に設け，職員も恒生の職員が兼任していた［Chambers 1991, 20］。事業内容は，主としてマカオと広州湾から内地を結んで，食品，木材，鉄鋼製品などを商うものであった。これは広州陥落による輸送機関途絶によって，香港からマカオと広州湾を経由した本土との貿易活動が盛んになっていた状況を反映していた（表5-3）。台湾銀行の報告書［1940, 202-203］は，次にように記している。

<u>香港を拠点とする廣東省一帯の南支密貿易は澳門にとりても経済上見逃す可からざる問題なるが，由来南支那密貿易は香港を中心とし澳門，廣州湾一帯に行はれ相当組織化されて居り Invisible Transaction として隠然たる勢力を有せり</u>。（中略）廣東省に於て密貿易が一大勢力を有するに至れる根本的原因は主として地理的関係によるものにして，其の海岸線が複雑性に富むこと並に沿岸に香港，澳門，廣州湾の三自由貿易港を有するが為にして，就中香港を其の中心拠点とし澳門，廣州湾を其の培養線として発達したるものなり（下線は引用者による）

このような貿易活動の実際について，南支那方面軍の報告書［陸軍省 1941,

第5章　日中戦争期の香港における金融的位置の変容　149

10.16] は，次のように記している。

> 澳門ニ於ケル密輸公司ノ主ナルモノハ二十五公司アリシカ現在停業ヲナシテルモノ十公司，物資ヲ倉庫或ハ倉庫代用船ニ移シ密輸品ヲ貯蔵或ハ物資ノ當地買賣ヲ策シアルモノ十五公司アリ，而シテ當地買賣ノ物資ハ「フランス」船ニテ廣州灣方面ニ送ルヘク仲買商人等策動シアリテ物價ハ依然高價ナリ，又密輸商等ハ水上警察署員ヲ買収シ帆船，漁船等ノ利用ニ依リ密輸對策ヲ研究シアルカ如ク物資ノ取急キ賣捌キヲ策シアルモノ過少ナル状況ナリ

ここからは，英領香港から輸出された物資が，ポルトガル領マカオの商社で取引され，さらに密輸拠点である仏領広州湾に送られていること，密輸には定期航路だけではなく，ジャンク船や漁船なども利用されるなど，様々な方法や経路を利用した地下水脈のような貿易活動がおこなわれていたこと，などがわかる。

また，こうした活動には，明らかに恒生や永隆のような金融業者が，その資金的背景として控えていた。南支那方面軍の報告書［陸軍省 1941.11.1］は，次のように記している。

> 密輸ノ取締強化ニ依リ<u>密輸業者ハ勿論之ト関係ヲ有スル資木主金融主タル錢荘經營者モ相當ノ打撃ヲ受ケアリ</u>（下線は引用者による）

日本軍はこうした貿易ルートを封鎖すべく，マカオ政庁に圧力をかけたり[20]，広州と香港で現地貿易商との合弁商社設立を試みた[21]。しかし，柔軟に変容する密輸活動を，根底から取り締まることは難しく，後述のように太平洋戦争勃発による香港占領後も，マカオや広州湾を通じた華商の活動は継続する。

## 3 法幣売買における銀号の役割

### 1) 香港における法幣の位置付け

　1930年代後半，香港の新興銀号業者にとって，もう一つの収益機会となったのは法幣の売買であった。それはこの時期に，香港が中国本土との密接化を強め，実質的に中国の内国金融センターとして，法幣流通圏に包摂されつつあった現実を反映していた。

　1935年に中国本土の幣制改革で導入された法幣は，日中戦争の開始以前，香港ドルとの間で相互に影響しあうことはほとんどなかった。香港ドルの対外価値は，為替基金によって法幣相場と関係なく維持されており，また法幣相場も1シリング2ペンス半の公定相場を維持していた。加えて流通面でも，香港ドルを堅守する香港では，法幣は外貨の一つにすぎず，大きな影響を与えることはなかった。香港市中での法幣取引について，朝鮮銀行の報告書［1941, 49］は，次のように記している。

> 　法幣と雖も香港弗より見る時は外貨の一種である事に變りは無く，從つて法幣の賣買が外貨賣買の一部として銀號により營まれて居た事は當然で，且つ香港に於ける唯一の法幣賣買機關が銀號であつた譯である。
> 　然乍ら從來香港と奥地との取引は一切香港弗建で行はれ之が決濟に當つては奥地各市場の銀號が其の主要業務として毫券乃至は法幣との賣買を行つて居た爲，香港に於ける銀號の法幣賣買は單なる旅行者の需要關係より生ずる賣買の範圍を出でず，而も南支に於ける法幣の勢力は當時にあつては殆んど問題とならず，廣東省流通紙幣たる毫券が壓倒的勢力を占めて居たのであるから香港銀號の支那貨幣賣買は法幣よりも毫券の方が多い狀態であつた

　以上からは，香港の市中取引では，主に銀号が本土系通貨を取り扱ったこと，また広東との地理的近接性や華南での貨幣流通事情から，法幣よりも毫券の取引が活発であったこと，などがわかる。

しかし日中戦争の開始以降，本土から大量に逃避してきた法幣資金が，香港ドルに転換されることで，2つの通貨には密接な関係が生じ始めた。さらに国民政府が通貨価値防衛のため，1938年3月14日に導入した「為替統制売却中央銀行集中令」[22]では，その取扱先に漢口と香港の銀行が指定された。ところが漢口陥落の後，この制度の運用拠点は香港のみとなり，以降は実質的に香港を中心として，中国の戦時為替統制が実施されたことから，香港の法幣取引は存在感を増していった［朝鮮銀行 1941, 44-45］。たとえば法幣相場安定のため，1939年3月7日には英中の共同委員会が設立され，その数ヶ月後には安定基金の運営本拠が香港に設置されている[23]。

このような環境下，香港での法幣取引を一挙に増加させたのが，欧州大戦の勃発に伴う「国防金融条例」の施行であった。

### 2)「国防金融条例」による法幣取引の活発化

1939年9月3日，英仏両国の対独宣戦布告に伴い，英国大蔵省は戦時金融統制のため，本国および海外領土に国防金融条例（Defence (Finance) Regulations）の施行を指令する。これを受けて9月8日，香港では「1939年国防金融条例」（Defence (Finance) Regulations, 1939）が布告される（表5-4, 5-5）。これは，香港政庁が指定した「授権金融機関」（authorized dealer）以外による外貨・金取引を禁止することで，戦時体制下の為替投機を抑圧し，正常な事業や貿易の増進を図る［朝鮮銀行 1941, 71］ことを意図していた。

しかし同時に，国防金融条例では中國中央銀行券，中國銀行券，交通銀行券，農民銀行券，廣東省銀行券などの法幣各種を除外するとした［HKG 1939, 943］。これは香港が，中国との地理的近接性，特に1930年代後半の日中戦争によって，上海や広東からの国内資金の逃避先，国民政府の対外金融窓口，さらには1939年3月成立の安定基金の拠点となることで，実質的に中国の内国金融センターとして，法幣流通圏に包摂されたという現実を反映している。

この国防金融条例の施行は，朝鮮銀行の報告書［1941, 71-72］によれば，実際の金融活動に次のような影響を与えた。すなわち，(1)為替市場での投機取引が減少，(2)金銀業貿易場での米国ドル投機手段としてのダブル・イーグル

表 5-4 国防金融条例の概要（1939 年 9 月 8 日施行）

| |
|---|
| 第一条 |
| (1) 総督の認可を受けた授権金融機関を除いて，香港域内のいかなる者も授権金融機関以外の者とあらゆる外貨・金の購入・借入・売却・貸付をおこなってはならない。 |
| (2) 本条例における「授権金融機関」とは，金の取引に関しては，これを総督から認可された者，外貨取引に関しては，これを総督から認可されたものを指す。 |
| 第二条 |
| (1) 総督の命により認可された例外を除き，いかなる者も許可なくして次のことをおこなってはならない。 |
| 　(a) あらゆる銀行券・郵便為替・金・有価証券・外国通貨の持ち出し，積み出し，およびあらゆる有価証券の移転をおこなう。 |
| 　(b) 香港域外における支払受取，財産取得，あるいはそれらの権利設定のための為替手形・約束手形の取り組み，有価証券の移転，債務承認をおこない，香港域内において支払受取権利の設定，または移転をおこなうこと。 |
| (2) 前項の規定は総督により外国為替取引の認可を受けた者が，その権限においておこなう総督が必要と認めた次の行為には適用されない。 |
| 　(a) 香港域内においておこなわれる取引・事業のため合理的必要を有する場合。 |
| 　(b) 1939 年 9 月 3 日以前に締結された契約を履行する場合。 |
| 　(c) 合理的理由による旅行あるいは個人支出の場合。 |
| (3) 香港域内を離れる旅行者は，係官の求めに応じて次を要求されうる。 |
| 　(a) 銀行券・郵便為替・金・有価証券・外国通貨携帯の有無を申告する。 |
| 　(b) 携帯する銀行券・郵便為替・金・有価証券・外国通貨を提示する。 |
| (4) 香港領域外向けの貨物に関して，係官は銀行券・郵便為替・金・有価証券・外国通貨の有無を検査・捜索することができる。 |
| (5) 条例施行に際して，次を規定する。 |
| 　(a) スターリング・ポンド建て以外の為替手形，あるいは約束手形は，外貨とみなされる。 |
| 　(b) 移転とは貸借や証券などの方法を含み，それらを域内から域外に登記した者は移転をおこなったとみなされる。 |
| 　(c) 係官とは税官吏・巡査・植民地大臣により認可された官吏を指す。 |
| 第三条　本条例の施行日以降における香港域内の全居住者は，金を売却する場合には政庁もしくは総督の認可した者に，総督の定めた価格で売却する。 |
| 第四条　本条例施行に必要な場合には，「1939 年国防条例」などの各条項を引用する。 |
| 第五条　本条例において，必要な場合を除いて，語句の表現を次のように定める。 |
| 　「銀行券」とは大英帝国内における法定通貨としての銀行券を指す。 |
| 　「外国通貨」とはスターリング・ポンド以外の通貨を指す。 |
| 　「金」とは金貨あるいは金塊を指す。 |
| 　「有価証券」とは株式・公債・社債・大蔵省債券を含み，為替手形・約束手形を含まない。 |
| 第六条　本条例は「1939 年国防金融条例」(Defence Finance Regulations, 1939) とする。 |

出所）HKG GG［1939. 9. 8］
注）条例内容を簡約したものである

**表 5-5　国防金融条例に関する改訂および関連する布告の一覧**

| 施行日 | 概　　要 |
|---|---|
| 1939 年 9 月 8 日 | 「1939 年国防金融条例」の発令 |
| 1939 年 9 月 15 日 | 香港法定通貨，各種法幣の外貨指定除外<br>外貨種類・英国籍民に関する追加規定<br>銀号への業務範囲規制，有価証券に関する規定改訂，銀行券の定義改訂<br>授権金融機関 18 行の告知<br>華民政務司による銀号登録，法幣売買，中国向け送金に関する規定 |
| 1939 年 9 月 25 日 | 条文の追加，英国籍民に対する公告<br>適用外貨の指定 |
| 1939 年 10 月 9 日 | 銀行手形に関する規定改訂<br>金融関係電報とこれを証する帳簿書類検査に関する追加規定 |
| 1939 年 11 月 4 日 | ポンド相場の変動幅制限に関する規定 |
| 1939 年 11 月 17 日 | 法幣・中国向け送金取扱を認可された中国系・華人系金融機関の告知 |
| 1939 年 12 月 12 日 | 法幣・中国向け送金取扱を認可された中国系・華人系金融機関の告知 |
| 1940 年 1 月 14 日 | 法幣・中国向け送金取扱を認可された中国系・華人系金融機関の告知 |
| 1940 年 3 月 21 日 | 「1940 年国防金融条例」の発令 |
| 1940 年 4 月 16 日 | 法幣・中国向け送金取扱を認可された中国系・華人系金融機関の告知 |
| 1940 年 5 月 1 日 | 法幣・中国向け送金取扱を認可された中国系・華人系金融機関の告知 |
| 1940 年 5 月 15 日 | 外貨種類・英国籍民に関する追加規定 |
| 1940 年 6 月 27 日 | 法幣・中国向け送金取扱を認可された中国系・華人系金融機関の告知 |
| 1940 年 8 月 27 日 | 法幣・中国向け送金取扱を認可された中国系・華人系金融機関の告知 |
| 1940 年 9 月 4 日 | 法幣・中国向け送金取扱を認可された中国系・華人系金融機関の告知 |
| 1940 年 9 月 27 日 | 外貨種類・英国籍民に関する追加規定 |
| 1940 年 10 月 14 日 | 法幣・中国向け送金取扱を認可された中国系・華人系金融機関の告知 |
| 1940 年 11 月 9 日 | 法幣・中国向け送金取扱を認可された中国系・華人系金融機関の告知 |
| 1941 年 1 月 31 日 | 法幣・中国向け送金取扱を認可された中国系・華人系金融機関の告知 |
| 1941 年 2 月 28 日 | 法幣・中国向け送金取扱を認可された中国系・華人系金融機関の告知 |
| 1941 年 7 月 26 日 | 総督による禁止令施行の権限付与<br>対日金融取引に関する禁止・許可事項通達 |
| 1941 年 7 月 30 日 | 対中金融取引に関する禁止・許可事項通達 |
| 1941 年 7 月 31 日 | 授権銀行の指定改訂<br>条文文言の差し替え |
| 1941 年 11 月 6 日 | 法幣取引・保有の禁止通達<br>香港ドル携帯出境の制限<br>条文の追加<br>授権銀行の指定改訂<br>授権銀行の指定改訂 |

出所）HKG GG 各号を参考に作成
注）特に重要な事項には下線を付した

（米国金貨）取引がカバー先を喪失，(3) 外国為替取引の出来高が縮小して流動性に影響，(4) 上海経由の投機取引が活発化，(5) 金銀業貿易場の法幣取引が急増，(6) 巨額の華人系資金がポンド為替，法幣送金，現送によって上海市場へ流出，という 6 点である。

　以上からは，為替管理法である国防金融条例が，正規ルートでの外国為替取引に明確な影響を及ぼしたことが理解できる。外貨取引の手段は封じられたため，たとえば金銀業貿易場のダブル・イーグル取引に代表される米ドル関連のヘッジ，裁定，投機は停止し，それらが外国為替取引の出来高縮小となって，市場の流動性に影響を与えた。

　一方で国防金融条例は，それまで香港に逃避していた資金の，急速な逆流を促進した[24]。こうした資金流出は，欧州戦乱の予兆から，実際には 8 月末にはパニックを伴いながら始まっていた。当時の香港の緊迫した様子は，次のように伝えられている［銀行通信録 1939.9.20］。

> 　東朝香港発八月二十五日電報によれば，香港に於ける支那住民の間には目下非常な危機を予想した種々の謡言が乱れ飛び，外人の当地引揚げや守備隊の動きに極度の神経を尖らせ，此の所新聞紙上には欧州の危機と香港現地の緊張振りがニュースの王座を占めてい (ママ)。八月二十五日には香港上海銀行を始め外国筋の各銀行，之に支那側の東亜銀行，商業貯蓄銀行，廣東銀行等は多数の預金者が押かけ恰も取付騒ぎの如き情景が各所に展開された。更にアメリカ弗買も旺盛で二十五日午後入港のＰ・クリーブランド号ではマニラから補給のためアメリカ銀行券が送り届けられるという有様で，支那の富裕階級でも生命財産のアメリカ逃避を考えアメリカへの送金は非常に多くなっている。尚ほ (ママ) 同二十七日特電によれば欧州危機に怖く香港の一般預金者は二十六日来預金の引出しを開始し，弗買いの現象を呈している為め銀行では預金者の殺到に大混乱の状態を呈している。尚香港発澳門行きの各船は悉く避難民で超満員となり，アメリカン・エキスプレスの当地旅客案内所では国外退避の船客でごった返している

　上記からも明らかなように，当初，香港からの資金逃避はポンド売り／米ド

ル買いとなってあらわれ，その規模は40万ポンドにも上ったとされる［朝鮮銀行 1941, 46］。しかし国防金融条例の施行によって，米ドル買いをはじめとした外貨取引の手段は封じられたため，逃避資金は外貨から除外されていた法幣に転換され，約30億元が上海に向けて流出した［日本銀行 1941, 63］。このため香港では，7月18日の第二回売り止めから8月上旬に4ペンスを割れた法幣が，9～12月には大規模な法幣買いによって反発しつつ，取引が急激に活発化していった。さらに上海へ流出した資金は，しばらくは外貨に転換されることなく同地に滞留したため，法幣は一時的に5.5ペンス台まで反騰した［日本銀行 1941, 63］。

以上のように国防金融条例の影響は，正規の為替取引を縮小させた一方で，逃避的な法幣取引の活発化，上海への資金流出という形となって顕在化した。

### 3） 銀号と金銀業貿易場による法幣売買の掌握

国防金融条例に対して授権金融機関，特に香港域内では法幣勘定の取引をしない外国銀行は，「条例の発令以来，大体香港政庁の方針を厳守し，聊かの投機的蠢動も見られず問題ともならない」［朝鮮銀行 1941, 72］と報告されるように，反応が限定的であった。

しかし，中国系・華人系5行（中國，交通，上海商業儲蓄，廣東，東亜）は，事情が異なっていた。各行は，主に銀号からの法幣建て預金を扱っていた。種類は当座預金（年利2％）と貯蓄預金（年利2～3％）で，1940年前後の法幣預金残高は，合計約4200万元であった［横浜正金銀行 1940, 230-231］[25]。表面上，法幣を発行していた中國銀行と交通銀行は，香港政庁の外貨流出と法幣流通の阻止に協力するとして，日中戦争開始後は香港ドルでの法幣の買い入れに1000万元の上限を定めていた［日本銀行 1938, 19-20］。ところが実際は，中國銀行と交通銀行が，秘密裏に香港市場で自行券の法幣を売却していたとも指摘される[26]。横浜正金銀行の報告書［1940, 232］には，次のように記されている。

> 交通銀行は昨年（引用者注：1939年）12月頃から Gold & Silver Exchange にカモフラージュしながら相当巨額の自行券を賣却したという噂があり，

他方中國銀行は本年（引用者注：1940年）に入り約1萬元の自行券を銀號に賣却と同時に同レート・同額での上海向為替を買い取っているがこれも同行が直接商人に賣応じた上海向賣にひっかけ結局紙幣の賣出しをなしているとの噂もある

先述のように香港市場では，国防金融条例の施行後，逃避的な上海への資金流出から法幣買いの趨勢にあった。このため中國銀行と交通銀行は，表立った行動を避けるため，地場の銀号を利用することで，香港市中で法幣を売却した[27]。

香港の銀号による法幣取引は，国防金融条例の導入後に制限を受けていた。1939年9月15日の補足・改訂では，(a)本条例は認可を受けた両替商がその通常業務範囲における合法的な取引で，外国貨幣・紙幣の両替を妨げるものではない，(b)本条例により財務長官に登録された全ての銀号は，外国為替取引の授権金融機関でなくとも総督あるいはその指定した者の認める限度・条件内で，中国通貨の売却あるいは中国向け送金が可能である，と規定している［HKG 1939, 943］。同日，華民政務司は，登録を希望する銀号の，①商号・株主名・本店住所・支店住所の届出，②毎月の中国本土向け送金額合計1万元以上の取引についての報告，③5万元以上の送金についての許可の事前取得，④違反した場合の罰則，などを布告した［姚 1962, 34-35］。こうして1939年11月17日以降，法幣売買および中国本土向け送金を許可された登録金融機関が発表されている（表5-6）。

登録金融機関として法幣を取り扱った銀号のなかでも，特に，恒生，永隆，道亨は，「上海為替において一流銀号と競争するに足るものといわれ，香港における法幣取引の主体をなす」［朝鮮銀行 1941, 26, 陳 1940, 5］という評価を得ていた。

これらの銀号が，1930年代に創業した新興業者にもかかわらず，短期間で法幣取引の主体となった背景には，第2節で詳述したように，独自に形成した遠隔地との「つながり」があった。これを基礎として，彼らが取り扱った内地商品売買代金および華僑送金などのための金融取引は，相当の巨額に達した

第5章　日中戦争期の香港における金融的位置の変容　157

表 5-6　授権・登録金融機関の一覧

**1939 年国防金融条例に基づく授権金融機関**

〈1939 年 9 月 15 日発表〉
American Express Company
Banque Belge pour L'Etranger
Banque de L'Indo-China
Bank of Canton（廣東銀行）
Bank of China（中國銀行）
Bank of Communication（交通銀行）
Bank of East Asia（東亜銀行）
Bank of Taiwan（台湾銀行）
Chartered Bank of India, Australia and China
Chase Bank
Thomas Cook and Son's
Hong Kong and Shanghai Banking Corporation
Mercantile Bank of India
National City Bank of New York
Nederlandsche Handelnaatschappij
Nederlandsch Indische Hondelsbank
Overseas Chinese Banking Corporation（華僑銀行）
Yokohama Specie Bank（横浜正金銀行）
〈発表日不明〉
Shanghai Commercial and Savings Bank（上海商業儲蓄銀行）

**1939 年国防金融条例に基づく登録金融機関**

〈1939 年 11 月 17 日発表〉
中南銀行，國華銀行，金城銀行，鹽業銀行，聚興誠銀行，廣東省銀行，廣西省銀行，福建省銀行，中國國貨銀行，中國信託公司，大新公司，永安公司，道亨銀號，永隆銀號，昌記銀號，財記銀號，富衡銀號，恒生銀號，恒盛銀號，鴻德銀號，信行銀號，瑞昌銀號，泰和興銀號，鄧天福銀號，英信銀號，裕隆銀號，如陶銀號，陳萬発銀號，昆誠銀號，麗源銀號，萬昌銀號，茂昌銀號，昌利銀號，發昌銀號，富記銀號，安泰銀號，騰記銀號，仁裕銀號，義生銀號
〈1939 年 12 月 12 日発表〉
中國実業銀行，國民商業儲蓄銀行，永安銀行
〈1940 年 1 月 12 日発表〉
香港汕頭商業銀行，中國農工銀行（1940 年 9 月 4 日取消），新華信託儲蓄銀行

**1940 年国防金融条例に基づく登録金融機関**

〈1940 年 4 月 16 日発表〉
永豐銀號，永亨銀號，誠亨銀號，萬安銀號，大林銀號，同利銀號，生大銀號，英源銀號，季記銀號，有恒銀號
〈1940 年 4 月 29 日発表〉
協大銀號，大生銀號
〈1940 年 6 月 24 日発表〉
麗興銀號
〈1940 年 8 月 27 日発表〉
廣安銀號
〈1940 年 10 月 14 日発表〉
四川省銀行（1941 年 2 月 28 日取消）
〈1940 年 11 月 9 日発表〉
大源銀業公司
〈1941 年 1 月 25 日発表〉
鴻亨銀號

出所）HKG GG 各号を参考に作成

[横浜正金銀行 1940, 231] と言われる。このため，たとえば中国系銀行が銀号に売却した法幣は，香港域内での法幣売買だけで完結せず，上海への資金逃避に伴う法幣為替など，本土他市場との金融取引を連動させながら処分することが可能であった。

一方で中国系・華人系銀行など，法的根拠の上に成立し，組織として活動する金融機関は，戦乱や金融規制から自由な活動を制限されていた。たとえば香港市場で法幣を売却するには，先述のように表立った動きをとることができなかった[28]。このため恒生，永隆，道亨に代表される銀号業者は，その間隙を縫う形で金融活動を展開し，短期間で香港市場の法幣取引をコントロールする勢力となり，太平洋戦争の勃発にいたるまでの間，大いなる繁栄を謳歌したのである [Far Eastern Economic Review 1954.6.24, 806]。

このように，法幣取引の主体となったのは銀号であり，その取引は同業者間市場の金銀業貿易場を舞台とした。その様子について朝鮮銀行の報告書 [1941, 58] は，次のように記している。

> 香港金銀交易所は為替管理實施以来上海に於ける法幣相場の急激な變動に乗じ，香港金融の弱點を利用して，為替市場に於ける投機性を奪ひ，香港に於ける唯一の為替投機市場として跳梁を逞しくして居るものであつて，其の取引方法も相場による思惑以外に仕手關係から法外な利息の遣り取りを目的とする所の甚だ投機的色彩が濃厚なものである

具体的な取引方法を見ると，次の通りである（補論2も参照）。まず金銀業貿易場の法幣取引は，一定の証拠金を積むことで契約され，決済期限が毎日延長される先渡取引であった。当初はダブル・イーグルの取引時間帯（午前9時半〜午後12時半，午後3時半〜5時半）の一部である午前10時〜午後12時半と午後4時半〜5時半に，毫券取引とともにおこなわれていた。しかし，1939年9月の国防金融条例の施行以降，ダブル・イーグルは取引停止となり，法幣と毫券だけが取引されるようになった [朝鮮銀行 1941, 53]。

この先渡取引では，個別取引の約定価格と毎日正午に発表される基準価格との差額が，必ず金銀業貿易場によって各業者の貸借勘定に記帳され，毎週の水

曜日と土曜日に，金利の支払い，差金決済の清算，現物の受け渡しなどがおこなわれた［朝鮮銀行 1941, 53］。取引の基準価格は，市中残高が最多の交通銀行券を標準とした。しかし実際には，中國銀行券，中央銀行券なども取引されていた。また差金決済ではなく，現物を受け渡す場合の紙幣には，中國銀行，交通銀行，中央銀行の5元と10元の旧紙幣が指定されていた。特定の銀行券，あるいは新券を指定した場合にはプレミアムがつき，また同一券でも額面によってはプレミアムやディスカウントがついた［朝鮮銀行 1941, 52］。

当初の売買高は，1938年末には1日10万～100万元，1939年2月頃には1日50万～150万元で［朝鮮銀行 1941, 54］，流動性は大きくなかった[29]。ところが，1939年7月18日の法幣売り止めによる暴落から，出来高は1日600万～700万元を記録し，本格的な取引が開始された。表5-7は，1939年9月～1940年1月の月間法幣取引高と現物受渡高である。これによれば，月間法幣取引高は9月に1億4000万元，10月に1億8200万元，11月に2億9400万元，12月に5億8800万元，翌年1月に7億1200万元と急増している[30]。特に1日あたり最高売買高は，10月には1000万元，12月には3000万元を記録している。

こうした出来高急増の裏には，明らかに国防金融条例の施行による市中での法幣需要に加えて，中國銀行や交通銀行の自行券売却が影響していたと考えられる。特に後者による大規模な法幣取引は，銀号を経由して金銀業貿易場で取引されていた。言い換えれば，金銀業貿易場の法幣取引とは，銀号という仲買人を介して，直接参入の不可能な国民政府＝中国系銀行や外国銀行などが法幣の需給を調整する，銀行間市場としての役割もはたしていた（図5-4)[31]。

以上のように，金銀業貿易場の法幣取引とは，国防金融条例の産物であったとも言える。

表5-7 金銀業貿易場の月間法幣取引高と現物受渡高（1939年9月～1940年1月）

| 年　月 | 売買高 | 現物受渡高 |
| --- | --- | --- |
| 1939年 9月 | 140,000,000 | 33,500,000 |
| 10月 | 182,000,000 | 54,400,000 |
| 11月 | 294,000,000 | 52,500,000 |
| 12月 | 588,000,000 | 29,300,000 |
| 1940年 1月 | 712,000,000 | 20,000,000 |
| 合　計 | 1,916,000,000 | 189,700,000 |

出所）朝鮮銀行［1941, 55-56］より作成
注）単位は元

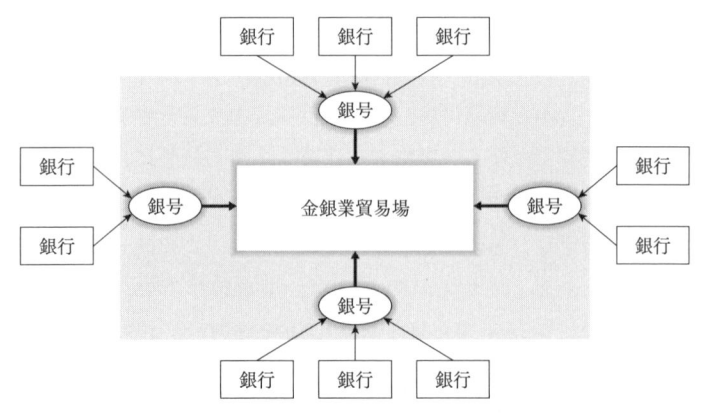

図 5-4　銀行間法幣取引市場としての金銀業貿易場
出所）筆者作成

### 4）法幣取引規制の強化から全面統制への移行

　1939 年中の国防金融条例に対する各金融機関の反応について，香港政庁の報告書［HKG AR 1939, A49］は，次のように総括している。

> 1939 年には，国防金融条例に基づく違反者への訴追・訴訟手続きはおこなわれておらず，英国系，中国系，そして中立系の各銀行，一般市民，事業法人は，一部の例外的事項を除いて，法執行のための様々な要求に対し，ほぼ全面的に香港政庁に協力している

　しかし，急激な値動きとともに活発化した法幣取引は，次第に上海市場を通じたクロス取引を誘発することで，国防金融条例の目的である為替管理と矛盾するようになっていった。上海市場を通じたクロス取引とは，香港で転換した法幣を上海へ送金し，これを上海の自由英ポンド・自由米ドル市場で再転換することで，欧米向けに送金する取引である。すなわち香港から上海を経由することで，欧米向けの英ポンド・米ドル送金が可能となっていた。

　こうした取引は，銀号を中心とした登録金融機関が担っていた。そこで香港政庁は，1939 年 11 月 29 日，登録金融機関の法幣取引について通達を発表する（表 5-8）[32]。これは従来の内容に加えて，香港ドル対法幣取引および中国向

第5章 日中戦争期の香港における金融的位置の変容　161

表5-8　1939年11月29日布告

(1) 香港ドルおよび中国通貨以外の通貨の取引を許さず，上記両通貨以外の通貨に関係ある場合は授権銀行と交換すべし。
(2) 授権金融機関は次の条件下で香港ドルを対価として中国通貨の売却が可能である。
　(a) 商業および事業上遂行に必要と認められるもの。商人は要求額に対して証拠書類を登録金融機関に提出すること。ただし1口一定金額以上は許可を必要とする。
　(b) 生活費，旅行費支出のために必要な場合。
　(c) 銀行間に取引を開始する場合。
　(d) 香港以外の場所から送金を中国向けに転送する場合。ただし1人1ヶ月法幣5000元以内とする。
(3) 銀行は1ヶ月，一定金額以内の中国向け送金が可能である。旧正月前4週間に限りその倍額の送金をおこなうことが可能である。ただし顧客依頼分はこのなかに含まないものとする。
(4) 財務長官およびこれから権限を付与された者は，登録金融機関の報告を確認するため，その帳簿検査をおこなう権限を有する。
(5) 前項以外の外貨を売却し，あるいは前項条件に違反し，または虚偽の報告をおこなった者は，法幣との交換および中国向け送金をおこなう権限を取り消される。
(6) 報告義務内容（省略）

出所）朝鮮銀行［1941, 72-73］
注）現代仮名遣いおよび口語体に改めた

表5-9　1939年11月29日追加布告

(1) 廣東，廣西両省銀行は各々省政府に代わり各省宛送金のため，法幣を売却し，または輸出入決済のため，そのほかの外国為替をおこなうことが可能である。中國國貨銀行は中国政府のため，前記と同様の取引をおこなうことが可能である。以上の3銀行以外の中国系・華人系金融機関は別紙通告の条件，すなわちその一般に対する為替の売却は法幣に限定されているため，授権金融機関はダブル・イーグル空取引に便宜を与えてはならないこと，また登録金融機関は外貨ならびに外貨証券付随取引も禁止されており，これを遵守すること。
(2) 授権金融機関および登録金融機関は次の事項に注意すること。
　(a) 本条例に反して現在，または将来に外国為替取引が生じる証券に関係する取引に対し便宜を与えることはできない。
　(b) 売買自由である特殊外貨証券（たとえばManila Shares）の場合でも，これが輸入のための為替取得およびその（引用者注：為替売買のための証券の）輸出に対しては許可を必要とする。
　(c) 法幣の輸出は自由であるが，登録金融機関の法幣買い取りには，自ずから制限があり，したがって特に巨額法幣の需要の場合には，その業務遂行上に必要な証拠がない限り，特定金融機関は法幣売却を差し控えること。
(3) 香港領域内で業務上すでに外貨勘定を有するものは，国籍のいかんを問わず善意の商取引に対して自由に運用することが可能である。

出所）朝鮮銀行［1941, 74-75］
注）現代仮名遣いおよび口語体に改めた

け送金について，具体的な金額規制などを指示している。さらに同日に追加発表された布告（表5-9）では，登録金融機関の外貨および外貨証券付随取引の禁止，登録金融機関の法幣買い取り制限確認，授権金融機関による法幣売却の自粛要請，などが記載された。

この規制は当然ながら，銀号や中国系銀行の反発を招いた。彼らが懸念したのは，上記通告を実行すれば，香港のはたしている機能が，規制のないマカオに移転する可能性であった。そこで，登録金融機関は香港政庁に規制緩和を要請し，1940年1月24日には，銀号の為替取引証拠書類の提出猶予が発表されるなど，規制は空文化した［朝鮮銀行 1941, 76-77］[33]。さらに1940年3月21日，それまで "Hong Kong Government Gazette" で公告された条項を追記した「1940年国防金融条例」が発令されるが，法幣取引への影響は限定的であった。

ところが1940年半ばに入ると，香港政庁は法幣取引の規制を強化する。これは法幣低落に歯止めがかからず，その安定化工作に支障が出始めたためである。

1940年5月2日，香港上海銀行の第三次売り止めに加え，ヨーロッパ戦線でのフランスの敗北から，法幣は一時的に対英ポンドで3ペンス1/8の安値をつけた。これを受けて，推定10億元と推測される上海への大規模な資金流出が再発し［日本銀行 1941, 46］，金銀業貿易場の法幣売買高は，5月と6月には13億元を記録した［朝鮮銀行 1941, 56］。しかし法幣への売りは止まらず，6月には法幣の対英ポンド4ペンス割れが恒常化し，8月には商業匯率（対英ポンド7ペンス）が切り下げに追い込まれた。7月には一時的に取引高が減少するが，現物受渡高は1日100万～200万元の高水準を記録し，上海への資金流出も継続する［朝鮮銀行 1941, 57］。その後も金銀業貿易場の法幣取引高（表5-10）は，1940年8月に6億9300万元，9月に8億4800万元，10月に8億1100万元，11月に6億7500万元と高水準を記録[34]する一方，12月23日には第四次売り止めによって，法幣は対英ポンド3ペンス3/8となる。

そこで1940年12月27日，香港政庁は内容を厳密化した新しい通達を発表した。これは，①12月27日以降，法幣の対英ポンド売買を禁止する，②1500元以上の法幣支払い送金については，証拠添付の上で報告する，③法幣

受け取り送金の取引総額を毎週報告する，④登録金融機関による授権金融機関あるいは登録金融機関との法幣取引について，取引別・日別記録を毎週報告する，というものであった。

こうした規制導入の背景には，法幣をめぐる諸関係が緊迫化し，いわゆる「通貨戦争」に対抗する

表5-10 金銀業貿易場の月間法幣取引高と現物受渡高（1940年8月～11月）

| 年　月 | 売買高 | 現物受渡高 |
|---|---|---|
| 1940年 8月 | 693,000,000 | 22,500,000 |
| 9月 | 848,000,000 | 18,100,000 |
| 10月 | 811,000,000 | 31,500,000 |
| 11月 | 675,000,000 | 28,350,000 |
| 合　計 | 3,027,000,000 | 100,450,000 |

出所）朝鮮銀行［1941, 57］より作成
注）単位は元

安定化工作が，喫緊の課題となっていたことがある。たとえば1940年12月には，英国が1939年3月以来停止していた対中借款を，物資購入借款500万英ポンド，第二次法幣安定資金借款500万英ポンドの供与で再開している[35]。1939年9月の国防金融条例を導入した時点で，香港政庁は，香港経済が中国本土に大きく依存する現状を踏まえて，法幣の市中取引を容認するという現実的対応をとってきた。しかし情勢の緊迫化から，次第に考慮されるべき優先課題は，香港独自の利害や金融安定化ではなく，英国本国の対極東戦略，すなわち対日防衛という，より高度な次元に転換しつつあった。

1941年1月，法幣は対英ポンド3.3ペンス台に下落後，7月まで一貫して弱含みで推移していた。一方で，極東情勢は悪化の一途をたどり，7月26日には英米による日系資産凍結が発動され，国防金融条例には総督による禁止令施行の権限付与，別通告には対日金融取引の禁止・許可事項が公告された。

さらに同日，従来から法幣防衛に不利となっていた自由法幣市場を封鎖するため，中英米は一致して，上海租界の中国系資産凍結を実施した。これに呼応する形で，香港政庁は7月30日，対中金融取引を完全許可制とした。31日には授権金融機関の指定が改定され，中英米系11行が，為替取り扱い可能な銀行に再指定された［HKG 1941.7.31］[36]。

この動きを受けて，上海と香港の法幣相場は急落した後，外貨預金を法幣に転換する需要から一時的に反騰したが，8月8日には対英ポンド3ペンス台を割ることになる。このため8月18日，上海では法幣安定基金委員会が外国為

替取扱銀行に対し，銀行間取引では対英ポンド 3 ペンス 3/16，対顧客取引では 3 ペンス 5/32 の新公定レートを適用する，との声明を出した［日本銀行 1938, 41］。また国民政府は，9 月 9 日に「九月分特准経営外匯銀行行使法」を公布し，外国為替取扱銀行の市中レートでの法幣取引を禁止した。この新公定レート導入によって，上海の自由法幣市場は直接的な制約を受ける［日本銀行 1938, 46］[37]。

しかし法幣相場の低迷は止まらず，10 月 1 日には商業匯率が上海の新公定レートまで引き下げられた［日本銀行 1938, 48］。さらに 10 月 6 日，中秋節の明けた香港と上海の法幣市場では，香港経済会議における中英米間の意見の相違，東条内閣の成立，上海市場での通貨防衛放棄説などから大混乱に陥り，法幣は対米ドルおよび対軍票でも暴落する［日本銀行 1938, 75］。むろん，この相場変動は，金融市場を取り巻く外部環境自体が招いたものであったが，当局は金融機関への直接規制で乗り切る方針を採った。

11 月 6 日，香港政庁は，ついに法幣の取引・保有の禁止を発動する。この内容は表 5-11 に示した通り，基本的にあらゆる形態での法幣の取引・保有を禁じている。同日には授権金融機関が改定され，23 行が指定される[38]。加えてより直接的であったのは，11 月 14 日付で発令された，金銀業貿易場への法幣取引停止命令であった。これは法幣先渡し取引の停止と，現物取引の上限 1 日 3 万元を設定するものであった。これを受けて金銀業貿易場は，次の声明を発表した［姚 1962, 36］[39]。

> 財務長官の命令を受けて，本取引所で売買された未決済の法幣取引は，一律 12 日午後の公定価格で清算するものとし，ついては昨晩の第 50 回会員特別大会の議決を経て，これに従って取り扱われるものとし，本月 14 日および 15 日を清算日と定める

こうして 1939 年 9 月の国防金融条例の発動以降，興隆を見せた法幣取引の中枢は，香港政庁の強硬手段によって活動を停止した。しかしその数週間後，今度は香港自体が日本軍の侵攻を受けて陥落し，約 1 世紀にわたって機能してきたゲートウェイとしての役割は，一時的に停止することになる。

第5章　日中戦争期の香港における金融的位置の変容　165

表5-11　1941年11月6日の施行令概要

| 施行令 |
|---|
| 次の規制を1941年7月26日の政庁臨時公報にて通達された政庁通告第893号の規定に基づき，直ちに条例第2条(1)の後に追加する。<br>第2条<br>(1)総督の命により認可された例外を除き，いかなる者も許可なくして次のことをおこなってはならない。<br>　(a)第一条に規定された授権金融機関および登録金融機関を通じた取引を除いて，直接・間接を問わず，あらゆる形態の本地における法幣取引に関与すること。<br>　(b)中国本土を除くあらゆる場所において，あらゆる形態の法幣を保有すること。5000元以下あるいは1941年11月6日以前の事業とこれに関連するものが，その必要性から5000元以上3万元以下を保有する場合，登記官に対して保有する法幣紙幣総額の申請をおこなうこと。登記官は申請者に対して申請証明書を発行する。中国本土以外で法幣をいかなる形態であっても保有することは，条例違反となる。<br>　(c)香港から，あるいは香港への，あらゆる形態，あらゆる関連の法幣輸出入をおこなうこと。<br>(2)本条例の目的上，あらゆる種類の法幣取引とは，本地におけるあらゆる種類の取引を指す。<br>(3)本条例の規定は，他の条例の規定を拘束するものではない。<br>(4)香港政庁と中国法幣安定基金委員会との合意が形成されるまで，本条例はあらゆる交易を妨げるものではない。|

出所）HKG GG［1941. 11. 6］
注）条例内容を簡約したものである

## 4　香港陥落後におけるマカオの一時的再台頭

### 1）太平洋戦争勃発によるマカオへの逃避

　1941年11月6日，香港政庁は法幣取引・保有の禁止を発動し，11月14日には金銀業貿易場での法幣取引停止を命令した。興味深いのは，法幣売買を主導していた60数軒の銀号が，規制発動とともに即座にポルトガル領マカオへ拠点と資金を移動させ[40]，同地の「金融貿易場」を舞台として，法幣取引市場を復活させた点である［姚 1962, 36］[41]。このマカオの法幣取引は，香港政庁の圧力を受けたマカオ政庁が11月末に禁止命令を出したため，わずか2週間弱で停止することになる。しかしこの一件は，香港に代わるマカオの役割が，急速に再台頭してきたことを反映するものであった。

　それから数日後，12月8日の太平洋戦争勃発により，事態はふたたび変化する。香港陥落に前後して，同地から中立地帯であるマカオへの資金や人の逃

避が生じることで，戦争終結までの 3 年 8 ヶ月，マカオは華南における経済活動のゲートウェイとしての役割を担うことになる。

たとえば永隆を見ると，経営者や店員たちは香港が陥落すると直ちに脱出し，マカオに本拠地を移している。さらには一族などを各地に再配置し，新たな局面への対応を進めた。伍宜孫は，次のように回想している［伍, 36］。

> 永隆はマカオへの撤退後，顧客預金を積極整理し，また新馬路で両替業を経営することで，店員の生活を維持した。7 番目の弟は広州湾を経てマカオに戻ってきたが，柳州では商売が起りつつあり，大きな可能性があるため，皆がそちらに向かっていると言う。(中略) そこで，3 番目の弟が老人・子供 (祖父の妾と私の 4 人の女の子も預けた) と一部の店員を伴って，自由区であった柳州に向かった。(中略) マカオ，広州湾，柳州ではそれぞれ，永隆の香港における顧客預金を積極的に整理し，その責任を尽くした。(中略) また 3 番目の弟は資本を集め，柳州で永隆金號を設立したが，業務が軌道に乗って一段落しないうちに，長沙での戦時の緊張が予期されたため，3 番目の弟は潘植楠氏がマカオに戻るのに乗じて，祖父の妾と私の 4 人の女の子を先にマカオに返した。この後 (引用者注：1944 年 11 月) に桂林と柳州も陥落し，金號は砲火のなかで焼失した[42]

以上からは，永隆がマカオを軸として，仏領広州湾や広西省柳州という日本軍の非占領地域に展開することで，戦時下での営業活動を継続していたことがわかる (図 5-5)。

こうした状況は，恒生も同様であった。日本軍の香港侵攻直前，恒生の創業者 4 名，さらに 14 名の店員はマカオに向けて脱出し，業務を再開している。もっとも，すでにマカオでは區一族の所有する恒生銀號という同名の銀号が営業していたので，商号には梁植偉が香港で経営していた永華銀號の名義を用いて，金銀貨幣の両替や売買などを収益源にしながら，活動を継続した［何 1991, 4］。

また恒生の貿易部門であった合成行は，その責任者であった梁銶琚が広州湾に移動し，マカオや本土自由区との貿易活動で直接の指揮をとった。合成行は

図 5-5　広西省柳州に開設された永隆金號（1943 年頃）
出所）永隆銀行［1983, 6］

海産物，米，砂糖，木材，薬品，鉄鋼製品などを雲南，貴州，四川，さらには北方に運び，また北方からは大豆，薬品，絹製品などを，南方や奥地に運んでいる［陸，黄 1994, 61］。

　もっとも，これは 1930 年代後半の活動の延長線上ではあったが，銀号という金融機関としての立場から見れば，戦争の渦中では金融業の利益がさほど大きくなかったため，これを補う消極的理由からおこなわれていた面もある。1945 年にマカオで出版された『澳門金融市場』［麥 1945］には，次のように記されている。

　　マカオの銀行や銀号が，非金融業務を兼営するのは普通のことである。本来の金融業務は利幅が薄く，またリスクも大きかったため，すべての資本を運用するには適さない，あるいは十分ではなかったし，一方でしばし

ば非金融業務には絶好の機会があり，利幅も大きかったため，資金を抱えていた銀号はこまめに動かざるを得ず，非金融業務を営んだのである[43]

　先述の合成行の例が示すように，マカオの銀号が経営した貿易活動とは，様々な物資をバラ積みして輸送するものであった。戦時では貨幣価値が低落し，物価が飛躍的に上昇した上，経済活動の混乱から各地間で物価差が大きかったため，この種の活動では1〜2ヶ月で数倍の利益を得ることが可能であった［麥 1945］。このためマカオの少なからぬ銀号が，主要な収益を金融業ではなく，物資貿易やその運送に頼っていたとされる。

　以上からは，「つながり」を集積するゲートウェイが崩壊した場合でも，個々の「つながり」の構成主体が存続して代替利便性を求めれば，新たなゲートウェイが再生されるということがわかる。それはまた，既存のゲートウェイとは絶対の存在ではなく，むしろ個々の「つながり」が，利便性を求めて集積されたときのみ存在しうる「場」であること，その個々の「つながり」が生み出す「流れ」こそが，ゲートウェイを作動させる本質的要素である，という事実を示している。

## 2) マカオにおける人の往来——戦後への原点

　香港陥落を契機としてマカオに逃避し，ここを新たな活動の拠点とした銀号業者たちは，自らが戦前の香港や広州で形成した人脈を，マカオに持ち越して相互交流する機会が生まれる。これを基礎として形成された，新たな事業の代表例が，現在，マカオ第2位の銀行に成長した「大豊銀行」の前身である「大豊銀號」の設立である。そこには恒生の創業者たちが，深く関与していた。

　この一件は，恒生の何善衡が，広州での共同経営者であった何賢，香港の友人であった馬萬祺[44]と，マカオで再会することから始まる。このとき馬萬祺は，林炳炎の後見人であった高可寧とともにマカオの賭博場利権を独占支配した傅老榕[45]との合弁で，貿易商社「恒豐裕行」を経営していた［謝 1998, 55］。恒豐裕行は，先述の合成行などと同様に，中国本土での物資不足を商機と捉えて，広州湾を中継地とする貿易活動をおこなっていた。この馬萬祺を介して，

傅老榕は林炳炎と何善衡に合弁での銀号設立を打診する。

　そこで検討が重ねられ，傅老榕，馬萬祺，林炳炎，何善衡の4名を中心として，梁鈫琚，何賢，永隆の伍宜孫，傅老榕配下の鍾子光も出資して，大豊が設立された［謝 1998, 58］。何賢は，恒生の上級店員であった何添の異母弟でもあり，また永隆の伍宜孫は，戦前から金銀業貿易場の執行委員会などで恒生の創業者たちと密接な交友を結んでいた。こうして設立された大豊では，総経理に馬萬祺が就任し，司理には何善衡の義兄である李澤甫，後には何賢が就任している。また広州湾支店の支配人には，恒生のパートナーであり，同地で合成行の指揮をとっていた梁鈫琚が就任した。

　この大豊の例は，香港陥落以前から形成されていたヒトの「つながり」が，戦時のマカオに結集されて交錯するなかで，結実したものであった。

　このような人脈の密接な往来は，当然ながら具体的な日常の取引のなかでも発揮されていた。たとえば，林炳炎，何善衡，何添・何賢兄弟，馬萬祺，伍宜孫などは，相互に頻繁な連絡を取り合い，連携しながら行動していた。彼らは午前中にそれぞれの店で事務を片付け，昼から午後にかけて集合し，事業や時局の検討をおこなっていた［謝 1998, 62］。こうした日常の人脈往来が明確な効果を発揮した例は，金融貿易場での介入工作に見ることができる。

　この一件は，日本軍の香港占領後，香港ドルが流通禁止となり，軍票への強制転換が布告されたことに端を発する。これを受けて，香港ドルが法幣に対し1ドル＝3.8元から3.4元に急落した際，林炳炎は大豊に委託して3000万香港ドルを買い入れる投機をおこなった。しかし，その後も香港ドルの急落は止まらず，林炳炎は破産の窮地に立たされた。そこで何善衡，馬萬祺，何添・何賢兄弟，伍宜孫は緊急の協議をおこない，林炳炎の窮地を断固として救うことを決定する。こうして大豊，永華，永隆の各銀号だけでなく，何善衡と伍宜孫の共通の友人でもある「天祥銀號」の陳蔚文，永隆と永福行を共同経営した「恒益銀號」の潘恵予などが加わり，大規模な市場操作がおこなわれた。この結果，林炳炎は買い入れた3000万香港ドルを2.4元〜2.7元で売却し，窮地から脱したのであった［謝 1998, 86-88］。

　この出来事は，金融業者たちの往来が，単なる「つながり」ではなく，具体

的な事業や行動に直結するような，有効に機能しうる実体・実力を備えたものであったことを証明している。さらにこの戦時中のマカオで形成され，密接な往来を繰り返したヒトの「つながり」は，1945年以降の香港金融界に再度引き継がれ，マカオと香港を結ぶ黄金密輸のルートを形成し，これを基礎とした「恒生人脈」とも言えるような，香港華商界の中心勢力の一つに成長する[46]。

## おわりに

　本章をまとめると，以下の通りとなる。
　1930年代前半の世界的経済不況は，生糸輸出の不振，華僑送金の減少という形で広東にも影響し，広州―香港間の回路を軸としてきた既存の金融モデルは，深刻な打撃を受けた。また1930年代後半，日中戦争の勃発で正常な経済活動は保たれなくなり，既存の金融モデルがいっそう通用しない状況となる。こうしたなかで，香港の金融的位置は，次第に強まる資金逃避，国内金融機能の移転，密輸や投機などの諸活動から，従来以上に中国本土に包摂されることで，実質的な内国金融センターに転換しつつあった。香港を軸とした，広州―漢口ルートやマカオ―広州湾ルートの形成は，この反映であった。
　しかし，この機会を捉えたのは，既存の金融モデルに依拠してきた銀行や銀号ではなく，1930年代前半から台頭した，新しいタイプの銀号であった。こうした新興銀号業者は，激しく変化する金融環境に対して，独立・半独立した主体が提携・連動しながら経済活動に従事する「聯号」を活用し，その人員と拠点の配置と再配置を機動的に繰り返しながら，従来の銀号よりも地理的に広い範囲に展開した。これによって，自前で遠隔地間の「つながり」を構築しながら，金融と貿易を兼業することで，積極的に収益機会を追求していった。
　また1930年代後半，香港で法幣売買が活発化したことは，同時期の香港が，実質的に中国の内国金融センターとして，法幣流通圏の一部に包摂されつつあった現実を反映していた。特に，1939年の国防金融条例の施行によって，法幣取引は外貨取引規制の抜け穴となることで，大きな発展を遂げた。こうした

なかで，銀行が金融規制に束縛されて自由に活動できない一方，新興銀号は金銀業貿易場に法幣取引の市場を創出し，これを掌握することで，大きな収益機会を獲得していった。

しかし1941年12月の香港陥落で，約1世紀にわたって機能した香港のゲートウェイとしての役割は，一時的に停止する。一方で，香港から中立地帯であるマカオへの資金や人の逃避が生じることで，活発な往来が再生され，同地は小規模ながらも戦時下の華南における経済活動のゲートウェイとなった。これは個々の「つながり」とそれが生み出す「流れ」こそ，ゲートウェイを作動させる本質的要素であり，むしろゲートウェイとは絶対の存在ではなく，個々の「つながり」と「流れ」が利便性を求めて集積されたときに存在しうるものであることを示している。

それを証明するように，マカオで形成された「つながり」は，1945年以降，太平洋戦争の終結とともにゲートウェイの地位を回復した香港に引き継がれ，新たな「流れ」を形成する原点となった。「戦後」という時代の幕開けである。

# 終　章
# 香港という存在

　本章では，全体の結論を述べると同時に，ここまでの考察が1945年で終わっていることに鑑みて，その後の戦後という時代のなかで，香港が現在にいたるまで，どのように存立してきたのかについて簡潔に記したい。そこからは，香港とは何であるのか，その根源的な存在理由を明らかにすることができると考える。

## 1　歴史の彼方に消え去った経済圏

　人の活動があるところでは，様々な枠組みが生み出される。政治や統治を語るときには，たとえそれが滅びたものであったとしても，「王朝」や「国家」として登場する。一方で，経済活動を語るとき，「経済圏」には王朝や国家のように具体名が付くことはほとんどなく，忘却されてゆく。しかし事実として，それらの枠組みは，人間社会の営みのなかで形成され隆盛しては，またいずれ歴史の彼方に消え去ってきた。本書で考察した経済圏も，そうした一つである。

　本書では，香港の金融，特に華人の金融業が，どのように成立し，発展したかについて，19世紀半ばから20世紀前半を対象として論じてきた。この考察の積み重ねから見えるカネの動き，それを掌った金融業者の営為をたどり，その経済活動の全体をまとめると，アジア太平洋という空間に，一つの経済圏が浮かび上がる（図終-1）。

　すなわち，19世紀半ばからの約100年の時間では，華南を起点として香港を経由することで，東南アジア，米州，華中・華北などの中国本土といった各

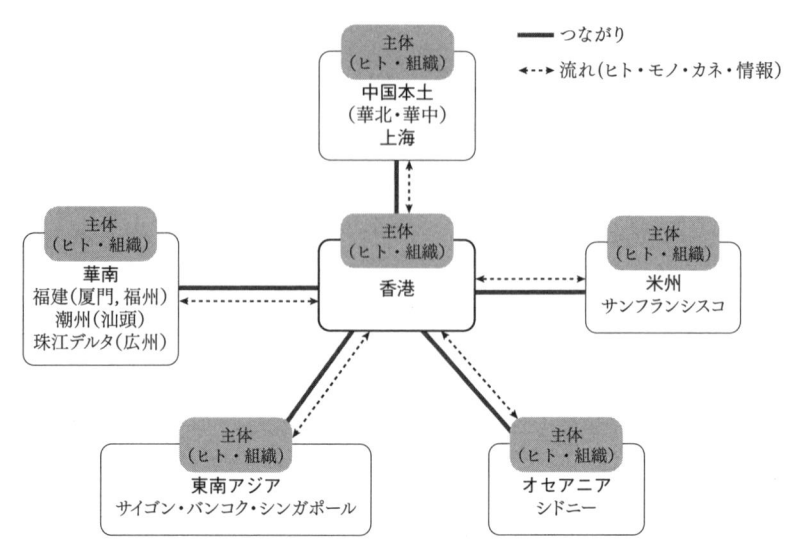

```
                主体
             (ヒト・組織)         ―――― つながり
               中国本土          ◄---► 流れ(ヒト・モノ・カネ・情報)
             (華北・華中)
                上海

   主体                 主体                  主体
(ヒト・組織)           (ヒト・組織)          (ヒト・組織)
   華南                  香港                  米州
福建(厦門,福州)                            サンフランシスコ
 潮州(汕頭)
珠江デルタ(広州)

           主体                  主体
        (ヒト・組織)          (ヒト・組織)
         東南アジア             オセアニア
    サイゴン・バンコク・シンガポール    シドニー
```

**図終-1** 19世紀半ばから20世紀前半アジア太平洋における経済活動の「つながり」と「流れ」のイメージ

出所）筆者作成

地域の間で、無数のヒトや組織による「つながり」が生まれ、これが様々なヒト・モノ・カネ・情報の「流れ」を形づくった。それは、在来の信用のあり方を基本とした「つながり」であったが、その「流れ」は大量・迅速な流動を可能にした経済インフラ、たとえば銀行、汽船、電信、郵便などの手段を利用することで、域内の空間を急速に押し拡げながら、巨大な経済活動の回路を形成し、作動させていた。

　この経済圏の盛衰は、同時期に進行した地域秩序の展開と連動していた。19世紀には、西欧の諸勢力が主導した新しい「帝国」の枠組みが東進し、各地域の在来秩序を包摂する。これを受けてアジアでは、たとえば中華帝国が、秩序を規定する力を失っていく。中華帝国は、あくまでも「中国」という近代西洋的な観念での領土範囲で、衰退しながら作動する政体（清国）にすぎなくなっていった。こうした地域秩序の組み変わりのなかで、複数の層や無数の「つながり」と「流れ」を相互連動させる香港のような「場」を介し、従来以上にヒト・モノ・カネ・情報の流動する空間が形成されていった。しかし20世紀に

終　章　香港という存在　175

入ると，この空間のあり方は，外的には第一次世界大戦を経た世界秩序の変容や，世界大恐慌を経た経済体制の変容，内的には地域秩序を新たに主導しようとする日米の台頭，また各地で高まり始めた民族運動や国民国家形成への胎動などによって，次第に動揺し始める。そして最終的には，1940年代の太平洋戦争による直接的な戦乱から崩壊を迎えた。

　この経済圏は，現代から見れば歴史の彼方に消え去ったものであるだけでなく，長年にわたって明確な説明がなされてこなかった。それはこの空間が，これまで地域や歴史を思考する視座の基礎となってきた，一国的な「帝国」や「国民国家」の枠組み，あるいは「陸のアジア」や「海のアジア」といった領域概念だけでは捉えきれない次元で作動していたためである。すなわち本書の考察が示すように，それはヒトの移動によって地域全体に拡がった「つながり」と「流れ」の織り成す経済圏であった。それゆえに過去から現在にいたるまで，地域内で経済活動の主要な動力となった華人の影響力や，その活動によって形作られた空間は，感覚のレベルでは認識されつつも，これをどのように把握・説明してよいのか解らなかった，というのが実態であろう。

　たとえば日本では，1910年代からの大正南進の一時期，台湾銀行の調査報告では「南支・南洋」という表現を用い，華人の存在にも十分な注意を払っていた。「南支・南洋」とは現在の「中国南部・東南アジア」であるが，実際には別個の経済圏ではなく，一体化した空間を指していた（図終-2）。これは19世紀半ば以降の華南が，領土的には清国の一部でありつつも，実態としては，ヒトの移動が結ぶ経済活動によって，大きな経済圏に組み込まれていたことを，よく示している。このように，当時の台湾銀行の調査報告が「南支・南洋」という経済圏を認識していたことは，実態把握として正確であり，近代の華南とは，明らかに「中国」の枠組みで説明可能な華中や華北とは異なる空間であった。

　しかし，従来における一般的な空間認識は，「英領」，「蘭領」，「仏領」，「清国」などの政治・行政・統治の枠組みや境界から，なかなか脱却することができなかった。このために眼前に拡がる現実を説明できない，という状態が続いたのではなかろうか。一方，現代におけるグローバリゼーションの進展した経

南支

南洋

**図終-2** 「南支・南洋」の一体化した空間概念
出所）筆者作成

済を語るとき，その高度な相互依存関係が，国々を跨いで形成された空間のなかで展開されていることは，今日では自明の理である．同様に，19世紀半ばから20世紀前半におけるグローバリゼーションが生み出した経済活動を語るときにも，その境界を越えた空間の拡がりに着目する必要がある．

## 2 「つながり」と「流れ」の生み出す空間の中心

本書が，歴史の彼方に消え去った経済圏の姿を多少なりとも浮かび上がらせることができているとすれば，それは香港という存在に着目したためである．
香港とは，華南の対外貿易構造の変容や，華人の拡散を契機として，無数の「つながり」が織り成す空間のなかで，そこを「流れ」る多種多様な経済活動を集散・調節・接続する役割をはたしてきた．たとえば，香港の役割を金融面から見れば，香港ドルという媒介通貨を介しながら，各種の金融業者・金融機関が提供するサービスによって，各方面の経済活動を接続するために不可欠な，

異なる本位，通貨，信用などの調節や転換がおこなわれていた。

　このような香港の役割によって，経済圏全体の作動が円滑化したのである。なぜならば「帝国の時代」には，経済圏内の境界が希薄であり，「つながり」と「流れ」による経済活動の規模は拡大し，膨大な集散の需要が生じていた。一方で，この経済圏は多層性・多様性を包摂していたがゆえに，各種の需給や異同などを調節し，無数の経済活動に相互接続の利便を提供する「場」が必要とされた。こうしたなかで，香港は大きな空間において，各地方レベルで集散をおこなう地点を取り結ぶことで，空間内部を連動させるために不可欠なゲートウェイとして存立してきた。それはまさに，単なる集散地を越えた「空間の中心」であり，「帝国の時代」における香港の特性であった。

　そのことは同時に，香港のあり方について従来の説明に用いられてきた，「自由港」という概念にも再検討が必要なことを示している。自由港とは，ヒト・モノ・カネ・情報といった経済活動にかかわる諸要素が，基本的には権力による一方的な制約を受けず，自由に集散される「開かれた場」(open platform)である。香港が自由港の一つとして集散活動を促進したことは事実であるが，しかし，それだけでは他の集散地と比較した香港の競争力，繁栄，存在理由を，十分に説明することができない。

　視点を変えて論じてみよう。香港というゲートウェイ，さらにはそれが組み込まれていた大きな経済圏を成立させる根源は，地域のなかで縦横に展開して，総体としてのシステムを作動させてきた原動力である，一つひとつの「つながり」と「流れ」にあった。それらは常に，接続と断線を繰り返しながら，アジア太平洋のなかで境界を越えて拡がり，また枠組みや環境の変化によってあり方を変容させる，動的なものである。ゆえに無数にあるそれらは，経済活動の過程で調節や接続の利便を求めて，香港という「開かれた場」に集積される。これが相当の年月をかけて巨大な循環と増幅を経ることで，香港は空間全体を連動させる中心としての，ゲートウェイの地位を強固にした。この過程で，香港の役割は単なる自由港を越えたものとなっていった。

　それゆえ香港の特殊な地位は，他の都市が容易に代替できるものではなかった。たとえば，後藤新平は台湾総督府の民政長官を務めていた当時，英国の香

港領有と日本の台湾領有の時代的,環境的,地理的な差異に言及しつつ,次のように書き記している［後藤新平文書「台湾民政長官時代」5-2 1980, 245］。

　香港ノ今日アル決シテ一朝一夕ニシテ成ルモノニアラス経営茲ニ四五十年始テ其成就ヲ見タルモノニアラスヤ

　後藤の観察の通り,香港というゲートウェイの繁栄は,地政学的な位置や条件,インフラ施設,金融・経済・法など諸制度の整備・拡充だけを誘因とするのではなく,本質的には時間をかけて集積・増幅された「つながり」と「流れ」自体を誘因として,これらを調節・接続する相乗効果によって生み出されたものであった。このため地域内の他の都市が,直接的な戦乱のような非常時を除いて,香港の機能を代替する,あるいは奪うことは容易ではなかった[1]。

　それは,香港を生み出したはずの「帝国の時代」の地域秩序が変容しても,同様であった。19世紀に形成された地域秩序は,20世紀に入っても続いたが,幾度もの衝撃を受け次第に動揺していった。そして1940年代に日本の武力によって破壊された後,「戦後」という時代に入ることで,決定的な構造変化を迎える。すなわち,「閉じた中国」や「独立した東南アジア諸国」といった国民国家の出現によって,それまでのような境界の希薄な空間内での経済活動は,もはや不可能となった。これに伴って香港がはたしてきた,「帝国の時代」のように空間全体を連動させる役割は,終わりを迎えることになる。

　ところが,ポジティブがネガティブに位相転換するかのような変容のなか,国民国家という障壁の出現によって,戦後の香港は地域内で唯一,その枠組みに捉われない「真空地帯」となることで,新たな利便性を見出される（図終-3）。これによって香港は,かつて培ってきた八方との「つながり」によるヒト・モノ・カネ・情報といった諸要素の「流れ」が,ただ通過するのではなく,そこで吸収・蓄積・運用されるという新たな役割を担い始めた。たしかに「帝国の時代」とは異なる形であるが,香港はやはり代替のきかない独特の都市として存続するのである。さらに20世紀末以降の,新たな世界構造による新たなグローバリゼーションの時代,アジア太平洋には,実態として一体化した経済圏が再出現しつつある。こうしたなかで香港は,ふたたび中国と地域,さら

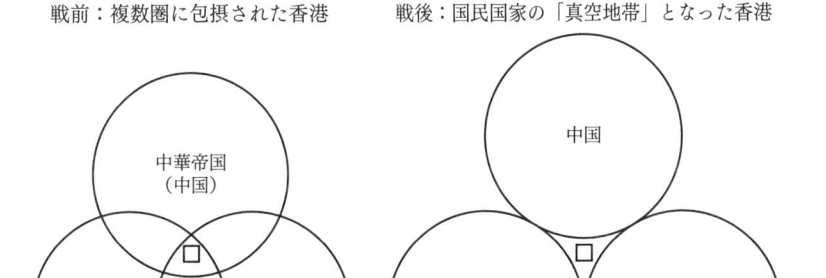

戦前：複数圏に包摂された香港　　戦後：国民国家の「真空地帯」となった香港

（左図）中華帝国（中国）／華人世界／大英帝国（英国）

（右図）中国／東南アジア／その他の世界

**図終-3**　戦前（19世紀半ば〜20世紀半ば）と戦後（20世紀半ば〜1980年代）の香港の位相転換
出所）筆者作成

には中国と世界との間で急拡大する経済活動のゲートウェイとして，新たな発展の一歩を踏み出していく。

## 3　戦後における秩序変容のなかの香港

　太平洋戦争の終結後，いわゆる戦後という時代，地域の大きな枠組みは，それまでとは前提条件が異なるようになっていた。

　19世紀半ばにアジア太平洋で形成され，20世紀前半まで辛うじて命脈を保ってきた「帝国」の枠組みは，日本のおこなった武力的破壊により解体され，その後には「国民国家」の枠組みによって多くの独立国・新国家が形成された。特に香港に重大な影響を与えたのが，それまでに経験したことのなかった「閉じた中国」の出現である。1949年の中華人民共和国の成立は，香港が密接に結んできた後背地であり起点でもあった華南，その先に拡がっていたアジア太平洋地域との関係を，公式には分断した。それは同時に，かつてのように一つの大きな枠組みの下で，比較的自由な経済活動が可能であった時代とは異なり，表層的にはそれぞれの地域内で多くの制限が加わることを意味していた[2]。

ところが香港は，構造転換のなかで空間全体を連動させる役割が終焉したにもかかわらず，衰退はしなかった。これは香港が形成してきた，無数の「つながり」が集積され，「流れ」を調節する機能が，接続の構造を変えながら，香港を基底から支えていたからである。

たとえば，戦時の香港陥落から各地に離散していた華商は，帰還して経済活動を再開した。第5章で考察した「恒生銀號」の人脈は，香港帰還後に従来の両替や送金だけでなく，戦時のマカオ人脈を活用した金密輸ルート，自由米ドル市場の創出，さらには貿易部門「大昌行」の各種物産取引などによって，柔軟で活発な経済活動を展開した。この後，1952年には「恒生銀行」と改称し，香港域内経済の発展にあわせた預金・貸付業務による大衆化路線で成功し，1960年代前半には香港最大の華人系銀行に成長する[3]。

香港と中国本土の関係を見ても，第二次国共内戦によって，後の紡織業や海運業の発展を担った上海系などの，中国本土からの資本や人材が流入した。さらには，中華人民共和国が国境を閉ざした後でも，香港を経由した中国への密輸[4]，中国から香港を介した難民の密渡航など[5]，非合法的ではあっても，香港と中国の密接な「つながり」と「流れ」は維持されていた。はては「閉じた」はずの中国政府ですら，香港の存在価値を認め，世界との間のゲートウェイとして香港を利用しつづけていた。たとえば中国政府は，国有系の貿易商社，中国銀行ほか12行の金融機関，招商局といった運輸・倉庫業など，対外窓口となる機能を香港に設けることで，長期にわたって中国と世界を結ぶ各種貿易，華僑送金，国際決済の窓口として活用してきた[6]。

香港と東南アジアの関係も，かつてのように自由で大量のヒト・モノ・カネ・情報の流動を許さなくなってはいたが，頻繁な往来は保たれていた。特に，国民国家としての東南アジア各国の成立とその政治的不安定性から，東南アジアの華人資本は香港を逃避先，あるいはリスクヘッジの拠点として利用していた。表終-1は1950～67年の間，東南アジアから香港に流入した資金量を見たものであるが，実際には香港が形成していた「つながり」と「流れ」によって巨額の資金が移動していただけでなく，ヒト・モノ・情報といった様々な要素も流動していた。その一例が，タイ最大の銀行「バンコク銀行」創業者で，東

表終-1 東南アジア華人による香港への資金流入推計（1950～67年）

| 期間 | 流入源 | 流入資金概数(年間平均) |
|---|---|---|
| 1950～63年 | マレーシア，シンガポール | 29,000,000 |
| | インドネシア | 24,000,000 |
| | フィリピン | 19,000,000 |
| | タイ | 19,000,000 |
| | カンボジア，ラオス，ベトナム | 14,000,000 |
| | その他 | 14,000,000 |
| 1964～65年 | タイ，インドネシア | 35,000,000 |
| | シンガポール，マレーシア，ボルネオ | 35,000,000 |
| | フィリピン | 20,000,000 |
| 1966～67年 | インドネシア | 35,000,000 |
| | フィリピン | 5,000,000 |
| | タイ | 10,000,000 |
| | ベトナム | 5,000,000 |

出所）日本経済調査協議会［1969, 36］より作成
注）単位は米ドル

南アジア華人社会の重鎮であったチン・ソーポンパニット（陳弼臣）である。彼は，1957年に庇護者のピブーンソンクラーム元帥派がクーデターで失脚した際，長男と香港に逃避し，同地でバンコク銀行とは別系列の「香港商業銀行」を創業した[7]。その際にチン・ソーポンパニットは，香港に資金を持ち込んだだけでなく，香港とタイの商業界で勢力を有していた同郷の潮州系社会との関係を利用して事業を展開した。

　以上のように，地域秩序の大きな変容にもかかわらず，総体としての「つながり」と「流れ」は，個々のレベルでの新陳代謝はありながらも継続していた。この現実は，アジア太平洋という地域の基底に，現代に生きる我々が当然のように考えている「国家や国境で区切られた世界」とは異なる次元で，過去から現在にいたるまで，様々な「つながり」と「流れ」が交錯する，もう一つの世界が常に活きつづけていることを示している。

　もっとも，戦後の「つながり」と「流れ」は，かつてとは異なる環境のなかにあり，また香港も「帝国の時代」の申し子たるゲートウェイでありつづけることは不可能となったことで，域内での新たな発展の機会を模索する必要が生じた。前節で述べたように，こうしたなかで戦後の香港は，地域内で唯一，国

民国家の枠組みに捉われない「真空地帯」となったことに新たな利便性が見出され，やはり代替のない独特の都市として存立してきた。これによって香港では，「つながり」と「流れ」が，ただ通過するのではなく，吸収・蓄積・運用されるといった新たな役割が加わることで，域内発展が促進された。特に1960〜80年代には，軽工業による製品輸出や，高地価政策に誘導された不動産開発が大きく発展した。

たとえば，「閉じた中国」から逃れてくる大量の難民は，安価な労働力となり，また上海や広州などからは，資本のみならず技術力がもたらされた。これらが香港と欧米市場が形成していた輸出入貿易のルートと結合することで，香港の軽工業は飛躍的に発展した。また，香港政庁の土地売却収入依存と，開発業者による高値転売という利害の一致から，高地価誘導のサイクルが形成され，これにより不動産市場が急速な膨張を遂げた[8]。すなわち戦後の香港では，かつての「つながり」と「流れ」を基礎とする一方で，軽工業や不動産開発による域内経済の高度成長が富を増大させ，その富が通過するのではなく，蓄積・運用される構造が出現した。

増大した富は，1970年代の地域金融センターとしての香港の復権に寄与する[9]。香港では1965年に起きた大規模な銀行危機の影響から，銀行免許の新規付与を停止しており，また1960年代末からのアジア・ダラー市場形成の動きにおいても，外貨建て預金利子への源泉徴収税を廃止しなかったため，シンガポールに地域金融センターとしての地位を奪われていた。しかし1970年代に入ると，香港政庁はアジア地域の資金を吸引するだけでなく，香港域内で膨張する富を活用することで，積極的に金融センターを育成する方針へ転換する。たとえば，1974年には為替管理規制を撤廃し，1978年には外国銀行への新規免許発行を再開，1982年には外貨建て預金の利子課税を撤廃し，1983年には香港ドル建て預金の利子課税撤廃を実現した。さらに同年，香港返還交渉の衝撃による香港ドル危機から，1 US\$ = 7.8 HK\$ での米ドルとのペッグ制を導入したことは，香港ドルのみならず，香港の金融センター機能の発展，経済システムの長期的安定に寄与した。また乱立していた4つの株式市場の統合，さらには金融関連法の整備など，金融システムの抜本的改革もおこなわれた。こう

して確立された金融市場には，域内外から流入する豊富な資金が流動性を供給し，香港はアジア太平洋地域の巨大な「貯金箱」として機能するようになった。

　以上のように，戦後の構造転換によって，香港の役割は八方を集散・調節・接続するだけではなくなった。すなわち，かつての機能を生かしつつも，ヒト・モノ・カネ・情報といった要素が通過するだけでなく，そこに吸収・蓄積・運用されることで，あらためて地域全体に組み込まれた存在として機能し始めた[10]。この1960～80年代の域内発展によって強化された香港は，20世紀後半にふたたび「開かれた中国」が出現し，世界経済に組み込まれていくなかで，ゲートウェイとしての役割をはたすことになる。

## 4　ふたたび中国と世界の間で——中国の台頭という構造変化のなかで

　20世紀末から21世紀の現在，冷戦終結後の世界構造は，新たなグローバリゼーションを出現させた。それは19世紀のグローバリゼーションと同様に，直近の一時代前と比較して，より開放され，より加速化した，ヒト・モノ・カネ・情報の流動をもたらした。

　こうしたなかで，世界におけるアジア太平洋地域の経済的プレゼンスはふたたび高まる。特に中国が，1970年代後半から対外開放政策に転じ，20世紀末からはグローバリゼーションに適応して台頭したことは，地域のみならず世界にも大きな影響を及ぼすようになった。それは「閉じた中国」が，ふたたび「開かれた中国」となったことを意味した。この構造変化のなかで香港は，中国とアジア太平洋地域の間だけでなく，中国と世界の間で，ふたたび公の形で「つながり」と「流れ」を集散・調節・接続する役割を担い始めた。

　たとえば1970年代後半，中国が対外開放政策に転じ，外資誘致を開始すると，これに呼応して多種多様な資本が，香港をベースとして中国市場に接近していった。この対中投資の先鞭をつけたのは，香港の華人資本であった[11]。これは，実質的な鎖国状態にあった中華人民共和国にとって，香港はほぼ唯一の

対外窓口であり，同地における華人実業家たちとの関係が緊密であったためである[12]。たとえば，改革開放初期の代表的な外資導入スキームの一つであった「八大飯店投資計画」では，香港の著名な華人実業家であった霍英東の主導した「白天鵞賓館」(White Swan Hotel)，利銘澤の主導した「花園酒店」(Garden Hotel)，胡應湘や鄭裕彤の主導した「中国大酒店」(China Hotel) などが，相次いで広州に誕生している。この数年後には，胡應湘による広東省での高速道路や発電所といったインフラへの投資計画，あるいは霍英東による南沙港の開発，李嘉誠による汕頭大学の建学など，次第に事業内容や規模が拡大・多様化しながら，対中投資が進む時代となる[13]。

1980年代半ばに入ると，「開かれた中国」を一つの大きな市場や事業機会として捉える東南アジアの華人資本なども，香港を「踏み台」として，従来からの華南地域を越えた範囲で対中投資を活発化させる。この代表例が，東南アジアから香港を主要な活動地域としていた郭鶴年（Robert Kuok）の企業グループである。郭は当初，マレーシアやシンガポールを基盤としていたが，1970年代後半からは中国市場への進出を狙う布石として，香港にケリー・グループ（Kerry Group, 嘉里集団）を創設し，実質的な本拠地とする。こうして香港を基盤に，1980年代半ばには北京での大規模投資プロジェクト「中国国際貿易中心」（チャイナ・ワールド・トレード・センター，1990年開業）の開発を皮切りに，中国市場への進出を積極化していった[14]。

さらに1980年代後半からは，中国が製造業をはじめとして，各種の投資を本格的に誘致する。こうしたなかで，いわゆる「前店後廠」（前方の店＝香港，後方の工場＝中国本土）と呼ばれるように，低廉な人件費や部品集積を利点にした，製造拠点としての珠江デルタ流域圏を中心とした中国本土と，高度な金融機能や世界有数のコンテナターミナルを背景に，製品を世界に輸出する際の調節機能をはたす香港という，分業と連動の構造が構築されていった。こうして華人資本の大財閥だけではなく，各国・各背景の大小様々な資本が，香港を経由して中国本土に進出する。

この結果，1979～2005年の間，対中直接投資は件数ベース，金額ベースともに香港が約25万件（全体の45.9％），2595億米ドル（全体の41.7％）と第1

位を占めており，件数ベースで第2位の台湾（6万8095件（12.3％），金額ベースでは418億米ドル（6.7％）で第5位），金額ベースで第2位の日本（534億米ドル（8.6％），件数ベースでは3万5124件（6.4％）で第5位）を大きく引き離している[15]。しかし，この「香港」とは，実質的には地場の香港資本だけではなく，むしろ香港を経由した各国・各背景の資本でもあり，香港は世界にとって，中国進出のためのゲートウェイの役割を担ってきたことがわかる。

一方で香港は，中国にとっても世界へのゲートウェイとして，いっそう機能を拡大してきた。先述のように，香港は「閉じた中国」にとっても物産輸出入，貿易決済，情報交換などの場所として，長らく世界との窓口になってきた。そして，現代の「開かれた中国」にとっても，国際的契機を持った「場」として，香港の役割は強まる一方である。

特に金融面を見れば，戦後の香港が形成してきた金融機能によって，20世紀末から21世紀初頭の香港市場は，中国の国際資本調達センターや，人民元オフショアセンターの役割を担っていることがわかる。

たとえば香港株式市場では，1990年代には香港やタックスヘイブン登記の中国本土系企業株である「レッドチップ」の上場が盛んになる一方で，次第に中国本土登記の中国本土系企業株である「H株」の上場も本格化していった。また21世紀に入ると，通信，電力，石油・資源，大規模製造業，銀行，保険など，国家にとっての基幹産業が段階的に上場されていくのみならず，中国本土の民営企業も上場を活発化する。こうした香港株式市場（メインボード＋GEM）[16]での中国本土系企業（レッドチップ＋H株）の資金調達額を表終-2で見ると，市場環境による変動はあるものの，2000年以降は調達総額が急増する傾向にあることがわかる。

さらに21世紀に入ってから，香港は人民元の自由化・国際化に向けた実験場として，人民元オフショアセンターの役割を担うようになった。現在，香港およびマカオを除いて，中国本土以外の地域における人民元の流通量については，正確な統計は存在しないが，商用や観光で出国する中国人の増加によって，合法・非合法に持ち出されて流通する人民元は，アジアを中心に増加の一途をたどっていると推定される[17]。こうして持ち出された人民元の交換・調節は，

表終-2 中国系企業による香港市場での資金調達総額の推移(1993〜2010年)

| 年度 | メインボード | | GEM | | 両市場合計 |
|---|---|---|---|---|---|
| | H株 | レッドチップ | H株 | レッドチップ | H株＋レッドチップ |
| 1993 | 8,141.52 | 15,079.23 | – | – | 23,220.75 |
| 1994 | 9,879.81 | 13,226.54 | – | – | 23,106.35 |
| 1995 | 2,991.35 | 6,673.61 | – | – | 9,664.96 |
| 1996 | 7,871.66 | 19,009.11 | – | – | 26,880.77 |
| 1997 | 33,084.23 | 80,984.81 | – | – | 114,069.04 |
| 1998 | 3,552.52 | 17,374.85 | – | – | 20,927.37 |
| 1999 | 4,263.69 | 55,177.35 | – | 404.24 | 59,845.28 |
| 2000 | 51,750.69 | 293,658.67 | 644.18 | – | 346,053.54 |
| 2001 | 6,068.09 | 19,081.27 | 763.99 | – | 25,913.35 |
| 2002 | 16,873.60 | 52,722.23 | 1,172.60 | – | 70,768.43 |
| 2003 | 46,844.63 | 4,892.55 | 1,421.91 | 0.68 | 53,159.77 |
| 2004 | 59,246.73 | 26,365.28 | 1,152.93 | 92.00 | 86,856.94 |
| 2005 | 158,677.95 | 22,390.30 | 448.37 | 39.53 | 181,556.15 |
| 2006 | 303,823.01 | 50,767.91 | 2,363.46 | 6.9 | 356,961.28 |
| 2007 | 85,641.98 | 114,974.19 | 1,400.04 | 1,049.61 | 202,798.99 |
| 2008 | 34,107.34 | 223,800.56 | 1,947.51 | 220.22 | 260,075.63 |
| 2009 | 121,727.58 | 78,008.94 | 223.21 | – | 199,959.73 |
| 2010 | 290,876.85 | 55,416.01 | 638.72 | 0.03 | 346,931.61 |

出所) 香港交易所 [2011.9.30] より作成
注) 単位は100万香港ドル

流動性が厚く，金融的利便性の高い香港に集中する。吸収された人民元は滞留するだけでなく，両替商の手などを経て，各種需要に支えられて再両替され[18]，あるいは一部は中国本土に還流している[19]。このようなオフショア人民元の香港集中を背景に，2004年には，人民元建て預金などの個人向け人民元業務が解禁された。続いて2006年6月，国務院は香港の中国本土からの直接輸入にかかわる人民元建て決済，および中国本土の金融機関による香港での人民元建て債券発行などの構想を明らかにした。これを受けて人民元建ての債券発行・販売については，2007年1月に香港と中国本土の間で合意が確認され，同年7月の中国国家開発銀行による債券発行を皮切りとして，活発な調達がおこなわれている。さらに2009年からは，香港をベースとした中国との人民元建て貿易決済も開始された。

こうした香港を「窓口」とするパターンに加えて，香港を「踏み台」として

世界に向かうという流れも生まれている。その最たる例が、中国系資金の対外流出のなかで、香港がはたしている役割である。

たとえば 2009 年の中国の対外直接投資先は、香港が 356 億米ドルと全体の 63％を占める第 1 位となっている。これは第 2 位である英領バージン諸島（BVI）の 6.1％、第 3 位であるケイマンの 5.5％をはるかに上回るものである。これらの資金は、多くが香港を経由して各国への投資に向かい、あるいは外資に偽装された形で中国国内に還流する。これは中国本土の為替管理をくぐり抜け、香港に流出する地下資金にとっても同様である[20]。こうした資金は香港の利便性を用いて[21]、第三国の株式市場、不動産市場、プライベート・バンキングなどに流入する。一方で、その急速かつ膨大な勢いから、投機による価格高騰、マネー・ローンダリング、さらには中国そのものの影響力拡大への懸念となって、各地で摩擦も生み出しつつある。

以上のような資金の「流れ」が香港を経由する意味は、そこが国内では数多くの制約に直面している中国系資金に、制度や仲介機能などの面で、様々な利便性を提供するからに他ならない。たとえば、そこには国際水準の確立された法体系、透明な会計制度、効率的な市場、自由な情報流通、資金流動を仲介する金融機関や法・会計面をサポートする法律・会計事務所などの集中、そして、それらを支える人材の供給、英語と中国系諸語の併用、個人・組織を問わず状況変化に応じて迅速・柔軟に対応する社会文化といった、ソフト・パワーの優位性がある。こうした利便性から、様々な経済活動をおこなう多様かつ無数の主体による「つながり」と、これによる「流れ」が、つねに香港に引き寄せられ、これがさらなる誘因となる相乗効果をもたらしているのである。

このように金融面から見た香港は、中国が 20 世紀末から世界経済において存在感を高めるなか、中国の旺盛な資金需要と、世界の投資需要を仲介しながら、また中国の金融的な国際化をサポートしながら、世界経済に組み込まれた双方向でのゲートウェイとして機能している。言い換えれば、「閉じた中国」が「開かれた中国」に転換し、世界との間で経済活動が拡大する一方で、こうした経済活動が集散・調整・接続の利便性を求めるなか、香港はこの役割を提供することで、ふたたび中国と世界を結ぶゲートウェイとなったのである。

## 5 香港の将来

　本書が示してきたように，香港という都市の存在理由，その根源は，開港から現在にいたるまでの1世紀半強の歴史において，アジア太平洋に拡がる経済圏の構造変化に適応しながら，地域全体に組み込まれた形で，地理的にも背景的にも多岐にわたる主体と，これによる多様な経済活動を集散し，各種の需給や異同を調節しながら，接続することにあった。それゆえに香港は，今後も地域の基底にある無数の「つながり」と「流れ」による経済活動が，そこにゲートウェイとしての利便性を求めて集散し，香港がこれに対応しつづける限り，空間を連動させる「場」として，変わることなく存立するであろう。同時に，この役割を約1世紀半にわたって継続してきた蓄積が，地域内の競合都市に比べた香港の独自性・優位性となっている。

　たとえば，現代では地域内で香港と競合する経済センターの一つと考えられているシンガポールと比較するとき，2都市を「大英帝国の形成した自由港」という表層的文脈で同じように捉えることは，正確ではない。シンガポールを冷静に考察すれば，「帝国の時代」には，東南アジアにおける特定地域の集散地であり，またそれを東アジアや環インド洋の経済圏と連接するなど，香港とは異なる範囲，限定的な規模や内容を背景に存立していた。

　この基本構造は現在も変化していない。現代における世界的なレベルでのセンターとして考えれば，シンガポールは香港との間で，いくつかの機能面での競合関係にあることは否定できない。しかし，この2つの都市が，もう一面で強く依拠している地域的なレベルでのセンターとしての役割を考えれば，香港は「開かれた中国」を強力な後背地として，中国と世界，中国と地域を結ぶ際のゲートウェイとなることで，本来は，シンガポールに集積されるはずの東南アジアからの経済活動をも取り込んで，いっそう多様な「つながり」と「流れ」が集積されるという，独自の強力な競争力を有している。

　それでは，ふたたび香港の後背地となった中国が，さらなる開放体制に移行し，経済活動が直接的に本土に向かうことで，香港の地位が低下するという悲

観論は正しいのであろうか。

　その一例に，根強い議論として，いわゆる「上海脅威論」がある。これは，かつて1920～30年代に香港を越える「国際都市」とされた上海が復活することで，香港が現在の地位を奪われるのではないかという懸念である。しかし，こうした議論は，時代や環境といった諸条件における，いくつかの決定的な差異を無視している。

　たとえば戦前期の上海が繁栄した背景には，そこに「租界」があって，外国法により投資権益が保護・保証されていた事実がある。しかし，現在の上海は完全な中国国内であり，それは同時に中国本土の抱える政治，法体系，経済活動における構造的問題や信頼性欠如などの影響を直接的に受けている。これは，1997年に中国に主権返還され，その後は表面的には中央政府の影響が確実に強まっているとはいえ，返還後50年間は特別行政区として，従来の基礎的枠組みをなんとか維持し，経済活動においても重要な各種の自由や権利が保証されている香港とは異なる。さらに現在の上海の役割は，内国と外国を結ぶ国際都市というよりも，むしろ実態は中国内部の東西南北の経済活動が集積される内国センターの性格を強く持つ。

　こうした基礎的枠組みや諸条件の決定的差異に加えて，香港が長年にわたって集積してきたような，境界を超えた地域全体の基底にある「つながり」と「流れ」を，循環的・継続的に引き寄せる構造を，上海はいまだ有していない。このことからも，いわゆる「上海脅威論」は目下のところ現実的な議論であるとは考えられない。中央政府にとっても，上海が内国センターと国際センターの役割を兼ねることにはリスクがあるため，表層的な意思表明[22]とは裏腹に，結局は，現在でも十分に巨大な上海を「中国の内国経済・金融センター」として育成し，香港には引き続き「中国の国際経済・金融センター」としての役割を担わせる可能性が高いと思われる。

　また，近年進む広東省の珠江デルタ流域圏との一体化についても，同地域の経済・産業の高度化により，従来，香港のはたしてきた役割が必要とされなくなり，広州などがその役割を担うのではないかとの議論がある。両地の一体化については，前述のように，1990年代半ば頃まで，いわゆる「後廠」として

広東は製造拠点の機能を着実に構築してきたものの，物流，港湾，金融，貿易などに関してはハード・ソフト両面とも弱く，いわゆる「前店」として香港がこれを提供する役割をはたしてきた。この分業体制に限って見れば，香港と珠江デルタ流域圏は，実質的には 1997 年の香港返還よりはるか以前から，一体化の動きを見せていたと言える。しかし 1990 年代末に入ると，珠江デルタ流域圏では港湾や物流といったハード面も着実に整備され，次第に香港の取扱高を奪うようになってきた。さらに近年，広東省政府はこれまでの省内経済の主力であった労働集約型産業の転換と産業の高度化を推し進め，必要となる金融や物流などのセクターも重点分野として育成し，その中心地として広州を国際都市化する構想を既定路線としている。

　だが，こうした動きが将来的に，香港の役割を奪うのではないかという懸念は杞憂にすぎない。広州は都市の規模としては大きいが，香港に並び立つような国際都市へと成長するには，様々なソフト・パワーを醸成すると同時に，自由で公平かつ安定した社会的枠組みを構築する必要があり，それには相応の時間，経験，努力が求められる。空間的に見ても中国本土の都市であるだけでなく「広東の省都」として強く規定されてきた広州という都市には，そうした土壌や素質が欠如している。空港や港湾などのインフラといったハードの高度化は，財貨の大量投入で構築が可能であり，この方面では現実に発展が見られる。しかし，ソフトの高度化は決して容易なものではなく，長い年月をかけて香港が醸成してきた，経済活動の「つながり」と「流れ」を集散・調節・接続する力は，簡単に移転するものではない[23]。それは 19 世紀半ばまで，交易センターとして培われてきた広州の機能が，近代的なハードを備えた香港に直ちには移転しなかったことを考えれば，すぐに理解できる。

　このように，香港だけがはたせるゲートウェイの役割や蓄積があるなかで，珠江デルタ流域圏が仮に産業構造の高度化に成功しても，広州と香港の間に形成された経済リンクが中心軸となって一体化を強めることは，19 世紀後半から 20 世紀前半に両地が一体化し，連動していた構図の復活にすぎない。過去における大きな広州の存在，さらに香港とのリンケージとは，我々が今日想像するより密接かつ一体化されたものであったと同時に，当時から広州の役割に

は，明らかな限界が存在していた。強力な後背地の復活とは，香港の利益を損なうものではなく，むしろその繁栄を約束するものなのである。

いずれにしても，シンガポール，上海，広州といった地域内の諸都市が，早急に香港の役割を代替することは困難である。むしろ現実には，役割を分担して異なる範囲をカバーする諸都市が，20世紀初頭の「香港―シンガポール」，「香港―上海」，「香港―広州」のように，香港を軸にリンクを形成し，それを介して各種の経済活動がおこなわれている。加えて現代の香港は，空路という手段によって，中国本土や東南アジアだけでなく，世界各地の多くの都市と直接結ばれることで，地域レベルでも世界レベルでも各方面を集散・調節・接続するための，多方向のゲートウェイとなっている[24]。

しかし一方で，香港が直面している課題も少なくない。たとえば，戦後の経済構造に埋め込まれた人為的な不動産価格の形成による高コスト体質[25]，そのゆがみを改革・脱却できないジレンマ，特定財閥による過度の独占・反競争への適切な政策介入の必要性，環境汚染など中国本土との隣接性から生み出される諸問題，肥大化する行政組織の効率性の維持，などである。これらは香港の競争力維持に，直接影響する諸課題である。

また不動産や金融といったセクターを重視するあまり，それらの需要を根源で支えている地道な「つながり」と「流れ」による経済活動を顧みないことは，香港が持つ自らの本質的な競争優位性を貶めることになるであろう。たとえばアワビやフカヒレなどの乾物や，漢方薬から人民元の紙幣にいたるまで，これらが地域全体に拡がる「つながり」と「流れ」によって，集散・調節・接続され続ける「場」であることが，香港の根源的な競争力である。不動産市場や金融システムとは，このような地道な経済活動の生み出す裏付けがあってこそ成立する。しかも，別の諸都市でも代替可能なこれらのセクターを他と同じ機能面・条件面で競争展開しようとすれば，香港の優位性には自ずと限界がある。香港が自らの競争優位性の根源を見誤れば，将来に暗雲が生じることであろう。

加えて大きなリスク要因は，香港が1997年の主権返還後，明確に中国の主権下にある一都市となった事実である。かつての香港は，中国本土との近接性にもかかわらず，「英領」であることで，辛うじて直接的なチャイナ・リスク

を回避してきた。しかし現在は，中国の主権下にあって返還後50年という期限の付いた「特別行政区」であり，現実として中国の枠組みに組み込まれている。これによって，香港を規定する諸要因において，中国の影響力はかつてないレベルにまで拡大しており，これが制約となる可能性もある。

　しかし，香港は様々な課題に直面しつつも，かつては英国にとっての「東洋の真珠」であったように，中国にとっても絞め殺すことのできない，「金の卵を産む鶏」となっている。なぜならば，ゲートウェイとしての香港の価値は，きわめてイデオロギー色の強かった時代から現代にいたるまで無視できず，世界との関係を円滑につないで維持するために，利用せざるをえないものだからである。それゆえにこそ，香港を，その機能を維持しつつ取り込むことが求められてきたのだし，それは将来にわたっても同様であろう[26]。これが中国にとっても，香港が「一国両制」でなければならないことの本質的な理由ではなかろうか。あくまでも中華人民共和国という国民国家の枠組みを第一義として，そのなかの「一国両制」によって香港を理解しようとすれば，この都市の根源的な存在理由を捉えることはできない。

　したがって実際には，香港が中国に取り込まれているのではなく，また中国が香港化しているのでもない。むしろ香港を介することで，中国と世界が相互にリンケージを深めていると解釈するべきであろう。この双方向性の拡大は，香港のゲートウェイとしての役割と地位をいっそう強化するものであると同時に，中国にとっても各種の経済活動における利便性を向上させるものとなっている。

　もちろん将来において，そのほか各種の要因からも，香港の位置する大きな経済空間の構造や，そのなかでの諸条件のあり方などが変容し，これに香港が適応できない可能性もある。その際，香港は集散・接続・調節の機能をはたすことができず，またその役割を求められなくなり，困難な状況を迎える可能性も否定できない。しかし，香港という都市，集散される「つながり」と「流れ」，そこに生きる人々は，きわめて高い適応力を有しており，かつてもそうであったように，将来にわたっても状況や方向性の変化に柔軟に対応しながら，たくましく生き延びることであろう。

## 終　章　香港という存在

　本書が明らかにしてきたように，香港が独自の存在でありつづけている原動力とは，長い時間をかけて形成され，新陳代謝を繰り返しながらも，そこに向かって集積されている無数の「つながり」と「流れ」にある。これらが形成する大きな空間を円滑に連動させるため，香港は経済活動が集散・調節・接続される「場」として，かつては地域経済のなかに，現代では世界経済のなかに，深く組み込まれている。この経済活動の巨大な回路が作動し，そこに利便性を提供しつづける限り，香港の本質的価値と存在理由は失われることがない。それゆえに香港というゲートウェイは，この瞬間にも躍動しながら存立しているのである。

# 補論 1　銀号の経営構造についての考察

## はじめに

　ここまでの考察で見たように，19世紀後半に成立した香港の華人による金融業は，20世紀初頭には業界構造を確立していた。たとえば，1922年に出版された『中華人名録』[香港南華商務傳佈所 1922]を見ると，金融業界は「銀行」，「銀号」，「金銀找換商」，「錢枱」，「匯兌荘」と分類されている。このように華人の金融機関が多種にわたったのは，香港というゲートウェイが，それを取りまく各地・各種の経済活動を調節・接続しており，これに伴う業界や郷党といった主体によって，利用する金融機関にも特徴があったためである[1]。

　これら各種の金融機関のなかで，本書にもたびたび登場し，香港の華人による金融業の中核となってきた銀号については，これまでのところ，詳しい研究がない。そこで，以下では，銀号への理解を補うため，その経営構造を考察したい。

## 1　銀号の区分と業務

### 1) 起源による区分

　1922年発行の『中華人名録』には，銀号の項目が2つにわかれている。一つは「銀業行聯安堂」（Members of Money Dealers Guild Lun On Tong，別名「銀業聯安堂」），もう一つは「未入銀業行商會」（Not Members of Guild）である。すなわち前者はギルドへの加入者，後者はその未加入者であるが，両者とも主に「按揭」（担保貸付）を扱ったことから，「按揭銀号」と呼ばれた。これが第1章に

登場したような，19世紀後半から銀号と呼ばれてきた金融業者である。

聯安堂については，第5節で詳説するが，香港銀号業のギルドであり，その起源は1906年（光緒32年）にさかのぼる［陳 1941］。この入会資格は厳格であり，銀号のなかでも預金，貸付，為替を主業務とした，30数軒の按掲銀号のみが加入を許されていた。

聯安堂に加入している按掲銀号は，いずれも資本や取引高が大きく，一般的には信用が確かで[2]，1930年代前半までは，香港の銀号業者を代表する大手グループとして認識されていた。もっとも時代の移りかわりとともに，業界内でも浮沈があり，聯安堂に未加入の銀号でも，信用と実力を兼ね備えたものが登場した。したがって，聯安堂加入の有無とは，信用を測る一つの目安ではあったが，個別の銀号の資産や事業規模を，正確に反映したものではなかった。

これに対して，「金銀找換商」(money changers (shops))や「錢枱」(money changers (stalls))と呼ばれていた両替商の一部が，次第に事業を拡大することで銀号と認識され，「找換銀号」と呼ばれることもあった。

本来，金銀找換商や錢枱は，市中に相当の軒数を有していたが[3]，聯安堂加入の按掲銀号と比べて資本規模は小さく，信用も安定したものではなかった。一例として，20世紀初頭に創業した大手の找換銀号「昌記」の様子を，その店員で後に「裕昌」を創業した林癸生の証言をもとに見る。林は次のように述べている［金銀業貿易場 1970］。

> 次第に錢銀枱という業務が勃興した。昌記銀號も，またこうした状況下で組織された。（中略）「ノッポの升」と呼ばれていた叔父貴分の一人は，破砕金銀の売買を手がけていたが，時流に適応すべきと考えた先代が，錢枱に変えることをすすめ，1000ドルを5株にわけて資金を集めた。後に昌記は一直線に発展し，香港でも著名な銀号となった。（中略）香港初期の錢銀枱は，毎日早朝4時に開業した。これは中環の生鮮食品市場の各店開店時間にあわせたもので，当時の主業務は銅錢両替であった。錢銀枱が発展して銀号になると，次第に内地の為替手形を売買するようになった[4]

以上からは，当初は破砕金銀を売買していた小業者が，路上店舗の両替業者

である錢枱「昌記」となって銅錢両替を手がけ，次第に資本を蓄積した後には，為替手形の売買に乗りだすなど，香港でも著名な銀号となったことがわかる。こうした找換銀号の発展形態は，後に詳述するように，設立当初から有力華商の出資や経営者の名声を背景とした按掲銀号とは異なっていた。

　もっとも按掲や找換といった区分は，あくまでも店の起源によるものであり，実際の各店の業務構成は，一様ではなかった。たとえば按掲銀号でも両替や投機は手掛けたし，また找換銀号でも預金や短距離為替を手掛けていた。

### 2) 預金業務

　銀号の業務については，本書第1章で手形の買い取り，第2章で両替と為替，第3章と第5章で為替と金銀貨幣の取引を詳述した。この他には，按掲銀号の得意とした預金と貸付がある。

　まず預金から見ると，一般的には当座預金に相当する「来往存款」と，定期預金に相当する「定期存款」があったが，主力は来往存款であった。

　来往存款では，口座の開設時に通帳（摺子）と小切手帳（支票簿）が発行される。預金をするときは，通帳に現銀をそえて持参すれば，通帳欄に金額と日付が記入される。小切手（支票）を使用するときには，即時払いと支払期日指定があり，その振り出しには一般的に銀号側への通知が必要であった［台湾銀行 1916b, 83-84］。これは偽造小切手の流通を防止すると同時に，銀号側が支払資金を事前に確保することを目的としていた。利息は低率で，預入期間の毎月の市中平均金利を参考に，顧客と店の関係も考慮して計算された。一例を挙げれば，1891年前後には香港政庁の報告［HKG SP 1891, 181］に，次のようにある。

> 　現在，華人間の資金は余剰気味であり，その金利は100ドルにつき月利42セントです。これはかろうじて年率5％を上回る数字であり，欧州勢のそれを下回る利率です

　また，1916年の台湾銀行の調査によれば，1ヶ月の金利は100ドルにつき40〜55セントと記録されている［台湾銀行 1916b, 83-84］。

定期存款では，口座の開設時に預金証書（存款単あるいは存票）が発行されたが，しばしば期間は明記されず，中途での引き出しも可能であった。ゆえに厳密には定期預金というより，むしろ通知預金としての性質が強いものであった。利息は払戻日までの毎月の市中平均利率を参考に計算された。たとえば1916年の1ヶ月金利は，100ドルにつき約50セントであった［台湾銀行 1916b, 84］。

### 3）貸付業務

貸付業務を見ると，一般的には短期で1ヶ月が主流であり，長いもので2ヶ月，短いものでは2週間であった［姚 1940, 41］。実際には，こうした短期の貸付契約を期限が来るごとに繰り延べることで，長期の貸付とする方式が一般的であった。また6ヶ月から1年など，最初から比較的長期の貸付契約はまれであった［台湾銀行 1916b, 84］。貸付に際しては物的信用よりも，人的信用を基礎としていた［台湾銀行 1920, 38-39］。華人社会で銀号との取引が好まれた理由は，まさにこの人的信用を基礎とした金融が，華人の商業慣習と適合していたことにある。

一般的に華人の慣習では，自己の資産状態が他人に知られることを極力避ける傾向があった。それゆえに融資を受けるときも，自らの資産を公開して信用を得るという概念はなかった［台湾銀行 1935, 2］。むしろ彼らは資金などの有形資産だけでなく，華人社会における自己の名声といった無形資産も信用基盤として経済活動を営んでおり，融資についても属人的な信用をベースに，また貸手と借手の人的関係を加味することで，融資がおこなわれた。これは物的担保など，比較的客観性のある信用基準に依拠する西洋型銀行の金融方式とは，信用のあり方が根本から異なっていた。

むろん，こうした信用構造は，実物資産の裏付けが重視されないことによるリスクも内包していたが，それを華商社会の多くの参加者が受容して尊重しつづける場合，また恐慌などによる極端な信用崩壊が発生しない限りは，合理的に機能していた。こうした状況を，台湾銀行の報告書［1916a, 130］は，次のように報告している。

利息支拂時期ハ何レモ預金返濟ノ際ニシテ此ノ種ノコト何等ノ規定ナク従来ノ習慣ヲ守リ行クノミ又權利義務ヲ證スヘキ借用證其ノ他ノ形式ハ極メテ簡單ニシテ日本人ノ頭ヲ以テシテハ疑問百出スル所ナレトモ取引上何等ノ澁滯ヲ来ササルハ其ノ相手ノ對人信用ニ重キヲ置クノ結果ナルヘキモ誠ニ感服ノ外ナシ

　もっとも，一定額を超える貸付などは，人的信用をベースとしつつも，担保が設定されていた。担保としては，匯票（為替手形），掲単（不動産証書），桟単（倉庫証券）などの証書類が一般的であり，特に香港では，不動産担保が盛んであった。

　たとえば，按掲銀号の大手であった「天福銀號」は，不動産担保融資を主な業務としており，1925年の省港大ストライキの際に担保物権を大量に差し押さえ，数年後の景気回復時の不動産価格上昇によって，巨額の利益を得ている［關 1999, 17］。

　あるいは商人の側からの一例を見れば，香港の著名華商であった馬叙朝の「公有源」は，按掲銀号の大手であった「麗興銀號」から，2軒の不動産を担保として融資をうけている。この関連書類（図補1-1）を見ると，融資期間は1ヶ月期限で，毎月ごとに利息が支払われ，また毎月の期限ごとに契約が繰り延べられることで，実質的な長期の貸付となっていることがわかる［馬叙朝檔案「麗興銀號」1926.1.14；1926.1.27］。こうした貸付の場合は，基本的に貸手か借手の一方が通告するまでは，自動延長となるのが普通であった［姚 1940, 41］。

　しかし，利便性の裏返しとして，利息は銀行と比較して高めであった。1916年前後を見れば，1ヶ月で100ドルあたり約75～90セントの金利であった［台湾銀行 1916b, 84］[5]。香港の貸付利率を決定する要因としては，経済実勢に加えて，中秋節・春節の二大節季，広東産生糸の輸出繁忙期（旧暦6・7月），東南アジアからの米輸入期，日本やインドからの綿糸布輸入期など，季節性の資金需給が影響を与えていた。1902年の日本領事報告［外務省 1902.10.23］は，次のように記している。

預金及貸付ノ歩合ハ季節ニ依リ金融ノ繁閑ニ伴ヒ甚シキ高低アリ春季ニ

一九二六年一月一四日、麗興銀號から公有源への領収書

茲收到　公有源

馬叙朝　翁交來　德輔道西　街門牌第　號舖業按揭

士丹利　參拾

由　乙丑　年　十弍月　十五　日起至　丙　寅　元月　十四　日止　壱　個

月息銀　五佰陸拾元正　此據

民國　丙寅年　元年　十四日　發　香　港　麗興　[印]　收條

[花押印紙]

右擔保融資に関する公有源から麗興銀號への利息支払

期間　利息

乙丑年　十二月十五日〜丙寅年　一月十四日　五六〇元
丙寅年　一月十五日〜丙寅年　二月十四日　五六〇元
丙寅年　二月十五日〜丙寅年　三月十四日　五六〇元
丙寅年　三月十五日〜丙寅年　四月十四日　五六〇元
丙寅年　四月十五日〜丙寅年　五月十四日　五六〇元
丙寅年　五月十五日〜丙寅年　六月十四日　五六〇元
丙寅年　六月十五日〜丙寅年　七月十四日　五六〇元
丙寅年　十一月十五日〜丙寅年　十二月十四日　五六〇元

---

一九二六年一月二七日、麗興銀號から公有源への領収書

茲收到　公有源

馬叙朝　翁交來　必列者士　街門牌第　號舖業按揭

士丹利　參拾

由　乙丑　年　十弍月　廿八　日起至　丙　寅　元月　廿七　日止　壱　個

月息銀　五佰壱拾元正　此據

民國　丙寅年　元年　廿七日　發　香　港　麗興　[印]　收條

[花押印紙]

右記擔保融資に関する公有源から麗興銀號への利息支払

期間　利息

乙丑年　十二月廿八日〜丙寅年　一月廿七日　五一〇元
丙寅年　一月廿八日〜丙寅年　二月廿七日　五一〇元
丙寅年　二月廿八日〜丙寅年　三月廿七日　五一〇元
丙寅年　三月廿八日〜丙寅年　四月廿七日　五一〇元
丙寅年　四月廿八日〜丙寅年　五月廿七日　五一〇元
丙寅年　五月廿八日〜丙寅年　六月廿七日　五一〇元
丙寅年　六月廿八日〜丙寅年　七月廿七日　五一〇元
丙寅年　十一月廿八日〜丙寅年　十二月廿七日　五一〇元

**図補 1-1**　麗興銀號から公有源に対する不動産担保融資関連の領収書

出所）香港大学所蔵『馬叙朝档案』所収の「香港麗興銀號から公有源宛利息領収書」より作成
注）通貨単位「元」とは香港ドルを指す

ハ低落シ秋冬季ニ至リテ上騰スルヲ恒例トス，即チ預金利子ハ春季ニ於テ月利四五厘夏季ニハ五六厘トナリ秋冬季ニハ更ニ進ミテ七八厘ヲ唱ウ，貸付利子ハ春季及夏季ニ於テ月利六厘ヨリ八厘ノ間ヲ上下シ秋季ハ九厘乃至一仙ニ至リ金融最モ繁忙ナル冬季ニハ一仙四厘ニ上ルコトアリ，日歩モ概ネ之ニ準ズ

また実際には，上記の要因のほか，「行街」と呼ばれた外回り営業担当者の収集した得意先情報に加えて，銀号経営者と顧客との個人的関係などにより，与信および利率が決定された[6]。

もっとも，銀号の資金オペレーション全体から見れば，資金は必ずしも一般貸付にまわるとは限らず，より安全で高利息を見込める外国銀行への預金にまわることも多かった［關 1999, 16］。すなわち，華人社会から低利で集めた預金を，外国銀行へ高利で預金して運用し，利息の裁定取引をおこなったのである。これは特に，外国銀行の買弁と関係を確立していた，大手の按掲銀号に好まれた手法であったが，それは同時に，銀号が香港の華人社会における「つながり」と「流れ」に支えられて活動していただけでなく，華洋両社会の間での「つながり」と「流れ」のなかでも，資金需給を仲介していたことを示している。

## 2　銀号の資本構造——「瑞吉銀號」と「永隆銀號」を例に

### 1）瑞吉銀號に見る合股

銀号の資本構造は，共同出資である合股，あるいは単独出資で成立していた。まずは1884年に創業された，按掲銀号の大手「瑞吉銀號」（聯安堂会員）を例として，合股の実際を考察する[7]。

合股とは，無限責任による共同出資形態である。この資本形態は，華南の金融業では一般的に用いられていた。特に広州の銀号業では，合股による組織形成が多く［姚 1940, 59］，香港でも合股は一般的であった［台湾銀行 1916b,

82-83]。

　瑞吉の場合は，1884年（光緒10年），資本金5万ドルが10股にわけて集められ，創業している[8]。19世紀後半では，5万ドルは資本金額として大きなものであり，ゆえにこの事業は，当初から一定規模のものであったことがわかる。出資者は，有力華商であった馮香泉の「馮貽嘉堂」，郭君梅の「郭恒産堂」をはじめとして，黄家（「黄慎遠堂」），梁家（「梁惟善堂」），黄家（「黄積行堂」），黄家（「黄慎昌堂」），岑家（「岑積厚堂」）といった，複数家族の「堂」による合股であった[9]。

　また上記の股東（出資者）以外にも，慣習によって，長年にわたって貢献した2人の支配人に報いるため，股份を所有させた。1920年，瑞吉の股東間覚書[馮民徳檔案「瑞吉銀號」1920.12.15] は，次のように記している。

　　1905年，創立以来の支配人であった郭翼如と翁吉昔の推薦により，張文卿と彭勤生の2名が全権を掌ってから十数年，獲得した利益は少なからず，来期無配とする以外は旧暦庚申年末にいたるまで，留保可能な利益積立が100万ドルを記録した。彼らの功績は非常に大きいが，職員全員に報奨を与えることは難しいため，辛酉年正月一日から1株を増やし，張文卿と彭勤生の両名それぞれに資本2500ドル分を与えるものとする[10]

　上記からは，瑞吉では1884年の創業当初より，股東ではない郭翼如と翁吉昔の両名が支配人として采配をふるっており，明らかな資本と経営の分離を見ることができると同時に[11]，後には彼らの後継である2名の支配人に，褒賞として股份が与えられていることがわかる。

　専門経営者に配分された股份は，根岸佶によれば「紅股」と呼ばれたもので，華南でも広く通用した慣習であった[12]。また1911年，香港で合股の法的地位を定めた "An Ordinance to establish Registered Partnerships and to give effect to certain Chinese Partnership Customs" を見ると，"Hung Ku shareholder" は，次のように定義されている [HKG SP 1911, 93]。

　　"Hung Ku shareholder" とは，合股に登録された人物で，"Hung Ku"（紅

股）または"red share"と称するものを保有する。"*Hung Ku* shareholder"は，股本のなかには権利をもたないが，股東のそれと同じく，股份に対する利息を支払ったのちの余剰利益の分配を受けとる

すなわち紅股の権利を持つ者は，合股の利益から股份に対する「官利」（本来の出資金に対する固定利息）や「公積」（積立金）を控除した残額の「紅利」（分配金）を受けとる権利を持っていた。したがって，瑞吉の支配人であった張文卿と彭勤生は，1921年（辛酉年）の紅利から約9.09％を受けとることができた。

一方で，支配人2人に割り当てられた紅股1株は，本来の股東が出資した「老本」に対して付与された週息8厘の官利を受けとる資格がなかった。瑞吉では官利についての計算を，次のように定めている［馮民徳檔案「瑞吉銀號」1920.12.15］。

- 一 1921年の旧暦正月1日より，旧資本分を含めた5万ドルは11股として計算せず，資本には週息8厘を付与する
- 一 新規分を含めた積立金110万ドルのうち，49万5000ドルには利息付与をせず，残りの60万5000ドルには週息5厘を付与する
- 一 1921年度に収益を分配しないことについては，6月1日に議決する。ただし積立金には，その多寡をとわず一律で週息5厘を付与する[13]

官利の仕組みは，華人社会では放資と投資の区分が曖昧なまま，その概念が利殖手段として混合されて発展してきたことを示している。一般的に中国では貯蓄心が旺盛であるが，預金によって利息を得るための機関や慣習が不完全であった。したがって，蓄積した資金の利殖をはかるには，共同で資本を出しあい，手近な商業に投下することが有力な方法であった［上海出版協会調査部 1939, 14］。このため，出資における預金的性質とも言える慣習が発達した。

また股本のほかに「積項」という項目があり，その約半分以上には週息5厘の固定利息が付与されていた。これは別名「公積」と呼ばれた積立金であり，銀号経営の資金的原動力であった。台湾銀行の調査報告［1916b, 83］には，次

のように記されている。

  銀號ノ資本金ハ五,六萬弗ヨリ二十萬弗位ニシテ純粹ノ資本ハ大ナラサ
レトモ多クハ年々ノ収益ノ内ヨリ公積ト稱シテ一種ノ積立金ヲ為ス其ノ額
ノ大ナルモノニ至リテハ資本金ニ十數倍スルモノアリ彼等ノ普通資本金三
十萬弗五十萬弗ト稱スルハ此ノ公積金ヲモ含ミタルモノト見テ可ナリ

これは積立金を資本に繰り入れ,増資をする慣習がなかったことの裏返しでもあった。華人の商人から見れば,事業の目的とは,実質的な事業拡大とその利益分配を目指すものであり,名目的な資本規模の拡大は無意味であった。そこで余剰金が発生すると,株東への分配あるいは公積への積み立てという利益処分が一般的となった。こうして銀号が,しばしば資本金の十数倍の公積を有することは珍しくなかった。

**2) 永隆銀號に見る出資者の合意**

次に合股によって創業された銀号における,股東間の合意を詳細に見る。このため以下では,1930年代に台頭した找換銀号の大手「永隆銀號」を例とする。

第5章で見たように,永隆は,創業者の伍宜孫が,1931年に「永隆」の名義で金銀業貿易場の会員権を獲得し,1933年2月には香港島ボナム・ストランド・イースト37号で正式に開業した [永隆銀行 1980, 8]。この永隆が創業時の出資を募集したとき,1933年(民国22年)2月2日付で作成された「股份合同簿」(株主間合意書,図補1-2)が現存している。これは出資者の一つである,鍾一族の「鍾達記寶堂」に送られたものである。

まず前文では,合股の基本精神と股東間の一致協力を謳っている。特に興味深いのは,「誠意既孚於是感情之融洽與乎生計之合作」(「誠意あるパートナーとは感情の融和と事業の協力に於いてある」)との一文である。これは合股という形態が,股東間の個人的信頼といった感情と,事業上の打算という,2つの要素のバランスが一致した場合に成立するものであることを,よく示している。

さらに内容を考察すると,第一項では店名,第二項では所在地を規定してい

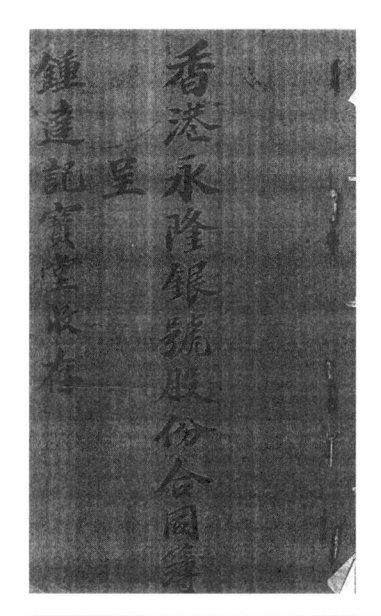

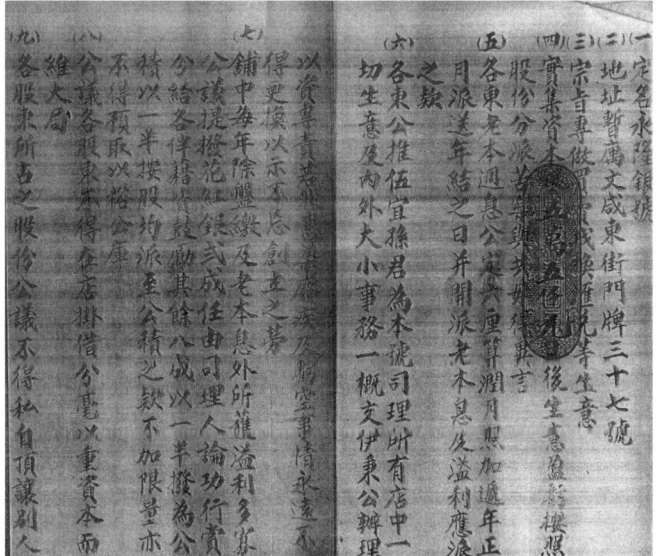

補論 1　銀号の経営構造についての考察　205

**図補 1-2**　永隆銀號の創業時における股份合同簿（1933 年）
出所）永隆銀號［1933］

る。第三項は店の事業内容についての規定で,「宗旨専做買賣找換匯兌等生意」とあり,金銀貨幣売買,両替,為替送金を専門とする找換銀号であったことがわかる。第四項では,資本金を5万5000ドルとして,営業開始後の利益と損失は按分し,苦楽をともにすることに異議がないことを確認している。

興味深いのは,第五項以下である。第五項では,股東の資本には週息6厘の官利が付与され,正月に年結（年度末決算書）が送付されるとき,官利の支払いと利益配分がおこなわれるとしている。

第六項では,伍宜孫に事業の一切を委任することが記されており,またその創立の功労を,決して疎かにしないことを明記している。

第七項では,毎年の利益処分を定めている。すなわち店舗運営に要した費用を控除し,股東への週息6厘の官利を支払ったのち,残りの利益については,2割を従業員へのボーナスである「花紅」に,4割を積み立てに,さらに4割を股東への分配として処分することとしている。伍宜孫はこれを「四四二制度」と称しているが［伍, 32］,広州の銀号業界でも純益の2割が花紅に充てられていたことから,この比率は銀号業界では標準的であったと考えられる。一般的に花紅は,その総額の25〜50％が司理に,40％が司賬（金銭出納係）と行街（外回り営業）に,残りがほかの従業員に分配された［區 1932, 187］。

このほか章程には記されていないが,永隆では店内で共同運用口座を開設し,その運用益を分配する制度を導入していた。伍宜孫は次のように回想している［伍, 32］。

> 金銀業貿易場は貨幣と金の取引所であり,投機的要素がきわめて強かった。ゆえに所属会員（銀号）の職員が市場での売買責任者として派遣されていたが,しばしば私利を図るものがいた。永隆ではこれを絶やすため「永利戸口」を設定し,およそ投機性を有する各種の空売り空買いは,支配人が主として統率し,あるいは同僚と合議の上で決定し,この口座を通じておこなった。損益は年度末に計算し,店が7割,私が2割,従業員が1割を得ることで,苦楽を分かちあった。どのような職員であっても個人的売買は許されず,違反者は店の規約を犯したこととなった[14]

市場を相手に金融取引をおこなう銀号では，しばしば職員が店の資金を流用して投機に走る危険があった。特に永隆のような找換銀号は，金銀業貿易場での活発な売買をおこなっており，従業員による不正な投機の危険性が大きかった。したがって，店の資金や信用が損失を被ることを防ぐため，共同運用口座を設立し，伍宜孫の判断あるいは従業員との合議で運用方針を決定し，この利益を分配するという制度が設けられた。

　第八項では，股東による店の資金の乱用を防ぐため，股東が店から借金をすることを禁止している。

　第九項では，股東の所持する股份は，別人への譲渡や借金の担保とすることができないことを明記しており，また出資から手をひく場合（退股）には，司理人に通知したのち，股東の協議同意を得るものとしている。

　第十項では，店員の雇用は司理に一任し，また股東の縁故者を採用するときは，確実に空席がある場合のみで，司理の許諾が求められている。縁故採用者が，店舗運営に支障をきたす行為をした場合，司理の判断で随時解雇が可能であり，また店に損失をもたらした場合，推薦した人物がどのような理由であれ，賠償することが定められている。

　以上のように，永隆の股份合同簿は，当時の銀号における合股の慣習をよく示すものである。このような合股の形態は，銀号を形成する主要な手法であった。

　もっとも一方では，単独出資で成立していた銀号も多かった。特に，小規模な找換銀号では単独出資が一般的であったが，按掲銀号のなかにも見ることができる。たとえば，聯安堂加盟の大手の按掲銀号であった「天福銀號」（通称「鄧天福」）は，当主である鄧志昻の単独出資であった。このほかにも聯安堂加盟の按掲銀号のなかでは，「鴻徳」，「廣昌」，「明新」，「順成」，「維新」，「和盛」などが，単独出資により成立したものであった［鄭 1915, 122, 126, 127］。

### 3) 無形資本の重要性

　銀号の経営を考えるとき，股本や公積といった実質的な資本もさることながら，その店の当主，あるいは支配人の社会的信用や名声といった，属人的な無

形資本も無視することができない要因であった。特に，銀号が小資本で過大な取引をすることが可能であった原動力としては，前出の公積とならんで，この属人的な社会的信用や名声が重要な役割をはたしていた。以下は，広州の銀号についての台湾銀行の調査［1919, 48］であるが，状況は香港とほぼ同じであったと考えられる。

　　少額ノ資本ヲ以テ良ク金融市場ヲ調節スル所以ノモノハ支那特有ノ信用組織ト数百年来ノ慣習ヲ然ラシムル所タリ支那ノ信用組織ハ最近ニ至リテ稍々組織立チタルノ観ナキニ非サレトモ従来銀号ノ開設ハ多ク他ノ商業ニ従事セルモノ又ハ官界ノ人若シクハ富豪ノ出資ニ係レルヲ以テ實際資本額ノ如何ニ不拘彼等ノ名望資産等ニヨリテ自己ノ資本ニ数倍セル信用ヲ得テ盛ニ雄飛シツツアリ例ヘハ茲ニ十萬両ノ資本ヲ有スルモノ一銀號ヲ開設シタリトセンカ其ノ銀號ニ投下セラレタル資本ノ幾何ナリヤヲ論セス世人ハ之ニ對シテ資本家ノ資産同様ノ信用即チ十萬両ノ信用ヲ與フ是レ蓋シ支那固有ノ商事經營カ法人ニ非ス一組合タルニ據ルト雖モ同一資本家ニシテ二箇ノ銀號ヲ開ク時ハ自己ノ資産ニ二倍スルノ信用ヲ得三箇ヲ有スル時ハ三倍ノ信用ヲ受クルコト得ルモノナリ

　香港の大手の按掲銀号を見ると，複数の有力華商による合股によって成立している店が多い。たとえば，銀号業界の大物であった林壽廷と梅輯五による「麗源銀號」，香港上海銀行本店の第二代買弁であった羅鶴朋の出資した「元隆銀號」と「永同仁銀號」[15]，有力華商であった周少岐[16]と招雨田などによる「泰豐銀號」，やはり有力華商であった馮平山[17]を中心に杜四瑞，曾恩普，老宏興による「維吉銀號」［鄭 1915, 122, 126, 127］，「押業大王」（質屋王）と称され香港およびマカオ有数の資産家であった高可寧を中心に龐偉庭，黄孔山，梅煒唐，梅普之，梅伴犀による「錦榮銀號」［HKG GG 1919.1.24, 62］，先述の周少岐の弟である周卓凡と周少岐の息子である周埈年[18]を中心に招葉祥，周兆五，招頌侯，招露庭，招量行，周澤年による「泰益銀號」［HKG GG 1930.5.16, 201］，などである。これらの銀号では，中心人物や股東となっている人々が華人社会に持つ名望が，そのまま銀号の信用として認識され，経営にも影響を与えてい

また，単独出資による銀号でも，当主の社会的信用は重要であった。たとえば天福を見れば，創業者の鄧志昂の個人的な社会的信用が，大きく作用していた。鄧志昂は19世紀後半，すでに「鴻裕銀號」の有能な専門経営者として，金融界で名声を獲得していた（図補1-3）。また20世紀の初頭には，「香港中華總商會」の前身である「華商公局」が成立した時に值理（理事）に就任するなど，当時の華人社会では相当の力量を持つ人物であった。

このように銀号の信用とは，単純に資本の大小によって判断できるものではなく，当主，出資者，支配人などの人的信用に依拠する部分も大きかった[19]。これは銀号に限らず，他業種でも同じであり，また過去にとどまらず，現代の華人実業界にも少なからず活き続けている観念である。

図補1-3　天福銀號創業者の鄧志昂
出所）［資本雑誌 1992, 36］

しかし金融機関として，その信用を出資者や支配人の属人的影響力に依拠していたことは，小資本で最大効率を得る経営を可能にした一方で，その信用構造が常に脆弱性を内包していたことを意味した。この脆弱性は，しばしば過大な信用拡大と，その反動である恐慌によって，連鎖倒産を引き起こした[20]。

たとえば1910年，上海でのゴム関連投資ブーム破綻[21]による恐慌から，上海の最大手銭荘であった「源豐潤」とその聯號が，中国各地で破綻した。このとき，香港の聯號であった「源盛號」も破綻することで，香港経済界に波紋を引き起こした。当時，在香港の領事代理であった船津辰一郎は，次のような領事報告［外務省 1910.8.9］を残している。

當地清國銀行源盛號破綻ハ其後當地清商金融界ニ恐慌ヲ来タシ有名ナル

> 米穀商公源號ノ如キモ大ニ狼狽シ速カニ貸出金ノ回収ニ着手シ市場益混雑ヲ極メン

　源盛號の破綻の余波は，船津の報告によれば 2，3 の有力華商が熱心に平定をおこなったため，大きな連鎖とはならなかった。しかし，必ずしも実態に裏付けられているわけではない華人金融界の信用が，何らかの理由で滞った場合，その影響は大きかった。

### 4) 同族・同郷関係の重要性

　銀号の経営では，股本や公積といった有形資本，さらには当主，出資者，支配人などの社会的信用や名望といった無形資本のほか，もう一つ有効な経営資源があった。それが同族や同郷の紐帯に基づく，人的な結びつきであった。一般的に華人社会での同族や同郷による紐帯は，しばしば同業関係にも及ぶものであり，香港の銀号業界も例外ではなかった。この紐帯から得ることのできる資金や信用といった経営資源は，銀号の創業や金融活動を容易にした。

　香港の銀号は，基本的に香港と珠江デルタ流域圏を結ぶことで活動していたため，その経営者もほぼ広東系が主流であった[22]。特に南海地方の出身者が多く，ついで順徳地方と四邑地方の出身者が多かった[23]。南海地方の出身者が最も勢力を有していたのは，彼らが数十年にわたって銀号業に従事する，あるいは従事しようとする同郷者を援助することで，業界での郷党勢力を確立したことによる[24]。また，南海出身の銀号業者の間では，しばしば婚姻関係による閨閥を形成し，事業上のさらなる勢力扶植をはかっていた。

　たとえば按掲銀号の大手「永徳銀號」および「承徳銀號」，找換銀号の大手「永大銀號」の創業者一族に生まれ，少年時代に按掲銀号の大手であった天福で働いた経験のある關士光は，自身の一族について次のように述べている［關 1999, 17］。

> 　九江人が香港で開設した銀号は，瑞吉銀號が最も歴史が長い。大伯父は香港にわたってきた最初のころ，瑞吉で働いており，後に独立して永徳銀號を開設し，数年後には永大銀號も創立した。同じく歴史のある銀号に鴻

裕銀號があった。この鴻裕銀號の店員に，鄧志昂という九江人がいた。彼は実直で店主の覚えもよく，久しからずして鴻裕銀號から独立し，天福銀號という自身の銀號を開設した。（中略）中国人は親族の情を重視し，事業を営むにしても，往々にして親戚関係を業務の発展に利用するものである。70数年前，永徳銀號の当主である關淮洲には，未婚の弟である關濟東があり，天福銀號の当主である鄧志昂には，未婚の娘の鄧肇瓊がいた。上述のような動機をもとに，關淮洲と鄧肇瓊は夫婦として結ばれ，關・鄧両家は親戚となったが，こうしたことは実によくあることであった[25]

この例は，南海九江人の銀号業者が，同郷・同業との閨閥を形成し，事業上の勢力扶植をはかった典型的なパターンである。こうした活動が数十年にわたり繰り返され，銀号業界で形成された同族・同郷の紐帯は，実際の経営でも意味を持つ無形の資産となった。

## 3　銀号の管理構造

銀号の店内管理は，図補1-4のように，階層的構造に基づき運営されていたが，構成は店によって異なっていた。また，その職務位階についての呼称も一定ではない。小さな店では，すべてを一人でまかなうこともあった[26]。

店内で最も上に位置したのは，「司理」と呼ばれた支配人であった。大きい店になると司理には補佐が必要となり，1〜2人の「副司理」が置かれた。司理については，東主や股東と同一である場合と，分離している場合の2つのケースがある。

たとえば，表補1-1に示したように，1915年の『香港中華商業交通人名指南録』に登場する銀号67軒のなかで，明確に所有と経営が分離していたのは18軒，分離していたと考えられるものが8軒，一方で所有と経営が同一であったのは37軒，同一と考えられるものが3軒，不明が1軒であった[27]。このことは，銀号業では所有と経営が分離し，日常の経営が専門経営者とも言うべ

```
┌─────────────────────────────────────────────┐
│         股 東（出資者）                       │
│         東 主（店主）                         │
├─────────────────────────────────────────────┤
│         司 理（支配人）                       │
│         副司理（副支配人）                    │
├─────────────┬─────────────┬─────────────────┤
│   司 賬     │   司 貨     │   司 數         │
│ (司庫,管銀, │ (秤銀,看銀  │ (点銀,数銀)     │
│  内櫃)      │  先生)      │ 金銀在庫管理係  │
│ 金銭出納係  │ 金銀貨幣鑑定係│               │
├─────────────┼─────────────┼─────────────────┤
│   書 記     │   行 街     │   掌 櫃         │
│ (文件先生)  │ (出街)      │ (弁事)          │
│ 各種通信分の│ 外回り営業  │ 窓口出納係      │
│ 作成・整理係│             │                 │
├─────────────┴─────────────┴─────────────────┤
│            後 生                            │
│         (打雑,学徒)                         │
│            徒弟                             │
└─────────────────────────────────────────────┘
```

図補 1-4　銀号の店内管理構造

出所）筆者作成

表補 1-1　香港銀号業の資本と経営の分離状況

| 総数 | 分離 | 同一 | 東主記載 | 司理記載 | 不明 |
|------|------|------|----------|----------|------|
| 67   | 18   | 37   | 3        | 8        | 1    |

出所）鄭［1915］より作成

き者に委譲されていた店が，少なからずあったことを示している。

　一方では，同族・同郷・同業の関係も重用されたことから，一部の銀号では店内のほとんどの人間が，縁戚である場合もあった。たとえば鄧志昂の天福では，支配人から出納係までの管理職が，すべて鄧家の人間で固められており，また従業員もほとんどが鄧家と親戚関係にあった［關 1999, 17］。

　東主と司理は，厳格な主従関係に基づくものではなく，合股と同じように，あくまでも個人的感情と事業上の打算のバランスで成立していた。したがって両者の関係は悪化すると，しばしば簡単に瓦解することがあった。永隆の伍宜孫は「泰來銀號」のケースについて，次のように述懐している［伍, 18］。

　翌年 3 月（1922 年），泰來銀號の単独出資者であった主人の潘瑞生，通称「五爺」（すなわち支配人潘璉原の師）が死去した。その子供は典型的

な資産家の子弟であり，父親の事業を継承しようとはしなかった。このため潘璉原は五爺が死去した後，その子供と協力することはむずかしいと考え，ついに辞職を決意した[28]。

このように泰來の場合，東主の代替わりに際して，司理との不和が生じたことから，最終的には店の清算にまで発展している。

銀号の内部組織で次に重要であったのは，金銭出納の総元締であった「司賬」（あるいは「司庫」「管銀」「内櫃」）で，通常1名が置かれていた。このほかにも，貨幣の真贋や純分を鑑定する「司貨」（「秤銀」「看銀先生」）が1〜2名，金銀の在庫を管理する「司数」（「点銀」「数銀」）が1〜2人ほど置かれていた。「書記」（「文件先生」）は各種通信文の作成や整理を担当し，通常1名に加えて，2〜3人の助手を使用することがあった。

「行街」（「出街」）と呼ばれた外回りの営業職も重要であり，一般的には3〜4人を擁していた。彼らは店外に出て預金を勧誘し，または市場に出入りして情報を収集し，さらには顧客の信用を調査した[29]。

また，窓口勤務の出納係である「掌櫃」（「弁事」）は2〜3人で，為替の受入れや払出し，小切手の作成，預金や貸付などの事務といった，各種業務を取り扱った。

以上のような職階のなかでも，行街は，実力次第で業績をあげて評価される機会も多く，内勤の掌櫃と比較すると出世の機会が大きかった。このため銀号業界には，「生行街，死掌櫃」という戯言があった［關 1999, 18］。

最下層に位置したのが，徒弟である「後生」（「打雑」「学徒」）で，通常3〜4人がおり，伝票の整理，記帳，取り次ぎ，金銀貨幣の運搬といった，各種の雑務に使役されていた。この徒弟生活は大変な苦労を伴うものであった。後に永隆を創業する伍宜孫は，14歳のときに香港で，前述の，上海人の所有する泰來の後生として，徒弟生活を開始した。伍はその生活を，次のように回想している［伍, 13-14］。

> 徒弟は他に4人おり，皆それぞれの事情があり，非常に苦労していた。店内では便所掃除，ごみ捨て，どぶさらいといった下賤の仕事に加え，私

の寝床は店の入口に面した所の（朝に片付け夜に敷く）帆布布団であったため，夜遅く店に帰る外回りの営業員や，夜中に便所に行く者のための門の開け閉めも，私の仕事であった。食事のときは食卓が2卓あり，2階のそれは上海人の主人や上級店員が多く，食事のたびに飯盛りや茶酌みをせねばならなかった。店員や丁稚達の下の階の食卓は，当然決まりごとなどはなく，天淵の別であった。割りあての結果，私は2階の食卓に付くことが多くなり，いつも腹いっぱい食べることなどできなかった。(中略) 毎晩11時から夜中3時の間，多いときには3回は起きて門の開け閉めをした。昼間の食事も満足にできず，夜はゆっくり眠ることもできなかった[30]

この記述からは，後生の生活が昼間の業務だけではなく，掃除から茶酌みまでの，大変厳しい徒弟修業であったことが理解できる。こうした徒弟生活を経たのち，東主や司理の目にとまった者だけが，その後に正式な職員としての訓練を受けることになった。

## 4　銀号の伝統式帳簿に見る経営の諸相——「恒生銀號」の年結を例に

### 1) 広東式簿記の基本構造と銀号の帳簿種類

　銀号の簿記会計については，広東系が経営者や出資者の主流を占めていたことから，伝統的な広東系商人の方式が応用されていた。こうした帳簿からは，単なる簿記会計構造のみでなく，そこに記載された項目，数字，取引先といった関連情報によって，当時の商業慣習など，銀号経営の一端を見ることができる。

　ここでは第5章で取りあげた「恒生銀號」が，創業初年の1933年度に作成した年結（年度末決算書，図補1-5）を例に考察を進める。

　まずは広東式簿記の基本構造について簡単に説明したい。広東は古くから商業の発達した地域であり，唐代以降には外国貿易の窓口としても機能してきた。このため広東の簿記は，中国の他地域とは異なる特徴を有してきた[31]。恒生の

年結を見ると，それは右方から左方に流れるように，「進」，「支」，「存」，「欠」の4大項目により構成される，典型的な広東式簿記である．各項目の意味は次の通りになる．

「進」：収入総額（払込資本，繰越金，預金・営業額，収入の合計）
「支」：支出総額（年度支出）
「存」：資産総額（資産および取引対価）
「欠」：資本総額（株主（股東）の出資金および負債）

これに基づいて年結の解釈をすれば，以下のようになる．まず「進支」の部は，「収入と支出の差額」を算出することで，「現金残高」（「進支比對存」）を計算したものである．また「存欠」の部は，「進支の差額，支払の結果として得

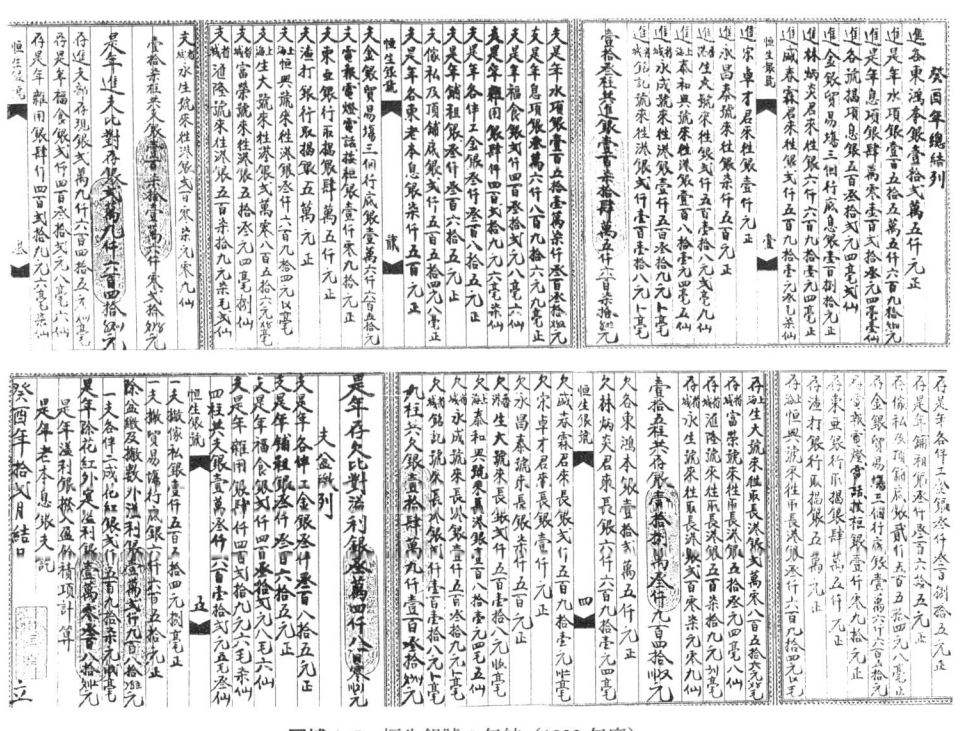

図補 1-5　恒生銀號の年結（1933 年度）

出所）恒生銀號［1933］

た資産および対価の和」と「株主資本および負債」の差額を算出し，「対資本比（含自己および他人）での年度収益」（「存欠比對溢利」）を計算している。こうして算出された「年度収益」から，各種経費と「花紅」（従業員賞与）を差し引いたものが，「溢利」という純益金であった。

　この構造は「四柱清冊」という方式で，伝統的には官庁会計で用いられていた簿記会計構造を起源とした。根岸佶によれば，四柱清冊は元代に発案されたものであり，明清代に受け継がれていったものとされる。「四柱」とは「旧管」（前期繰越），「新収」（当期収入），「已支」（当期支出），「見在」（当期残高）の4項目であり，会計式としては「旧管＋新収－已支＝見在」である［根岸 1943, 338］。これが広東の民間商業社会で変形・改良されたものが，上述の「進」，「支」，「存」，「欠」からなる，広東式簿記の年結になったとされる。

　しかし，四柱清冊を源流とする簿記会計方式は，中国全体で見れば民間商業に影響を及ぼすことはほぼなかった。したがって，四柱清冊が広東の民間商業のみに強い影響を及ぼしてきたことには，おそらく対外貿易拠点として長年の歴史を持つ広州では，商業活動のなかで官との結びつきの強い商人が活躍していたことの影響があったと考えられる。

　たとえば，清代の広州における金融業を見れば，市中の銀号以外にも，租税に関連する銀改鋳や地方当局への租税担保融資を手がけた「五家頭」，あるいは塩税に関連する銀改鋳を手掛けた「六家頭」などの金融機関が活動していた。また全国的な為替の取り扱いや，清朝の公金取り扱いで名を馳せ，「西号」あるいは「西客」とも呼ばれた「山西票号」も，道光年間（1820～1850年代）には相次いで広州に進出した［區 1932, 7］。これら金融機関は，いずれも官と結びついた金融活動を展開しており，こうした取引関係を持っていた銀号の簿記会計にも，何らかの影響を及ぼした可能性があると推測される。

　次に銀号の用いた帳簿種類について，簡単に言及しておきたい。銀号の帳簿は，上述のように広東式の簿記会計構造を受け継いでいたが，統一的な基準のない時代では，郷党や各店の慣習によって使用する帳簿種類や簿記基準は異なっていた。

　たとえば広州の銀号であれば，表補1-2のように，預金，貸付，送金が主体

表補 1-2　広州銀号業界の業態別・郷党別の使用帳簿（1933 年度）

| |
|---|
| 做架銀号<br>　順徳系：流水簿，日清簿，現銀簿，付項簿，掲項簿，厘佣簿，雑用簿，酬金簿，交収簿，港紙簿，期分簿，交銀簿，年月結<br>　四邑系：現金簿，総帳（現金帳，按掲帳，行家来往帳，匯兌来往帳，定期存款帳，活期存款帳，零星儲蓄帳，股本帳，期西掛號帳，期西来往帳，期中来往帳，行家付欠帳，客付欠帳，利息帳，租項帳，薪金帳，雑用帳，鳌佣帳），日結表，往来帳結単 |
| 找換銀号<br>　順徳系：来往數簿，進支草流簿，進支総流簿，進支分類簿，付項簿，掲項簿，溢水簿，薪金簿，福食簿，銀銭出入交給簿，賣単掛號簿，提附款項手摺，日月年結<br>　四邑系：日記簿，找換日記簿，総帳，活期存款分戸帳，往来存款分戸帳，暫時存款，放款分戸帳，活期存款摺 |
| 做倉銀号<br>　　　　　　掛號簿，客倉簿，打倉簿，行家倉簿，客付欠簿，付欠簿，進息簿，行佣簿，店佣簿，公息簿，行情簿，記事簿 |

出所）區［1932, 119-184］より作成

の做架銀号（香港の按掲銀号に相当），両替が主体の找換銀号，投機が主体の做倉銀号では，それぞれが用いる帳簿種類が異なった「區 1932, 119」。また広州南方の順徳出身者が経営する銀号と，珠江デルタ南西部の四邑出身者が経営する銀号では，やはり用いる帳簿種類が異なっていた。

　こうした状況は，香港でも同じであったと考えられる。香港の銀号業界で最大勢力を誇っていたのは，先述のように広州南西の南海出身者であり，ついで順徳と四邑の出身者が多いと言われた。したがって，郷党によって帳簿種類には，差異があった可能性が考えられる。また複数の銀号帳簿を厳密に分析すれば，おそらく各店によって簿記会計の慣習も異なっていたと思われる[32]。

### 2）年結から見る経営の諸側面

　以下では，恒生の年結（前掲図補 1-4）の内容を考察しながら，そこから判明する銀号経営の諸側面を見る。

#### ① 広東系商人の決算日

　まず最後に記された決算日に注目すると，「癸酉年拾弐月結日」となっている。これは農暦（旧暦）の 12 月 31 日を指す。

伝統的な広東系商人の慣習では，毎月末の現金収支項目を計算して現金有高を計算する「月結」，年3回（端陽，中秋，除夕）の掛金決算期の「三節」，年1回の年度末決算である「年結」という，3種類の決算があった。そのなかで最も重要なものは，年結であった。

　広東系が主体であった銀号の決算期もこれに変わりなく，農暦12月31日を年度末最終日として帳簿を締めた。帳簿が締められた後，銀号の経営者は旧正月の期間中，出資者全員を酒楼（料亭）に招待して酒宴を催し，営業の成績を語り，損益分配案を決議した［台湾銀行 1916a, 132］。これは現代における，株主総会に相当するものである。

　② 出資の構成

　恒生は創業当時，4人の共同創業者の合股によって形成された。年結によれば「進各東鴻本銀壹拾弐萬五仟元正」（「各株主からの出資金12万5000ドル払込」）とあり，資本金は合計12万5000ドルであった。しかし，4人の共同創業者による詳細な出資比率は，年結を見る限りでは不明である。

　この12万5000ドルという金額は，当時でも少ない金額ではない。たとえば，同じく1933年に創業された找換銀号で，恒生とも友好関係にあった永隆は，やはり合股で成立していたが，その資本総額は5万5000ドル（実収資本4万4500ドル）であった［永隆銀號 1933；永隆銀行 1980, 8］。

　一方で先述のように，銀号の信用とは，必ずしも資本の大小のみで決められるものではなく，当主，支配人，出資者の社会的信用や名声といった要素にも依拠していた。恒生を見ると，最大の出資者であり事実上のリーダーであった林炳炎が，たとえば宋子文系列の国民党中央人脈と近い関係を持つなど[33]，その広範囲な人脈を背景とした属人的要素が信用と収益機会をもたらしていた。

　③ 収益構造と主要業務

　年結には個別取引の記載がないことから，その収益構造が不明である。たとえば営業額を表す「水項」などはあるが，これが両替，送金，資金運用，貸付といった，どの業務からもたらされたかという，具体的な情報は明らかにはならない。

　これは広東式簿記の特徴として，取引先名称の記録は重視されて記入される

ものの，取引内容や営業利益／営業外利益の区分などが，詳細には記帳されないためである。それゆえに銀号をはじめとして，広東系商人の具体的な収益源や事業構造を解明しようと試みるとき，帳簿分析という接近方法には一定の限界があることもわかる。

もっとも，取引先名称が記入されていることからは，恒生の預金の取り扱いが多くないことが判明する。年結によれば，最大預金者は「永昌泰」の7500ドル（「進 永昌泰號来往 銀柒仟五百元正」），ついで共同創業者で大株主でもあった林炳炎の6691ドル40セント（「進 林炳炎君来往 銀六仟六百九捨壹元四毫正」）で，同じく共同創業者であった盛春霖も2591ドル37セント（「進 盛春霖君来往 銀弐仟五百九捨壹元参毛柒仙」）を預金している。他に1名の個人と4軒の金融機関および商業機構からの預金を勘案すると，預金総額は2万4140ドル71セントとなる。この金額を財務全体のなかで見る限りは，恒生の預金業務は主要業務とは言いがたい。

むしろ年結を読み進めると，その業務は両替，送金，資金運用などを主体とした找換銀号であったことがわかる。たとえば，「支」の項目には「支 東亜銀行取掲銀肆萬五仟元正」（「東亜銀行に資金放出銀4万5000ドル」），「支 渣打銀行取掲銀五萬元正」（「チャータード銀行に資金放出銀5万ドル」）などの記入がある。東亜銀行は地場華人系の銀行で，チャータード銀行は英国系の大銀行である。これは現代の銀行間資金取引と同じく，余剰資金をかかえる金融機関が，資金需要のある金融機関に資金を放出して，運用をはかるものであった。このように銀号の資金は，しばしば高利回りが見込める場合には，地場銀行や外国銀行との資金取引によっても運用されていた。

あるいは年結のなかには，たびたび「金銀業貿易場三個行底」（「金銀業貿易場会員権3口」）という項目が登場する。先述のように，金銀業貿易場は香港の華人系金融機関が，貨幣を取引するための業者間市場であった。特に金融市場の変動が激しかった1930年代，新興の找換銀号は，この市場を舞台として通貨売買を繰り広げ，急速に台頭した。恒生はこうした典型で，開業と同時に金銀業貿易場の会員権を保有し，活発な売買を繰り返していた。

④ 利益処分の慣習

年結からは，利益処分について以下のことがわかる。たとえば「支」の項目には，「支　是年各東老本息銀柒仟五百元正」（「本年の株主各位に対する老本息の支払7500ドル」）という記入がある。すなわち恒生の出資形態である合股では，利益の有無にかかわらず，出資金に毎年一定の利回りの「老本息」（または「官利」）が支払われていた。

1933年度の老本息は，年率換算6％であった。この利回りについては，1916年の広州銀号業界でも，「組合員即ち資本主に対する利子は毎年末支払うものにして其の率通常年六分なり」［台湾銀行 1916a, 132］とあり，また永隆の股份合同簿にも，出資者の資本に6厘の官利が支払われるとあることから，業界における一般的な水準であった。

また，年結の最後における「溢利」（純益金）計算では，従業員への収益分配の慣習が明らかとなる。たとえば「花紅」の項目では，「一支各伴二成花紅銀弐仟五百九拾柒元」（「各従業員に〔引用者注：利益の〕2割の花紅を支給2597ドル」）と記帳されている。前述の通り，花紅とは，当該年度に収益を計上したとき，従業員に支給される賞与である。

花紅の算出基準は，「存欠比對溢利」から必要経費である「益繳」と「撤數」を差し引いた差額の約2割であった。この比率は恒生に限らず，たとえば，先述のように永隆でも，出資者への官利と店舗運営に要した費用を支払ったのち，残りの利益の2割を花紅に充てると定めており，また広州の銀号業界でも，利益の2割が花紅に充てられていたことから，やはり銀号業における標準的な比率であったと考えられる。

なお恒生では，1933年の最終利益処分について，「是年溢利銀撥入盈餘積項計算」（本年度の最終利益は余剰金積立項目の計算に算入）と記している。このため花紅を除いた1万389ドル26セントの最終利益は，そのまま次年度への積立金に算入されたことがわかる。

## 5　銀号業界の社会的位置——「聯安堂」への考察から

### 1) 銀号ギルド「聯安堂」の形成

　伝統的な華人の商業社会で，ギルドは同業間の親善，仲裁，価格管理，信用維持，共同事業，官民連絡などの機能を担い，業界の保全と相互利益の発展をはかるものであった[34]。こうした各業界を代表するギルドからは，その業界の社会的位置付けをうかがうことができる。ここでは，香港における銀号業界の社会的位置を，そのギルドであった「聯安堂」の考察から明らかにしたい。

　金融ギルドの起源は古いとされるが[35]，近世の華南では，広州の銀号が清代初期からギルドを形成していた。1675 年（康煕 14 年）には，ギルドの「忠信堂」によって「銀行會館」が建てられ，会員は 1769 年（乾隆 34 年）に 36 家，1873 年（同治 12 年）には 68 家を数えていた。忠信堂は，同業の親睦をはかるとともに，19 世紀後半には業界への厘金徴税代理機関としても機能した[36]。この強制力のため，忠信堂には幅広い同業者が結集することで影響力が拡大し[37]，広州の「七十二行」と呼ばれた数あるギルドでも，最有力団体として活動していた。

　ところが香港の銀号業界を見ると，ギルドの形成と影響力には，広州とは異なる点が見られる。香港銀号業のギルドは聯安堂といい，起源は 1906 年（光緒 32 年）にさかのぼる［陳 1941］。聯安堂は成立当初から一定の会所をもたず，その年の幹事となった銀号で寄合を開いていた。1914 年には「銀業行規條」を制定し，「東華醫院」のような社会団体への役員推挙，取り付けへの共同対処，年 2 回の祭祀[38]などを明記した。1932 年 12 月 12 日には，「聯安公會」と改称し，香港政庁に団体登録をした［陳 1941］。

　聯安堂は入会資格が厳格であり，銀号のなかでも預金，貸付，為替を主体とした 30 数軒の按掲銀号のみが加入を許されていた。これは聯安堂の時代には，暗黙の了解として会規には明記されていなかった。しかし，後に聯安公會となってからの会規第五条には，「およそ香港で預金・貸付業の銀号を営む華人は，すべて本会の理事となる資格を有する」［陳 1941][39]との規定が設けられていた。

いずれにしても入会資格が制限されていたこともあって、聯安堂に加入している按掲銀号は信用の確かな一流の店とみなされており、1930年代前半までは、香港の華人社会を代表する銀号の集団であった。

### 2) 聯安堂の具体的活動

聯安堂の具体的な活動については、1914年8月27日に制定した銀業行規條（表補1-3）からうかがえる。

**表補1-3　聯安堂の銀業行規條（1914年8月27日制定）**

| |
|---|
| 一，同業者ハ營業ノ大小ニ論ナク毎號銀五百弗ヲ醵出シ以テ組合ノ維持費ニ充ツヘシ而シテ規則書一葉ヲ各銀號ニ交付シテ醵金ノ證トス |
| 一，民國二年八月二十七日ヲ以テ銀業行成立日トシ主席一人司庫一人司理一人ヲ選擧シテ組合ノ事務ヲ司ラシム |
| 一，基本金ハ各銀行(ママ)一季間宛交替ニ保管スヘキモノニシテ八月二十七日ヨリ三月十五日迄ヲ第一期トシ三月十五日ヨリ八月二十七日迄ヲ第二期トス而シテ有基銀ニ附スル利息ハ時ノ利息ノ高低ニ論ナク常ニ年七分二厘トシ以テ公益ヲ重ンスルコト |
| 一，各號貸付金ヲ爲ス場合ニハ英國法ノ定メタル厘印單（政廳ノ定メタル漢文借用證）ヲ用ユル事期日ニ至リ元利金ヲ完濟シタル時ハ該厘印單ヲ返却スヘシ書替延期ノ場合ニハ新ニ證書ヲ作製シ利息ヲ徴收スヘシ若右規約ニ違反スル者アルトキハ百弗ノ罰金ヲ課シ五十弗ハ組合ノ費用ニ充テ五十弗ハ證人ノ賞トシテ贈ルコト |
| 一，若不正ノ徒アリテ故意ニ破産シテ其ノ債務ヲ果タサスシテ他ニ營業ヲ營ム如キ破廉恥ナル行爲ヲ爲スモノアルトキハ其ノ人ノ主人タルト支配人タルトヲ問ハス又如何ナル生計ヲ爲スノ論ナク文明的態度ヲ以テ一應忠告ヲ試ミ而シテ尚改メサルニ於テハ先ニ醵出シタル基銀ヲ沒收シテ東亜醫院(ママ)ノ慈善基金ニ寄附スヘシ |
| 一，同業者ニテ不幸取付等ノ災ニ遇フトキハ同業者ハ協力之カ救助ニ勉メ以テ外部ノ迫害ヲ防クヘシ |
| 一，諸事協議ノ場合ハ司事若ハ其ノ代理ニ於テ會員ヲ招集シ議事ハ凡テ公益ヲ重ンシ萬事周到ナル注意ヲ旨トシ決議事項ニ付テハ一々會員ノ署名ヲ取リ以テ後日ノ證トシ當日不參者若ハ署名セサルヲ理由トシテ後日異議ヲ唱フルヲ許サス |
| 一，東華醫院雅麗氏養育院費及東華醫院總理ノ選擧費用ハ各銀號ヨリ寄附スヘキモノニシテ若違背スルモノアルトキハ醫院ヨリ直接人ヲ派シテ強制シ以テ公平ヲ示ス |
| 一，毎年三月十五日趙元帥ノ誕生日及八月二十七日孔子ノ聖誕日ニハ靜肅ナル慶祝ヲ爲シ神福一葉ヲ各銀號ニ配布ス當夜ハ酒樓ニ祝宴ヲ催シ毎號必ス一人ノ代表者ヲ出席セシメ以テ商務ヲ協議ス |
| 一，若組合銀號ニシテ閉店スル場合ニハ曩ニ提供セル五百弗ノ基金ハ之ヲ返還シ尚利息ノ剰餘アルトキハ其ノ一半ヲ組合費ニ差引キ一半ヲ返金ス若組合ノ經費多端ニシテ元金ノ返濟出來サルトキハ新入會員ノ有ルヲ待ツテ此ノ入會金ヲ以テ返濟シ以テ公金ヲ重スヘシ |

出所）台湾銀行［1916b, 87-89］
注）翻訳文のみの掲載のため原文不明

① 証書の様式統一

銀業行規條の第四条には,「各號貸付金ヲ為ス場合ニハ英國法ノ定メタル厘印單（政廳ノ定メタル漢文借用證）ヲ用ユル事」[台湾銀行 1916b, 88] と記している。すなわち聯安堂では，加入会員が貸付業務をおこなうときには，その貸借証書として,「厘印単」という英国法に準拠し，かつ香港政庁が定めた中文借用書様式の使用を，業界としても定めていた。

② 同業の信用維持と保護

聯安堂は，第5条・第6条のように，同業の信用維持と保護についても規定していた。ギルドの役割の一つは，業界信用を維持し，また一致結束して同業を保護することで，全体の利益を守ることにある。特に信用が重要視された金融業のギルドである聯安堂は，業界信用の維持のため同業への自律を求め，また外部環境からの同業の保護を想定していたことがわかる。

もっとも香港の場合，経済活動の法的保護が進歩しており，法的手段による資金回収や破産処理が比較的常態化していたため，ギルドの団結による保護や保証を，広州などのように必要としていなかったことも事実である[40]。

たとえば，1905年12月1日付の "Hong Kong Government Gazette" の公告欄を見ると，關淮洲の経営による大手銀号の承徳が，Chan Lai Ming を相手どって債務返済の訴えを高等法院に起こしている [HKG GA 1905.12.1, 1768]。この際に承徳は，英国系の著名法律事務所 Deacon, Looker & Deacon を代理人としている。このように，法制度のスキームに基づき資金回収や破産処理が可能な環境では，法整備が十分でなかった広州などの銀号と比較した場合，ギルドに求められた役割が異なっていた。

③ 社会活動への関与

華人が社会活動に積極的な関与をすることは，人望を高め，また人脈を形成するための機会であり，商業活動上でも意味を持った。その参加は個人単位ではなく，しばしば自らの属する同業勢力を背景としていた。

たとえば，香港の華人社会を代表するほどの影響力を誇った慈善団体の東華醫院を見ると，その総理（理事）には各業界団体の推薦を受けた代表が立候補し，選挙を経て就任していた [香港東華三院 2001, 29]。銀業行規條第8条にあ

るように，こうした活動には銀号業界も参加していた。

東華醫院は，華人社会の利益や要求を香港政庁に伝える窓口として機能するなど，19世紀後半から20世紀初頭にかけての香港で，重要な役割をはたした組織であった。それゆえに銀号業界も，東華醫院への積極的な関与を奨励していた。

④ 祭祀活動

第九条に示されているように，同業から崇拝されている守護神の祭祀は，ギルドの主要な役割の一つであった。条文中の趙元帥とは道教の仙人で，金融業の神として崇拝された趙公明を指す。こうした祭祀は，上海の銭荘ギルドや広州の銀号ギルドでもおこなわれており，聯安堂も例外ではなかったことがわかる。

### 3) 聯安堂の限界

以上のように，各種の規約を定めて活動した聯安堂であったが，実際には「日々ノ取引ニハ何等益スル所ナキ」[台湾銀行 1916b, 87] とも言われ，実務的な役割は大きく発展しなかった。この最大の理由は，聯安堂が限られた一部の按掲銀号だけで構成されていたことによる，金融ギルドとしての凝集力や影響力の弱さにあった。

すでに本書でも考察したとおり，香港の華人による金融は，按掲銀号だけで成り立っていたわけではなく，找換銀号や匯兌荘など，多様な金融業者によって担われていた。ところが「ギルドに於ては，その資産や人品を詮議して加入を許すから，成員を同格ならしむべき勢ある」[根岸 1951, 386] とあるように，聯安堂の会員は一部の按掲銀号に限定されており，他の金融業者を排除することでその信用性を保っていた[41]。しかしその裏返しとして，金融ギルドとしての発展には限界があった。

これに対して広州の忠信堂は，自らが金融市場を運営し，そこに各種の金融業者を包摂することで，その影響力を生み出していた。しかし忠信堂でも，同業間のしきたりや納税義務などの問題から，20世紀初頭にはギルドとしての勢力が減退した [區 1932, 13-14]。これに危機感を持った業界の一部は，それ

までは二流と考えられていた銀号にも門戸を開き，研修団体の「銀業研究所」を1911年（宣統3年）に結成したが［區 1932, 13-14］，実質的な効果を得ることができなかった。

そこで忠信堂は，付属機関として通貨市場「銀業公所」を開設する。第1章でも言及したように，銀業公所は広東通貨や香港通貨を売買する市場であり，香港渡手形の取引も活発であった。むろん，それは会員制であったが[42]，忠信堂によって設立されたにもかかわらず，その門戸は各種の金融業者に開かれており，銀業公所は広州の金融活動に不可欠なインフラとなった[43]。

これによって銀業公所は，1923年には忠信堂に加盟する做架銀号に加えて，両替を中心とする找換銀号，投機業者の包紙客などを包摂した「銀業同業公會」に発展した。この結果，母体であった忠信堂は銀号への課税を取りまとめる窓口機能を残すだけになったが，広州の銀号ギルドは，金融業全体のギルドに脱胎換骨ともいうべき発展的解消をとげることで，引き続き広州経済界での大きな影響力を保持した。

ところが聯安堂の場合は，会員であった按掲銀号が，会員であること自体を既得権益としており，また文字通りに担保貸付業務を中心としていた。このため広州の忠信堂のように，自ら金融市場を創設するなどの方策をとることで，華人の金融業界全体のギルドに発展するということはなかった。

### 4) 銀号業界の社会的地位

聯安堂は，その実務的な役割こそ振るわなかったものの，設立後次第に，銀号業者の経済的な実力を背景に，その社会的地位を明確に確保し始めた（図補1-6）。

19世紀後半，銀号業界は経済活動上の役割にもかかわらず，金山荘，南北行，買弁といった華人の商業社会の諸勢力と比較すると，社会的影響力が著しく低かった。これはギルドを経由した社会団体への関与から読みとれる。

たとえば冼玉儀の研究［1989］によれば，1869〜96年の東華醫院では，総理（理事）となった人物の背景を見ると，買弁，南北行，金山荘，布商，米穀商，質商など幅広い業界から，ほぼ連年にわたって当選者が出ていた。それにも

**図補 1-6** 著名銀號業者の集合写真（1935 年）
出所）金銀業貿易場［1970］
注）左手前列より郭贊，伍潔宜，潭炳基，林癸生，何善衡，董仲偉，鍾達清，簡達材，馮少堂

かかわらず，同期間には，銀号業界からの当選者がまったく登場していない［Sinn 1989, 273］。

変化が生じたのは 20 世紀の初頭であった。1903 年，瑞吉の司事であった郭翼如が総理に当選している。さらに 1904 年には，肇昌の梁培之が主席（理事長）に当選し[44)]，続けて 1905 年には天福の鄧志昂が主席に当選している。これは 1906 年に聯安堂が組織されたように，銀号業者の同業間で，社会的な活動が開始されたことと，軌を一にしている。

この時期の銀号業界の地位確立は，公的性質を持つ資金が，銀号にも預け入れられていることからも明らかとなる。たとえば婦女子保護を目的に設立され，東華醫院と並ぶ高い社会的信用を誇っていた「保良局」は，1905 年度から余剰資金の大部分を，銀号に預けている［HKG SP 1906, 249］。預け入れ先は「瑞吉」，「宏裕」，「明新」，「承徳」，「瑞昌」の 5 軒で，合計金額は 1 万 5000 ドルであった。その理由については，「より高い金利を得られる」（"a higher interest is obtained"）との記述が残されている［HKG SP 1907, 360］。事実，1906 年 1 月 1 日から同年 12 月 31 日までの 1 年間では，元金合計 1 万 5000 ドルに対して，年率 8.65％の利息 1297 ドル 50 セントが付与されている［HKG SP 1907, 361］。

同様のことは，華人の商業社会を代表する経済団体であった華商總會と，そ

の前身である華商公局への銀号業者の進出からもわかる。たとえば，1904年の華商公局の値理（理事）リストには，著名な銀号業者である泰豐の周少岐，天福の鄧志昂，肇昌の梁培之の3名が見られる［周，鍾，黄 2002, 10］。また経営には直接関与していないものの，実質的なオーナーであった人物も見受けられる。たとえば，瑞吉の大股東（大株主）であった馮香泉や黄花農である［周，鍾，黄 2002, 10］。かつ同年の寄付団体リストからは，銀号業界として100ドルを寄付していることがわかる［周，鍾，黄 2002, 11］。さらに主要な役員職の変遷を見ると，華商公局の時代には1904～13年の間，周少岐が司理を務めており，また1913年に華商總會が成立した後は，1921年まで副司庫を務めている［周，鍾，黄 2002, 224-225］。つづいて1922～25年は，榮興の李榮光が副司庫を務めている［香港南華商務傳佈所 1922, 8］。

1920年代以降になると，銀号業者の社会的地位は，より確立されたものとなった。たとえば先述の東華醫院では，天福の2代目である鄧肇堅が，1924年にわずか23歳で総理に当選し，1928年には主席に当選している。また1927年には，保良局の総理にも当選しており，1933年には主席に当選している［譚 1986, 12］。

以上からは，19世紀後半に確立されたばかりの銀号業者は，華人の商業社会の諸勢力と比較すると，その社会的影響力の確保が遅れていた。しかし20世紀初頭に入ると，聯安堂が設立され社会面での活動が積極化する。この結果，銀号業者および銀号業界は，次第に一定の社会的地位を占めるようになったことがわかる[45]。

## おわりに

ここでの考察から，19世紀後半に成立した銀号の経営構造の諸側面が明らかとなった。

まず銀号には，その起源によって2つの区分があり，19世紀後半から，一貫して銀号として認識されていたのは，主に按掲（担保貸付）を扱った按掲銀

号であった。特に，会員数が限定され，特権的であった聯安堂に加入していた業者は，1930年代前半までは，華人社会の金融機関を代表する大手として認識されていた。

もっとも，時代の移りかわりとともに，業界内でも浮沈があり，聯安堂に未加入の銀号にも，信用と実力を兼ね備えたものが登場した。特に，金銀找換商や銭枱など両替商の一部は，次第に事業を拡大することで銀号と認識され，找換銀号と呼ばれるようになる。ただし，按掲や找換といった区分は，あくまでも店の起源によるものであり，実際の各店の業務構成は，時代や環境によって一様ではなかった。

銀号が華人社会で金融機関として必要とされ，また存立し続けた理由は，その営業内容や資本構成の詳細を見ることで理解できる。たとえば，貸付などに際しての与信や利率の決定は，属人的な信用をベースに，貸手と借手の人的関係を軸におこなわれたが，この人的信用を基礎とした金融は，華人の商業慣習に適合していた。また銀号の成立や経営を見ると，有形資本の基礎となった合股による出資，あるいは無形資本として経営を支えた当主，出資者，支配人の社会的信用や名声，さらには同族や同郷の紐帯から得ることのできる経営資源など，その基本には様々な要素があった。

銀号の経営構造を考察すると，そこからは紅股や官利といった利益処分，営業の原動力となった公積という準備金，店内管理の方法，広東式に起源を持つ簿記会計の構造など，華人の思考を反映した特徴を見ることができる。たとえば官利という発想は，華人社会では放資と投資の区分が曖昧なまま，利殖として手近な事業へ資金が投下される環境から生まれてきた。また次年度への余剰金を，股本の増資ではなく，株東への分配や公積への積み立てという方法で処分したことは，実質的な事業拡大とその利益分配を最大の目的とする，華人の商業活動の基本思想に沿ったものであった。

このようにして19世紀後半から形成され，経営を拡大してきた銀号は，20世紀に入るとギルドを形成し，社会活動を拡大することで，業界として一定の社会的地位を確立していった。ただしこの聯安堂は，銀号のなかでも限られた業者しか入会が許されなかった。一方で，香港の華人による金融業界は，銀行，

金銀找換商，銭枱，匯兌荘など，多種にわたっていた。このため広州のように，銀号が商業界のみならず，社会的にも広く影響力を持った状況とは異なり，香港では聯安堂や銀号が，社会に対して主導的な影響力を行使する現象は見られなかった。

## 補論2 金銀業貿易場の形成と発展

### はじめに

　アジア太平洋の広域経済圏で，複雑な貨幣流通を調節した香港では，銀号が大きな役割を担っていた。こうした銀号による貨幣取引の活発化に伴い，次第に取引所が形成されていったのは自然な流れであった。そのなかで特に，金銀貨幣の両替と投機を主体とした找換銀号が，同業者間で取引した舞台が，20世紀初頭に創設された「金銀業貿易場」である。ここでは金銀業貿易場について，その淵源と発展，取引の概要，さらにはダブル・イーグルと呼ばれた米国金貨の取引を例に，実際の取引方法と役割などを考察したい。

### 1　金銀業貿易場の形成

#### 1) 金銀業貿易場の淵源

　金銀業貿易場の淵源は，找換商や銭枱といった両替商が，有傷（chopped）の破砕金銀貨幣を路上取引したことに始まる。著名な找換銀号であった「昌記」の店員で，後に「余昌」を創業した林癸生は，自身が子供であった1880年代を振り返って，次のように証言している［金銀業貿易場 1970］。

> 街ではたくさんの人々が破砕金銀を売買していた。彼らは毎日布袋一つを背負い，街頭で破砕金銀，龍毫（引用者注：清朝鋳造の銀貨），各国紙幣などを買い付けていた[1]

　様々な貨幣が流通し，それが額面のみならず純分や傷の有無を勘案して，秤

量されて価値が決まるなか，找換商や銭枱は社会に必要不可欠であった。その找換商や銭枱が需給調整のため，1880年代には路上取引を始め，仲買人が布袋を背負って街を歩き回っていた。

ところが20世紀初頭になると，両替業の発展に伴って取引関係が複雑化し，路上取引の弊害が顕在化し始めた。たとえば当時の売買慣習は，先に現物を渡した後に紙幣を渡す代金後払い方式であった。しかし，受渡し時には純分や重量の不足を理由としたトラブルが，常に発生していた。このため，先に紙幣を支払った後に現物を受渡す方式に改められたが，それでも問題は避けられなかった。また，当時の売買はまったくの口約束であり，これも問題となった。したがって，取引や決済の紛争を避けるため，業界内では集中売買のための取引所創設が，次第に提唱され始めた［金銀業貿易場 1970］。

1904年（光緒30年），銀号業者が資金を出し合い，香港島徳輔道中（デ・ヴォー・ロード・セントラル）197号の建物を賃借することで，金銀業貿易場の前身組織が成立した。この建物は3階建ての狭いもので，1階を取引所として使用した。しかし，成立当時は取引所の固有名称もなく，また売買規則も明文化されていなかった。そこで1910年，簡単な売買規則を明文化し，取引所の名前を「金銀業行」と定めた［金銀業貿易場 1975］。金銀業貿易場では，この年を正式な創立年としている[2]。

金銀業行の創立会員は，「麗源」を筆頭とする13軒の銀号であった[3]。しかしながら，第一次世界大戦の期間に金融市場の変動が激しくなると会員が激増し，一時は250軒もの取引業者が出入りした。しかも，非会員業者は門外の路上で独自の取引をおこない，路面電車の通行を阻害した［金銀業貿易場 1970］。こうした混乱に加え，当時はかなりの規模に拡大していたにもかかわらず，正式な社団登記をしていなかったため，香港政庁の華民政務司（華人統治担当局長）であったハリファックス（E. R. Halifax）は，金銀業行に組織改革を勧告する。

この勧告があった1918年，金銀業行は規約を整備して21条から成るものに改正し（表補2-1），社団登記をして，正式に金銀業貿易場の名称を定めた。またハリファックスの意向を受けて，按掲銀号の大手であった「瑞吉」の張文卿,

### 表補 2-1　金銀業貿易場規約（1918 年制定）

| | |
|---|---|
| 第一条 | 本市場ヲ金銀業貿易場ト名ヅケ，組合各員ハ保證金トシテ五百元ヲ提供スベキモノトス |
| 第二条 | 保證金ニ對スル組合員ヘノ支拂利息ハ六月十五日，十二月十五日ノ二回ニ計算シ，貿易場内ニ提示スベシ。之ガ利率ハ家賃及其他ノ諸經費ヲ保證金ニ對スル利息ヨリ差引キテ決定ス。利息支拂期日前ニ組合ヲ退キタル者ニ對シテハ退會期ノ利息ハ支拂ハズ。 |
| 第三条 | 本市場ニ提供セラレタル保證金ニシテ一萬元ニ達シタルトキハ之ヲ香上銀行ニ預ケ，若シクハ不動産抵當貸付又ハ不動産ノ買入ニ運用シ，一萬元未満ノ場合ニハ之レヲ總理，理事及會計員ノ合議ノ上，小分シテ信用アル銀號ニ預ケ，以テ退會者ヘノ保證金払戻，及ビ諸経費ノ支拂ニ備フ。 |
| 第四条 | 預金引出ニ際シテハ事情ノ如何ニ拘ラズ總理，理事，會計員四名ノ中，三名ノ署名ヲ要ス。 |
| 第五条 | 組合各員ハ毎月貿易場ノ諸經費トシテ四元ヲ負担スベシ。但シ数ヶ月分ヲ一縮メトシテ徴収スベシ。滞納セルモノニ對シテハ月歩ヲ附スベシ。 |
| 第六条 | 本市場ノ取引時間ハ午前八時ヨリ十時迄，及午後三時半ヨリ五時半迄トス。取引ハ總テ市場内ニ於テ行フベキモノニシテ，算盤使用又ハ口頭ノミニテ為スモ自由ナレドモ，一旦値段ヲ定タル以上ハ，之レヲ取消スベカラズ。場内ニ於テ喧嘩，争論ハ堅ク禁止ス。又市場ノ入口ニ於テ取引スベカラズ。 |
| 第七条 | 組合員ガ市場ニ入ルニ際シテハ必ズ徽章ヲ佩帯スベシ。然ラザレバ入場シ得ザルコトアルベシ。徽章ハ組合各店ニ四個受ケルコトヲ得。但シ他人ニ貸スベキモノニ非ズ。違反シタルモノハ五十元ノ罰金ヲ課スベシ。 |
| 第八条 | 本市場ハ専ラ各國金銀貨，紙幣等ノ賣買ヲナス為ニ設立シタルモノニシテ，金銀業若クハ両替店ニ非ラザレバ組合ニ加入スルコトヲ得ズ。而シテ組合員以外ノ者ハ本市場ニ於テ賣買スルコトヲ得ズ。 |
| 第九条 | 本市場ニ於テ各國金銀貨，紙幣ノ買賣ヲナシタル場合，直物ハ午前午後ノ取引ヲ問ハズ悉ク当日ニ於テ delivery スベク，先物ノ場合ニハ双方契約成立ノ證拠ヲ交換スルコトヲ要ス。転買賣ヲナシタル場合問題ヲ生ジタル時ニ當事者間直接交渉スベキモノトス。 |
| 第十条 | 當市場ニ於テ発表シタル賣買直段，八九金ノ繰延利率等ハ悉ク組合各員ノ店内ニ発表スベシ。 |
| 第十一条 | 八九金ノ繰延利率ハ弗ニ付旧歩四十仙ヲ越ユルコトヲ得ズ。毫子ノ繰延利率ハ當日ノ銀行又ハ銀號ノ抵當貸付利率ヲ超ユルコトヲ得ズ。 |
| 第十二条 | 各組合員ニシテ暴利ヲ貪リ或ハ不法ナル行為アルカ，市場ノ秩序ヲ乱シ或ハ規則ヲ守ラザルコトアラバ退會セシメラルベシ。 |
| 第十三条 | 第十二条ノ理由或ハ他ノ原因ニヨリ退會シタル者ニ對シ債権アルモノハ其金額ヲ當市場ニ掲示スルトトモニ，總理ハ通告スベシ。斯ル際ハ保證金ヨリ右負債金ヲ差引キ尚余金アラバ余金ノ九割ヲ退會者ヘ拂戻スベシ。此ノ場合，入會當時ノ保證金領収書ヲ以ツテ保證金拂戻ノ請求ヲ為スコトヲ得ズ。 |
| 第十四条 | 若シ組合各員ニシテ廃業或ハ他ノ理由ニヨリテ退會シタル場合，仮令組合員ニ對シ負債ナクトモ，退會セシコトヲ三日間市場ニ掲示シ債権アリト主張スルモノナケレバ保證金，利息及配當ノ九割ヲ拂戻スベシ。 |
| 第十五条 | 組合員ニシテ商號或ハ組織ヲ変更シタル場合，組合ニ對スル権利ヲ新商號或ハ新組織ノ店舗ニ譲渡スルコトヲ得ズ。第三者ヘノ譲渡亦然リ。 |
| 第十六条 | 組合員ニ不幸失敗シタル際，各組合員ニ對シ負債アルトキハ當該店ノ支配人雇人ハ仮令他ノ組合員ニ雇用サルルコトアルモ當市場ヘノ出入ヲ禁ズ。 |
| 第十七条 | 組合員ニシテ賣買成立シタル際，代金ノ支拂不能等ノ為メ deliver シ得ザルコトアルトキハ其相手方ハ直ニ總理ニ其旨ヲ通知スルコトヲ要ス。總理ハ之ヲ市場ニ掲示シ，以テ當該店ノ市場ニ於ケル取引ヲ停止セシム。然シ後日當該店 deliver ヲ執行シタルトキハ |

|  |  |
|---|---|
| | 相手方ハ其旨總理ニ通告スベシ。總理ハ之ヲ市場ニ掲示シ，以テ當該店ノ當市場ニ於ケル權利ヲ復活セシム。 |
| 第十八条 | 當市場ニ於テ拳，囲碁，将棋等ヲ為スコトヲ禁ズ。違反スルトキハ十元ノ罰金ヲ課スベシ。而シテ罰金ノ一半ハ之レヲ監視人ニ与ヘ余ハ當市場ノ収入トス。 |
| 第十九条 | 各役員ノ任期ヲ一ヶ年トス。満期ノ十五日前新役員ヲ選擧シ，満期ニ至リ交代ス。組合員ノ入會，退會ハ役員ノ投票ノ多數決ニヨリ定ム。 |
| 第二十条 | 各組合員ニシテ廢業等ノ理由ニヨリ退會スルニ際シテハ此旨ヲ總理ニ申告シタル時迄ノ諸經費ヲ負担スルモノトス。 |
| 第二十一条 | 八九金，毫子等凡テノ delivery ハ期日ニ於テ必ズ執行スベキモノニシテ期日ヲ經過シタル際，仮令，意外ナル事件發生シ，deliver シ得ズトモ，契約ノ執行ニ關シテハ各員ヲ自ラ交涉スベキモノトス。若シ期日ニ於テ deliver シ得ザルトキハ，之ヲ總理ニ通知シ，期日ノ翌日午前中迄 delivery ヲ延期スルコトヲ得。依ツテ通知ナキトキハ，凡テ期日ニ於テ delivery ヲ完了シタルモノト認ム。 |

出所）横浜正金銀行［1925, 61-64］
注）翻訳文のみの掲載のため原文不明

「大有」の劉鋳伯，「天福」の鄧志昂が，理事会の総理や協理として参加した［金銀業貿易場 1970］[4]。こうした香港政庁の介入と，その意向に沿った人物の理事会への派遣という現象は，社会的影響力の大きい華人社団を間接的な管理下におくため，19世紀末に「東華醫院」で発生したケース[5]と似ている。その意味では，香港政庁が当時の金銀業貿易場を少なからざる影響力を有した団体と認識していた反映でもあった。

1910年代後半～1920年代前半には，著名な按掲銀号に加えて，「永安」や「大新」といった百貨店の貴金属部門，金取引専門の金舗なども相次いで加入した。1925年の主な会員を見ると，表補2-2の通りとなる。これによれば，「瑞吉」や「麗源」のような按掲銀号，「財記」や「昌記」のような找換銀号，「永盛隆」のような金舗など，多岐にわたる華人系金融業者が参加している。しかし数の上で最も多く，活発な売買を繰り広げていたのは找換銀号であった。

1918年，取引所の所在地は徳輔道中248号に移転したが，賃借ではなく自前の土地・建物を購入するべきとの意見が次第に高まり，1920年代半ばから場所の選定が始まる。この移転については，当初は中環に近い場所が提案されたが，これは上環の潮州系業者の反対を受け，逆に潮州系が提案した場所は，中環の広東系業者の反対を受けた［金銀業貿易場 1970］。このため1927年，主席の鍾達清と副主席の馮民徳の建議で，中間にあたる孖沙街（メルシャー・ス

補論 2　金銀業貿易場の形成と発展　235

**表補 2-2**　金銀業貿易場の会員銀号（1924 年）

| |
|---|
| 永裕, 裕安, 鉅和, 誠昌, 同泰, 貞昌, 貞泰, 天安, 正昌, 金生, 隆發, 厚德, 同安, 道亨, 順發, 其發, 成昌, 明生, 昌裕, 生泰, 生利, 厚泰, 業成, 信行, 公記, 和記, 同益, 富榮, 浩源, 順益, 均安, 源記, 阜德, 裕和, 仁發, 德成, 業成, 昌興, 鎰隆, 恒裕, 裕源, 大來, 發記, 協茂, 粤安, 生興, 利貞, 仁和, 錦昌, 永生, 永德, 永大, 大有, 錦榮, 鴻德, 瑞吉, 永盛隆, 和昌, 和盛, 永興盛, 麗興, 和興隆, 維德, 源通利, 東榮, 崇榮, 達昌, 福興, 阜安, 安和, 建源, 昆誠, 財記, 恕隆, 德榮, 寶榮, 昌記, 裕記, 崇裕, 瑞和, 安昌, 麗源, 春記, 全益, 裕亨, 和記, 騰記, 大昌, 扶記, 梁喬記, 安泰, 利安, 安發, 鎰成, 源昌, 生益, 鎰和, 明記, 謙發, 孚信, 瑞發, 均安, 新豐記 |

出所）横浜正金銀行［1925, 64-65］より作成
注）天福銀號が欠落していることから，全会員を網羅していないと推測される

トリート）14 号の土地を購入し，金銀業貿易場の所在地とした［金銀業貿易場 1935, 144］[6]。1932 年には取引拡大から，隣接する 16 号と 18 号の土地・建物を買い増し，1934 年には新しい取引所が落成した（図補 2-1，2-2）。

### 2）取引品目

金銀業貿易場の取引品目は時代によって変遷しているが，ほとんどが金銀貨幣や紙幣の取引であった。たとえば 1925 年と 1934 年の取引品目は表補 2-3 に示すように多岐にわたっている。

主要な取引品目の変遷については，たとえば 19 世紀半ばから 20 世紀初頭には，清朝鋳造の龍雙毫（清朝二十仙）が主流を占めていたが，次第に広東雙毫（広東二十仙銀貨）が盛んに売買された［金銀業貿易場 1970］。第一次世界大戦前後には，欧米への物資輸出代金としての八九大金（米国 20

**図補 2-1**　金銀業貿易場（1935 年）
出所）金銀業貿易場［1970］

**図補 2-2** 金銀業貿易場の新築ビル落成記念写真（1935 年）
出所）金銀業貿易場 [1970]

ドル金貨）流入を背景にその売買が主流を占め，1930 年代前半まで継続する。また 1920 年代前半の「廣東中央銀行」成立以降は，同行紙幣である中央紙も投機対象として活発に売買された[7]。「永隆」創業者で，当時は「仁裕」に勤めていた伍宜孫は，1929 年頃の中央紙投機を，次のように回想している [伍, 23]。

> 廣東中央銀行発行の中央銀行紙幣は，すでに兌換されつくした 1 元紙幣と 5 元紙幣を除いて，800 万元ほどの 10 元紙幣がなお兌換されずに残っていた。広東，香港両地の投機家は投機熱をあおって市場で活発に活躍し，電報をやりとりしながら相互に鞘取りをおこない，仁裕の業務もまた自然と盛んになった。私は一種の暗号コードを編み出し，各地の同業との連絡に使用し，便利なものとして評判となった。私は電報に習熟しており，送受信に際して翻訳する必要がなく，一目で内容を知ることができた。ゆえに広州からの売買の多くは仁裕を利用し，特に十三行街の綿祥，匯華，宏泰，金興，永發などは店員を香港に派遣し，昼間は仁裕を駐在員事務所として使用するほどであり，業務は繁忙を極めた[8]。

以上からは，中央紙をめぐる投機の繁忙と，電信を用いた香港―広州間の金

**表補 2-3** 金銀業貿易場の取引品目（1925 年および 1934 年）

| 1925 年 | 1934 年 |
| --- | --- |
| 八九大金（米国 20 ドル金貨） | 八九美金（米国 20 ドル金貨） |
| 二一金（英国 1 ポンド金貨） | 二一英金（英国 1 ポンド金貨） |
| 充英（英ポンド） | |
| 板光（メキシコドル銀貨） | |
| 印板（有傷のメキシコドル銀貨） | |
| 印日（有傷の日本銀貨） | |
| 波光（シンガポールドル銀貨） | |
| 西紙（仏領インドシナピアストル紙幣） | 西貢紙（仏領インドシナピアストル紙幣） |
| 邊光（仏領インドシナピアストル銀貨） | |
| 江光（香港 1 ドル銀貨） | 香港大銀（香港 1 ドル銀貨） |
| 半員（香港 50 セント銀貨） | |
| 港雙（香港 20 セント銀貨） | |
| 港単（香港 10 セント銀貨） | 香港単毫（香港 10 セント銀貨） |
| 五仙（香港 5 セント銀貨） | 香港五仙（香港 5 セント銀貨） |
| 龍光（清朝大元） | |
| 印龍（有傷の清朝大元） | |
| 龍雙（清朝二十仙銀貨） | 清朝龍雙毫（清朝二十仙銀貨） |
| 中央光（袁世凱大元） | 中央光（袁世凱大元） |
| 散雙（広東二十仙銀貨） | 広東雙毫（広東二十仙銀貨） |
| | 一一金（米国 5 ドル金貨） |
| | 中央紙（廣東中央銀行紙幣） |
| | 中國銀行上海紙(中國銀行上海支店紙幣) |
| | 普通上海紙（上海ドル紙幣） |

出所）横浜正金銀行［1925, 60-61］，金銀業貿易場［1935, 335-364］より作成

融取引がうかがえる。また伍宜孫は，次のように回想している［伍, 27］。

　　中央銀行紙幣の投機は，この年（引用者注：1932 年）の秋に広州—香港間の長距離電話が開通したため，両地間の市場価格は「電話一本」で市場全体が知るものとなってしまった。従前の電報はこれに比較して遅く，そのため両地の市場で異なる価格を形成したために，裁定取引は繁忙を極めていた。ゆえに長距離電話が出来てからというもの，裁定取引は減少し，仁裕の業務もこの年からは昔のように忙しくなくなってしまった[9]。

　1930 年代前半には，二二金（米国 5 ドル金貨）と四四金（米国 10 ドル金貨）の取引が，米ドルのヘッジや投機の手段として盛んになる。また 1930 年代後

半から 1941 年までは，日中戦争の戦乱を背景として，法幣と毫券の売買が旺盛を極めた。

### 3）取引の実際

　金銀業貿易場での取引の実際を見る。まず取引時間であるが，日曜日を除く週 6 日のうち午前 8 時から午前 10 時と，午後 3 時半から午後 5 時半までの 2 回に分かれていた。また取引品目が増えると，合間の時間を利用した取引もおこなわれていた［横浜正金銀行 1925, 61-64］。後には「糾察員」と呼ばれた監視係あるいは門番のインド人がベルを鳴らして，取引開始を知らせていた。

　設立当初から，会員は取引所の入場には腕章をつける決まりであった。しかし，実際には会員以外の入場も可能であったため，次第に衣服の盗難などが発生し，秩序維持が問題となってきた。このため一般人が参観できる場所を限定したが，依然として問題が発生したため，会員以外の出入りは完全に禁止された［金銀業貿易場 1970］[10]。

　取引方法は，初期には業者間の話し合いによる相対取引であった。しかし 1920 年代半ば以降は，価格形成を公平化するため，声を出して値を提示し，これに応じる「オープン・アウトクライ」方式の相対取引となった[11]。後に電話が普及し始めると，場内には各銀号とトレーダーを結ぶ直通電話が引かれた［銀行週報 1940.10.8, 6］。

　また後述のように，取引の種別は現物取引と先渡取引であった。しかし先渡取引については，当初明確な取引ルールが定められておらず，トラブルが多発した。1920 年には章程での明文化がおこなわれたが，簡略な内容であったため，実際には契約不履行が続いていた［FEER 1954.6.24, 803］。そこで 1931 年，取引制度の不備を踏まえ，当時「仁裕」に勤め，また金銀業貿易場の書記を兼任していた伍宜孫を中心に，章程全体の改革案がまとめられた。伍宜孫は，次のように回想している［金銀業貿易場 1975］。

　　会員の利益を保障するには，健全な組織が必要であり，章程の修正を行い，不必要なものは捨てて必要なものは残した。一部を上海標金交易所の

制度に倣い，各取引で即日決済が不可能なものは一律に保証金を差し入れ，本取引所に詳細を報告し，清算の取引所管理を実施した。（中略）会計役を雇い，特別財務責任者，監査役などを選任し，各事務を専門に司ることにより職務の分散と協力を図った[12]

　こうして金銀業貿易場の章程は，上海「標金交易所」の取引規則を参考に改定され，8章101項（加えて附則・細則11項目）から成る新章程によって，管理，運営，売買，受渡しから電話の設置方法に至るまで，細部が規定された。特に問題の多かった先渡取引については，詳細な規定が設けられた。また伍宜孫の回想にあるように，証拠金制度の導入，個別取引内容の取引所による記録，受渡用の現物を管理する公共倉庫の設置，理事会と委員制度の改革などが実行され，管理が厳格化された。さらには増加した会員を制限するため会員数を限定し，理事会議事録，売買出来高，約定値段を詳細に記録した「年刊」も発行した。

　1931年の改革は，組織の制度と機能を明確かつ厳格に規定したもので，当時としては斬新的であった。この制度は，そのほぼ完全な内容によって，戦後にいたるまで受け継がれていった。

## 2　金銀業貿易場の取引事例——ダブル・イーグル取引を例に

### 1) ダブル・イーグルとは

　金銀業貿易場は，貨幣取引の需給調整や為替ヘッジの機能だけでなく，投機の機会を提供した。この投機市場としての役割を可能にしたのが，先渡取引（forward trading）と言われた取引制度である。ここでは，金銀業貿易場で長らく取引の主流を占めたダブル・イーグルの取引を例に，金銀業貿易場の取引を特徴付けた先渡取引の仕組みを考察すると同時に，為替相場との相関関係を探る。

　まず，ダブル・イーグルについて簡単に説明する。ダブル・イーグル（double eagle）とは，米国 20 ドル金貨の略称であり，コインの両面に刻印された鷲のデザインからそのように呼ばれた。また華人社会では，別名「八九大金」や「八九美金」と称された[13]。これはダブル・イーグルの重量が 516 グレーン＝洋平 0.8899 両に相当するため，これを切り上げて 0.89，すなわち「八九」と称したためである。

　香港で取引された金には，ダブル・イーグルのほかに金塊（gold bar），英国二一金（英国 1 ポンド金貨），金葉（gold leaf）[14] などがあった。しかしダブル・イーグルが突出していた理由は，それが単なる貨幣や商品（commodity）として売買されたのではなく，金と米ドルの連動から，米ドル為替のヘッジや投機の手段として用いられたためであった。

　ダブル・イーグルが香港に大量流入した背景は，第一次世界大戦による中国から米欧への輸出拡大による，代金としての金貨の受け取りにある［FEER 1951.7.26, 123］。1920 年代にはさらに流入が拡大し，米国の対香港総輸出高に占める米国金貨の割合は，1919 年 11％，1920 年 17％，1921 年 67％，1922 年 11％，1923 年 9.7％となっている［横浜正金銀行 1925, 52］。第一次世界大戦の終結から 1920 年代は米中貿易の拡大期であったが，1921 年の 67％という数字は異常な例外としても，香港を通じた米国金貨の流入がいかに大量であったかがうかがわれる。こうして流入したダブル・イーグルは，香港で投機や為替ヘッジの手段に使用されただけでなく，金葉や金細工の原料用として上海やシンガポールにも再輸出された［横浜正金銀行 1925, 52］。

　ただし香港での米国金貨の輸入に際しては，銀号は関与することなく，主として在香港の外国銀行を通じておこなわれた。一方で，香港における流通市場での売買や投機は，金銀業貿易場を通じて銀号が主導した。たとえば 1924 年前後に，金銀業貿易場でダブル・イーグルの売買を活発に手掛けていたのは，実需で金葉製造の原料を調達していた「和昌」，「和盛」，「麗興」，「信行」，「源通利」，「永盛隆」，「永興盛」，「和興隆」などの金舗で，投機目的で売買していたのは「永德」，「永大」，「瑞吉」，「鴻德」，「同興」，「錦榮」，「大有」，「天福」，「崇裕」，「安發」，「順益」，「永記」，「祐安」，「恕隆」，「寶永」，「安昌」，「福興」，「貞昌」，「遠昌」，「生益」，「財記」，「貞泰」，「德榮」，「富榮」，「道亨」，「昌裕」，

「昆誠」,「鎰成」,「全益」,「扶記」,「明生」などの諸銀号であった［横浜正金銀行 1925, 55］。

### 2）先渡取引の実際

　金銀業貿易場のダブル・イーグル取引が特徴的であったのは，現物取引だけでなく，先渡取引がおこなわれていた点である。

　先渡取引は証拠金を基礎として，反対売買による差金決済が可能な点，取引成立後ただちに決済しない点，などは先物取引と同様である。しかし先物取引は，決済期限の限月があり，この限月の決済価格が取引される。したがって毎日の差金計算は，「限月受渡決済日の標準価格（＝現在の先物価格）－前日の先物標準価格」として算出され，反対売買がされない限り，決済日にはこの価格で受渡決済がおこなわれる。これに対して先渡取引は，取引基準は即日渡しの現物価格であるが，相対約定した取引の決済は，売り手と買い手が双方の合意によって，必要なだけ繰り延べることができる。このため毎日の差金計算は，「当日の現物標準価格－前日の現物標準価格」として算出される[15]。すなわち両者を比較した場合，先物が「将来のある時点の価格」を取引し，また決済日が定められているのに対して，先渡取引は「現物の現在価格」を取引し，必要であれば無期限でも決済を繰り延べることが可能であった。

　ただし決済の繰り延べには，売り手と買い手の間で金利差の支払いが必要となった。繰り延べされる原因は，原則的には売り方が現物を手持ちしていないか，あるいは買い方が代金を所持していないためである。そこで現物を手持ちしていない売り手は，受渡すはずの現物を買い方から借りて調達し，買い方に受渡したと擬することで，現物借受の品貸料を買い方に支払う。逆に代金を準備できない買い手は，売り方から一度現物を渡され，その現物を抵当に売り手から買代金を借りて調達し，売り方に代金を支払ったと擬することで，代金借用の金利を売り方に支払う。この結果，売り方と買い方が双方の品貸料・金利を相殺することで生じた差額を，どちらか一方が支払うことになる。

　この金利差は，市場の需給関係から毎日変動した。たとえば市場から現物が払底している場合には，現物を調達する必要のある売り方の負担が重くなり，

あるいは金利が高めに推移している場合には，支払代金を調達する買い方の負担が重くなる。双方の負担額は毎日市場内で掲示され，差額が受渡しされた。また，現物の買い占めや貸し渋りなどによる操作で，相手方をスクイーズ（締め上げ）することを防止するため，負担額の上限が定められていた。1918年に制定された章程（前掲表補2-1）の第十一条には，「八九金ノ繰延利率ハ千弗ニ付日歩四十仙ヲ越ユルコトヲ得ズ。毫子ノ繰延利率ハ當日ノ銀行又ハ銀號ノ抵當貸付利率ヲ超ユルコトヲ得ズ」[横浜正金銀行 1925, 62]とある。またスクイーズによって価格操作をする者に対しては，第十二条で「各組合員ニシテ暴利ヲ貪リ或ハ不法ナル行為アルカ，市場ノ秩序ヲ乱シ或ハ規則ヲ守ラザルコトアラバ退會セシメラルベシ」との厳しい内容を定め，価格形成の公平性に配慮していた。

以上のような先渡取引は，金銀業貿易場の創立初期から開始されていたとされるが[FEER 1954.6.24, 803]，明文化された規則はなく，受渡決済時の契約不履行が横行し，しばしば取引が停止した。また先述のように，1918年には章程が成立していたが，その取引規則や管理はきわめて粗略であった。たとえば，先渡取引の売買・決済について，第九条では「轉賣買ヲナシタル場合問題ヲ生ジタル時ハ當事者間直接交渉スベキモノトス」[横浜正金銀行 1925, 62]とあり，また第二十一条では「意外ナル事件發生シ，deliverシ得ズトモ，契約ノ執行ニ關シテハ各員ヲ自ラ交渉スベキモノトス」[横浜正金銀行 1925, 64]とあるように，各取引が取引所によって集中管理・清算されるクリアリング・システムはなく，取引の当事者同士で売買を管理していた[16]。

このため，市場参加者間の取引関係は複雑を極めており，1ヶ所でも契約不履行が発生すれば，他にも連鎖するという問題を抱えていた。これに対して金銀業貿易場は，第十七条で「組合員ニシテ賣買成立シタル際，代金ノ支拂不能等ノ為メ deliverシ得ザルコトアルトキハ其相手方ハ直ニ總理ニ其旨ヲ通知スルコトヲ要ス。總理ハ之ヲ市場ニ掲示シ，以テ當該店ノ市場ニ於ケル取引ヲ停止セシム」[横浜正金銀行 1925, 63]と定めていたが，問題解決は当事者間で解決すべきとの姿勢に変わりはなかった。こうした売買と決算の管理が制度的に改善され，取引ルールの厳格な明文化，取引所による売買の集中管理と清算が

おこなわれるのは，1931年の組織改革以降であった．

いずれにしても，先渡取引が投機性の高い取引であったため，その取引は活発であった．このダブル・イーグル取引から発展した先渡取引の制度は，後に1930年代前半の二二金（米国5ドル金貨）や四四金（米国10ドル金貨）の取引，1930年代後半の毫券取引や法幣取引にも採用され，金銀業貿易場を支える柱となった．

### 3) 米ドル為替ヘッジ・投機手段としての米国金貨取引

以上のような金銀業貿易場の先渡取引は，ダブル・イーグルのような米国金貨を用いた為替ヘッジや投機を容易にした．

金貨であるダブル・イーグルを，銀本位の香港ドルで売買することは，金対銀の売買と同じ意味を持っていた．したがって，たとえば貿易業者などの実需家は，金銀比価の変動による為替リスクを低減するため，米ドルを受け取る予定であればダブル・イーグルを売り繋ぎし，米ドルを支払う予定であればダブル・イーグルを買い繋ぎすることで，米ドル為替のヘッジが可能であった．また投機筋は，単純なダブル・イーグルの価格変動による投機機会だけでなく，米ドル為替とダブル・イーグルの価格相関に発生する，変動比率の不一致を利用した裁定機会も利用していた．

こうして長らく金銀業貿易場の主要取引品目となったダブル・イーグル取引は，1930年代前半の米国と中国の金融政策変更，これによる為替相場との相関関係から大きく変容した．

たとえば1930年代前半は，金本位通貨の大きな変動期であった．1930年5月16日，銀安金高の風潮を受けた通貨安を阻止するため，中国政府は金輸出禁止令を発動し，6月1日から実施する．ところが，これは逆に金の密輸出を促進し，華南からは香港を通じて，米国向けに大量の金が流出した．その数量は，1930年6～10月の5ヶ月間で総額892万4160米ドル，その内ダブル・イーグルを含む金貨は97万3349米ドルに達した［國際貿易導報 1931.1.1, 11］．このためダブル・イーグルの在庫不足から，金銀業貿易場での米国金貨取引の主流は，二二金（米国5ドル金貨）に交代する．

さらに 1933 年 3 月には，米国の金本位制停止の噂から市場恐慌が発生した。当時の金銀業貿易場では，多くの銀号が米国金貨を積極的に買い進む投機が高潮していた。ところが上記の噂から，買い方は恐慌をきたして一斉に二二金のポジションを投げ始め，3 月 3 日の高値 21 ドル 59 セントから 2 日間で 19 ドルまで急落した。この様子を当時の『國際貿易導報』が，次のように伝えている［國際貿易導報 1933.3.31, 222-223］。

> 香港金融界では米国政府が金本位制廃止を実行するとの消息に接して以来，金価格下落は必至と知った一般投機家が異常な恐慌を来たした。米国金貨空買いの多くがストップし，市場での需給関係は急落，勢いは一直に停滞した。銀号でこの金貨急落の動揺を受けたものは 20 数軒の多くに達し，金融界は未曾有の厄運に見舞われた[17]。

これを受けて，金銀業貿易場は 6 日午後 3 時に緊急会議を開催し，決済価格を 19 ドル 60 セントに設定して，強制清算を実行した。しかし下落の趨勢は収まらず，7 日午後の取引は停止された上で，同日午後 5 時までに売り方と買い方の双方が清算を完了し，期限を厳守しなかった会員は，会員資格を取り消すとの通知がなされた［國際貿易導報 1933.3.31, 223］。ところが 9 軒の買い方に回っていた銀号が清算を完了できなかったため，最終期限は 9 日午後 1 時まで再延長され，これに間に合わなかった業者の強制清算も決定された。取引は 19 日まで停止されたが，業界全体の協力もあって 20 日には再開する。しかしこの市場崩壊以降，米国金貨取引は投機ではなく，為替ヘッジが主体となり，次第に沈滞していった。

1934 年 1 月 31 日，米国は金買入価格を 1 オンス = 35 米ドルに改定し，実質 40.94％の通貨切り下げを実行した［土屋 1942, 196］。しかし，米国金貨の取引低調は継続し，1935 年 2 月 8 日には二二金から四四金（米国 10 ドル金貨）への品目変更がおこなわれたものの[18]，取引量は回復しなかった［FEER 1954.6.24, 803］。一方で，第 5 章で考察したように，幣制改革以降の 1930 年代後半からは，毫幣や法幣の投機取引が活況を呈することで取引品目の主役が交代し，金銀業貿易場はふたたび，そして戦前最後の活況を迎えたのである。

補論 2　金銀業貿易場の形成と発展　245

## おわりに

　アジア太平洋の広域経済圏で，複雑な貨幣流通を調節していた香港では，貨幣取引の活発化から取引所が形成された。1904 年，銀号業者は資金を出し合って前身組織を成立させ，1910 年には売買規則を明文化した金銀業行が正式に設立された。しかし，第一次世界大戦の期間に変動が激しくなると会員が激増し，また香港政庁の介入によって正式な社団登録の必要が生じた。この香港政庁の介入は，取引所が金融市場において少なからざる影響力を有していると認識されていたことの反映でもあった。こうして組織改革を経た後，1918 年，正式に金銀業貿易場が成立した。

　金銀業貿易場の主要取引品目は，時代によって龍雙毫，広東雙毫，米国 20 ドル金貨，廣東中央銀行券，米国 5 ドル金貨，米国 10 ドル金貨，毫券，法幣などの変遷があった。取引種別は現物取引と先渡取引であった。この先渡取引は，金銀業貿易場の投機市場としての役割を特徴付けた取引制度であったが，当初は明確な取引ルールが定められておらず，トラブルが多発した。そこで 1931 年，組織と章程の改革案がまとめられた。この改革は，組織の制度と機能を明確かつ厳格に規定した革新的なもので，戦後にいたるまで受け継がれていった。

　このような金銀業貿易場の動向が，香港経済界で重要視されていた背景は，それが貨幣取引の需給調整だけでなく，その先渡取引が為替のヘッジや投機の手段として，直接・間接的に為替市場に影響を与えたためであった。たとえばダブル・イーグルの取引は，米ドルのヘッジや投機の手段として利用されていた。こうした先渡取引の制度は，幾度かの改革や恐慌を経験しつつも，取引品目の主役を交代させながら，金銀業貿易場を支える柱として機能していった。

# 注

## 序　章　ゲートウェイとしての香港

1) この時代に入ると，経済活動における主体と専門機能は分離する。たとえば多くの華人は，かつてのように自らが直接的に海上へ乗り出して交易をおこなったわけではなく，陸上での経済活動を基本としていた。それゆえに，この経済圏はもはや，「海のアジア」や「陸のアジア」という括りが通用しないものであった。
2) こうした試みの一部を紹介すれば，杉山伸也，リンダ・グローブ編『近代アジアの流通ネットワーク』(創文社，1999年)，籠谷直人『アジア国際通商秩序と近代日本』(名古屋大学出版会，2000年)，籠谷直人，脇村孝平編『帝国とアジア・ネットワーク──長期の19世紀──』(世界思想社，2009年) などを挙げることができる。特に籠谷の研究は，大きなアジアの枠組みのなかで思考し，その具体的な全体像を描き出すことを意識している点で，筆者と問題意識を共有している。
3) 香港を扱った研究について，すべてを列挙することは不可能である。ここでは筆者から見て独自性が高いと思われる歴史研究をいくつか提示したい。まず，香港自体を一つの空間として，その内部での事象を捉えようとした歴史研究には，Elizabeth Sinn, *Power and Charity : the Early History of the Tung Wah Hospital* (Oxford University Press, Hong Kong, 1989), Jung-Fang Tsai, *Hong Kong in Chinese History : Community and Social Unrest in the British Colony, 1842-1913* (Columbia University Press, New York, 1993), Carl T. Smith, *A Sense of History : Studies in the Social and Urban History of Hong Kong* (Hong Kong Educational Publishing Co., Hong Kong, 1995), Stephanie Po-yinChung, *Chinese Business Groups in Hong Kong and Political Change in South China, 1900-25* (Macmillan Press Ltd., London, 1998), 張曉輝『香港華商史』(明報出版社，香港，1998年)，同『香港近代経済史 1840-1949』(広東人民出版社，広州，2001年) などがある。また大英帝国の枠組みや，中国との関係から香港を捉えようとするものとしては，Norman Miners, *Hong Kong under Imperial Rule 1912-1941* (Oxford University Press, Hong Kong, 1987), John M. Carroll, *Edge of Empires : Chinese Elites and British Colonials in Hong Kong* (Harvard University Press, Cambridge, 2005) などがある。
4) 香港を一つの場として，これが大きな地域圏内ではたした役割に言及した歴史研究には，以下のようなものがある。霍啓昌「香港の商業ネットワーク」(杉山，グローブ編『近代アジアの流通ネットワーク』179～194頁)，濱下武志『香港──アジアのネットワーク都市──』(筑摩書房，1996年)，同「イギリス帝国経済と中国──香港」(『近代中国の国際的契機』東京大学出版会，1990年，177～216頁)，帆刈浩之「『つなぐと儲かる』──広東華僑ネットワークの慈善とビジネス──」(籠谷，脇村編『帝国とアジア・ネットワーク』188～213頁) など。

5）この点について，帆刈「『つなぐと儲かる』」は短い論文であり，また香港について直接的に取り扱ったものではないものの，アジア太平洋に広域展開した華人の運棺という事象が，ただの慈善としての役割だけでなく，香港を中継地として空間を跨ぐ商業活動の軌跡と，密接に重なりあっていることを明らかにしている。そこからは「つながり」だけではなく，「流れ」を考えることで，華人による社会経済活動の本質的意味を考える試みがなされている。

6）アジアでマクロの金融を担った，欧州系金融機関を取り扱った研究は多数ある。一部を紹介すれば，Frank H. H. King ed., *Eastern Banking : Essays in the History of The Hong Kong and Shanghai Banking Corporation* (The Athlone Press Ltd., London, 1983), Frank. H. H. King, *The History of the Hongkong and Shagnhai Banking Corporation Volume I : The Hongkong Bank in Late Imperial China 1864-1902 : On an Even Keel* (Cambridge University Press, London & New York, 1987), *Volume II : The Hongkong Bank in the Period of Imperialism and War, 1895-1918 : Wayfoong, the Focus of Wealth* (1988), *Volume III : The Hongkong Bank between the Wars and the Bank Interned, 1919-1945 : Return from Grandeur* (1988), 権上康男『フランス帝国主義とアジア―インドシナ銀行史研究―』（東京大学出版会，1985年），西村閑也「英系海外銀行史序説」（『経営志林』第37巻4号，法政大学，2001），同「英系国際銀行とアジア，1890-1913年(1)」（『経営志林』第40巻2号，法政大学，2003），同「英系国際銀行とアジア，1890-1913年(2)」（『経営志林』第40巻4号，法政大学，2004），同「英系国際銀行とアジア，1890-1913年(3)」（『経営志林』第41巻2号，法政大学，2004），同「英系国際銀行とアジア，1890-1913年(4)」（『経営志林』第41巻4号，法政大学，2005），同「英系国際銀行とアジア，1890-1913年(5)」（『経営志林』第42巻4号，法政大学，2006），同「英系国際銀行とアジア，1890-1913年(6)」（『経営志林』第43巻2号，法政大学，2006）などがある。

7）アジア各地でミクロでの金融を担った，在来系金融業者についての研究，特に外国金融機関との接続関係の研究は多くない。たとえばビルマで活躍したチェティアについては，Sean Turnell, *Fiery Dragons : Banks, Moneylenders and Microfinance in Burma* (NIAS Press, Copenhagen, 2009) の第二章，マラヤでのチェティアについては，Rajeswary Brown, *Chettiar Capital and Southeast Asian Credit Networks in the Interwar Period* (Gareth Austin, Kaoru Sugihara ed., *Local Suppliers of Credit in the Third World, 1750-1960*, The Macmillan Press Ltd, New York, St. Martin's Press, 1993) が詳しい。シンガポールの華人系銀行についてはOCBC（華僑銀行）の行史である，Dick Wilson, *Solid as a Lock : The First Forty Years of the Oversea-Chinese Banking Corporation* (The Oversea-Chinese Banking Corporation, Singapore, 1972) を参照。このほかタイと潮洲を結んだ信局については，濱下武志「移民と商業ネットワーク―潮洲グループのタイ移民と本国送金―」（『東洋文化研究所紀要』116号，東京大学東洋文化研究所，1992年）がある。近代中国における在来金融機関と外国金融機関・商社の結びつきについては多くの研究があるが，代表的なものとしては，本野英一『伝統中国商業秩序の崩壊―不平等条約体制と「英語を話す中国人」―』（名古屋大学出版会，2004年）を挙げることができる。

8）香港の金融研究については，一般的な金融・通貨・市場制度を取り扱ったものとしては，姚啓勲『香港金融』（香港，1940年），同『香港金融 戦後増訂本』（泰晤士書屋，香港，

1962 年), 鄭宏泰, 黄紹倫『香港股史 1841-1997』(三聯書店 (香港), 香港, 2006 年), 饒餘慶『走向未来的香港金融』(三聯書店 (香港), 香港, 1993 年), 馮邦彦『香港金融業百年』(三聯書店 (香港), 香港, 2002 年), 香港華商銀行公会研究小組著, 饒餘慶編『香港銀行制度之現況與前瞻』(香港華商銀行公会, 1988 年),『從錢莊到現代銀行 滬港銀行業發展』(康楽及文化事務署, 中国工商銀行, 中国工商銀行 (亜洲), 香港歴史博物館, 上海市銀行博物館, 2007 年), Robert Sitt, *The Hong Kong Gold Market* (Rosendale Press Limited, London, 1995), Richard Yan-Ki Ho, Robert Haney Scott, Kie Ann Wong, *The Hong Kong Financial System* (Oxford University Press, Hong Kong, 1991), Catherine R. Schenk, *Hong Kong as an International Financial Centre Emergence and Development 1945-65* (Routledge, London, 2001) などを参照。また個別銀行史としては, 冼玉儀『與香港並肩邁進 東亜銀行 1919-1994』(東亜銀行, 香港, 1994 年), Gillian Chambers, *HANG SENG 恒生銀行 The Evergrowing Bank* (Ever Best Publishing Ltd., Hong Kong, 1991) などを参照。

## 第 1 章 香港ドル決済圏における銀号の役割

1) 銀号の研究については, 先行研究が限定されている。たとえば香港の銀号については, 戦前期の金融機関などの調査レポートを除いて, ほとんど存在しない。広州の銀号については, 本章でも引用している區季鸞の研究 [1932] などが挙げられる。これは広州の銀号の淵源, 経営の実態, 関係法規など多岐にわたって, 詳細な調査がおこなわれている。しかし, 上記の現状調査としての調査レポートや研究では, 銀号が広州と香港の間を結び, 19 世紀末から 20 世紀初頭にかけて, どのような経済的・歴史的役割をはたしていたのかは明らかにされていない。このため従来, 銀号は単なる「旧式金融機関」として扱われ, その存在意義が積極的に解明・評価されてこなかった。
2)「做倉銀号」は「凡經營做倉之業多屬找換店, 十三行一帯及加入銀業公會之找換銀號幾無不以此為主業」(「およそ投機 (引用者注:「做倉」) を営むものの多くは両替店に属している。十三行街一帯にある銀業公会加入の找換銀号は投機を主体とするものは幾つもない」) [區 1932, 87-88] とあるように,「做架銀号」や「找換銀号」とは異なるものとして認識されていた。
3)「地金銀の売買両銀及毫銀の売買は銀号に於て有力なる投資方法なりとす銀号が運転資本に余裕あるときは之を用いて洋銀又は毫銀港紙を買入れ以て市場の需要供給による相場の変動によりて利益を得つつあり」[台湾銀行 1919, 60]。
4) 官銀銭局は辛亥革命以降に紙幣発行を停止したが, 業務は 1910 年代後半まで継続した。
5) 山西票号については様々な先行研究があるが, 代表的なものを 2 つ挙げるにとどめる。陳 [1936] と張 [1989] である。また広州における票号の概要については, 區 [1932, 4-6] を参照。広州の山西票号は, 全国的に展開された山西幫のネットワークと信用を通じ, 清朝の公金を中心とした預金および送金を手掛けた。広州には山西商人のなかでも「平遠幫」,「太谷幫」,「祁縣幫」が進出していたとされる。下は主な在広州の山西票号一覧である。

| 名称 | 幇別 | 開業時期 | 資本主 | 原始資本 | 注 |
|---|---|---|---|---|---|
| 蔚泰厚 | 平遠 | 乾隆 | 侯氏 | 400,000 | 本業は紙業 |
| 蔚長厚 | 平遠 | 咸豐 | 王氏, 常氏 | 400,000 | 本業は布業 |
| 新泰厚 | 平遠 | 咸豐 | 侯氏 | 400,000 | |
| 百川通 | 平遠 | 咸豐 | 渠氏 | 500,000 | |
| 日昇昌 | 平遠 | 未詳 | 未詳 | 未詳 | 平遠幇のなかで最大 |
| 大德恒 | 祁縣 | 咸豐 | 喬氏 | 300,000 | 本業は茶業 |
| 大德恒 | 祁縣 | 光緒 | 喬氏 | 300,000 | 大德と同系列 |
| 協成乾 | 太田 | 咸豐 | 呉氏, 孟氏 | 400,000 | |
| 志誠信 | 太田 | 未詳 | 未詳 | 未詳 | |

このほか，山西人の経営ではないが，大手の票号であった「天順祥」，「源豐潤」，「義善源」なども活動していた［區 1932, 5-6］。

6) 資金を潤沢に持つ山西票号は，銀号への貸付をおこなった。これは間接的な官金の市中供給ではあったが，直接的な官金と銀号の関係を意味するものではなかった。一般的に山西票号は貸付先の選択には慎重で，広州では銀号業ギルド「忠信堂」に加入する信用確かな銀号を中心に貸し付けた［區 1932, 5-6］。なお黒田の研究にも，漢口の票号による地場金融業者への資金融通が言及されている［黒田 1994, 176］。

7) 乾隆期以降には公行自体も兌換，熔解，貸付などの金融事業を兼業していた［梁 1944, 199-200］。

8) 「広州市商会を牛耳っていたのも金融業者の銀業同業公会を筆頭として，魚商，石炭商，塩米商等の商人団体」［内田 1949, 361］。

9) 省外に代理店を持つ銀号はきわめて少数であった。確認されているのは 1848 年に出版されたモリソン（J. M. Morrison）の *The Chinese Commercial Guide : Third Edition* に "Anshing" という広州の銀号が北京・南京の商店と代理店関係を持っていたという記述のみである［張 1989, 28］。

10) シンガポールやマラヤの華商間取引でも帳簿振替決済が用いられており，少なくとも 1930 年代まで継続していた［Huff 1989, 170］。

11) 開港初期，香港島の華人社会には，質屋が成立していたようである。これらの質屋に当初法的規制はなかったが，1858 年に質屋が盗賊の故売品を取り扱った事件を発端に，1860 年には "Pawnbrokers Ordinance" が制定された。質屋業者はこれに対抗してストライキをおこなったとされる［HKG 1932, 12］。

12) ディレクトリを発行していたのは欧米系出版社であり，彼らの華商に対する実態把握には不確実な点が多いことも事実である。

13) 1872 年版からは "Native Hong List" となっている。

14) 現在入手可能なのは 1861 年版からであるが，同年版から 1864 年版には "List of the Principal Chinese Hongs and Shops in Hongkong" が掲載されておらず，華商の活動は目立たないものとなっている。1864 年版以降に入手可能なのは 3 年後の 1867 年版からであるが，同年版からは華商リストが掲載されている。これは香港商業界で華商の存在感が増してきていたことを如実に表している。

15) 商店預金は広州にもあった。台湾銀行広東支店の報告によれば、「広東人は商才に長じ数理の観念強きものなれば徒に低利に金を遊ばしむること少なく信用高き商店に預金を為し年六分乃至一割の利息を収むるを常とし先施公司の如き大商店は無論名家と称せらるる信用高き商店の如き此の種預金を利用し居れるもの少なからずと言う」〔台湾銀行 1916a, 146-147〕とある。
16) 「光緒十三年（1887年）八月　（中略）　十七日辛未。晴。辰刻趁小輪舟登岸、持友人李光琴書、至上環街元發行晤蔡松川、余韶笙、託易匯票」〔馬 1998, 472〕。
17) 香港ドルの形成については、Cribb〔1987〕および横浜正金銀行〔1935〕を参照。
18) 安価な中国生糸は、日本生糸とともに世界市場で重要な地位を占めた。価格の低落によって金額ベースでは低迷するが、1890年代半ばには茶を追い越して中国最大の輸出品となった〔石井 1998, 115〕。
19) 広州の対外貿易で、輸入は華商が香港と直接おこなうものが多かった。これは香港商人が広州商人との掛取引（帳簿振替決済）をおこなったためである。このため、ほとんどの沙面の外国商社は、主に広東からの産品輸出に従事していた〔台湾銀行 1916a, 166〕。
20) 最初に自行で店舗を開設したのは、1902年のインドシナ銀行広州出張所であった。この開設目的は、仏領インドシナからの米輸入に関する為替取引であった。
21) 広東省内での香港ドルの流通拡大は、1920年代から始まった。それは広東毫銀の現送による銀流出と、その代金としての香港ドルの流入のためであった〔横浜正金銀行 1925, 18〕。
22) たとえば生糸生産者が常に使用する通貨は、広東で広く流通していた双毫と呼ばれる二十仙小銀貨であった〔中野 1913, 36〕。
23) ちなみに広州の銀号業界では、広州南方の順徳地方出身者が勢力を持っていた。1930年代初頭、順徳人の銀号は出身地ベースで50％以上、資本ベースでも55％以上を占めていた〔區 1932, 190〕。これは順徳人が銀号業の先駆として基盤を築き、相互扶助によって業界内で同郷勢力を扶植したことに加え、19世紀後半からの生糸輸出拡大に伴い、生糸の大産地であった順徳との同郷関係が業務拡大に影響したためと推測される。區季鸞の研究では広州銀号業界の最大の取引先が、生糸関連であったことが指摘されている〔區 1932, 192〕。
24) この数字が1881年のセンサスの数字から減少している理由は2つ考えられる。一つは両者の調査自体が正確に把握していない可能性。もう一つは1877年から始まった華人による不動産購入ブームが1881年に崩壊し、その後遺症が華人商業社会で尾を引いていたことが、銀号の減少に影響した可能性である。
25) 香港最初の華人資本による銀行は、第4章で取り上げる、1912年に創業された「廣東銀行」である。
26) 「広東為替市場の斯く不活発なるは同地外国銀行が何れも諸取引に香港紙幣のみを授受して広東の実際通貨たる小銀貨に手を染めざる」〔横浜正金銀行 1919, 6-7〕。
27) 広東通貨と香港ドル以外の通貨、公債、貴金属などは銀業公所ではなく、外国銀行や広州以外の市場レートを参考に、同業間の相対取引で決定され、店頭に表示された。
28) 銀業公所では、1919年前後までは現物取引のみであった。しかし1930年代頃には、香港ドル対毫洋の先渡取引が、現物取引の110倍前後に膨らむほど重要となった〔區 1932, 105〕。先渡取引とは、先物取引のように決済期限は設定せず、現物取引の決済を売り手と買い手の

双方合意で繰り延べる取引方法である（補論2第2節も参照）。

## 第2章　華僑送金の広域接続関係

1）香港政庁の報告書における1851年の項目には，香港からの移民中継拡大が特記事項として明記されている［HKG 1932, 7］。
2）本章は華僑送金の数量的分析に重点を置くものではない。華僑送金には記録に残らない活動に伴う部分が多くあり，正確な統計的把握が困難である。ただし大体の数量を一例として示すと，1864～1948年の全国華僑送金総額は35億1300万米ドル，広東向け華僑送金総額（潮洲，海南を含むと推定）は28億6590万米ドル，全国総額に占める広東向け総額の比率は約81.6％に上る［林，羅，陳，潘，何 1999, 101から筆者計算］という推計がある。
3）原初的な華僑送金の方法は，本人あるいは同郷者が帰国に際して紙幣などを携帯する方法である。また「客頭」と呼ばれた移民ブローカーが，東南アジアと華南各地を往来する際に委託する方法もあった。しかし，一部には不正に資金を着服する者もいた。このため信局が最も利便性に優れ，信用される機関へと成長した。
4）例外は，本店を華南に有し，支局を東南アジア各地に展開した「天一局」（本店廈門），「悦仁」（同廈門），「和成」（同汕頭）のような信局専業者であった。
5）余東璇は，錫鉱山など各種方面への投資でも成功を収めていた。
6）1927年，余東璇はシンガポールから香港に本拠を移している。
7）同じ現象は，他地域の華人社会にも見られる。たとえば北米の華人社会では，資本と信用を兼ね備えて華南―北米間を結び，「金山荘」と総称された広東系貿易業者が，華南への華僑送金仲介を手掛けていた。
8）事業活動を円滑化するため，同族・同郷・同業などの社会的関係を軸に提携・連合関係を結ぶ，半独立・独立した華商の事業体。ただし，必ずしも資本関係を伴わない。
9）異郷・異族のなかで自らの生存を確保するため，言語を基礎的紐帯とした同郷者によって集団を形成し，信用，互助，利権などを保証する方法は，その他の移民社会でも往々にして見ることができる。
10）1913年の廈門向け送金を例にすれば，香港上海銀行の廈門向け為替相場がメキシコドル建て100＝海峡ドル118.50に対して，信局は121.50を提示した。すなわち3海峡ドルのスプレッドを利益として上乗せしていた。むろん，送金額が小口になるほど，スプレッドは拡大した［台湾銀行 1914, 104］。
11）1870年代半ば，シンガポールでは政庁が華僑送金を管理下に置くべく，華民郵便局を設置して介入しようと試みた。しかし，これは華人社会から既得権益への重大な侵害とみなされ，1876年に潮州系を中心とする大暴動へと発展した［鬼丸 2003, 508］。
12）廣益銀行は1913年に経営破綻・清算され，同年にクアラルンプールで再建される。
13）ブラウンは，香港上海銀行のシンガポール支店買弁が歴代広東系で占められており，福建系に長らく不利益のあったことが，福建系の銀行形成要因の一つであったと指摘している［Brown 1993, 274］。

14) シンガポール全体の銀行発展史については Lee [1974] に詳しい。また華僑銀行の歴史については，Wilson [1972] を参照。
15) 1930年代，シンガポールの華人系銀行は為替分野で，香港や中国の銀行と提携を強める。たとえば，華僑銀行は中國銀行と関係を強め，利華銀行は香港の東亜銀行と提携する。
16) 信用薄弱な小信局は送金を故意に遅延させて，運用可能な期間を引き延ばすケースがあった［台湾銀行 1914, 101］。
17) 米の輸出入高は需要・供給側の諸要因に左右されるため大きく変動するが，香港から広東向けが最大である点は一貫していた。
18) 後に資金の受取側である僑郷（華僑の出身地）でも金融機関が発達し，また郵便網が整備されると，一部では海外から広東や潮洲に向けて，直接に為替手形，現金，郵便物を送付することが可能となる。
19)「原来，那時華僑到美國的漸多，把銀單或銀仄寄囘家郷，家人只有拿出来香港兌換，或者在江門等地銀號賣了，然後由江門銀號調来香港，本港銀號收了這些匯單或銀仄，蓋了銀號圖章就解售香港銀行」［金銀業貿易場 1970］。
20)「因為這些銀仄，是幾經轉接才到香港，費時很久，有些國內僑眷，還把這些銀單當作金仔，收藏了很久，才調現款，於是時間就耽誤更久，本港銀行把這些銀單寄囘外國去的時候，便發生很多問題，甚而退票。退票的時候，銀行便向本港銀號追究，而本港銀號再追究前途的時候，則沒有辦法了，於是錢枱與銀號，大受損失」［金銀業貿易場 1970］。
21) 携帯送金で使用された紙幣・為替手形とその比率は，南洋紙幣 45%，信局為替手形 35%，銀行為替手形 20% とされる［台湾銀行 1914, 95］。
22) このほかに 4, 5軒の小業者が活動していた［台湾銀行 1914, 158］。
23) 保存期間は 1年前後であった［台湾銀行 1914, 95］。
24) 広州―梧州間では，途中で土匪による盗難等の危険が大きかった。南寧，梧州―広州間の為替は常に移出関連で，時期によっては広州の毫銀相場に大変動をもたらすこともあった［台湾銀行 1919, 59-60］。
25) 広州と仏山および梧州の為替は，華僑送金よりも商品取引に伴う為替が多数を占めていた。たとえば広州は，仏山からは炮竹，紙，朱，鉛白粉，梧州からは桂皮，獣皮，木材，西南からは北江沿岸の醤油などを移入した［台湾銀行 1916a, 171-172］。
26) 山岸猛先生のご教示によれば，台山県華僑弁公室編『台山県華僑誌』（1992年）には，台山に私営銀行と信託公司が 6軒，金舗および銀号が 100軒あり，私営銀行では嶺海銀行（1923年開設），南中銀行（1932年開業），県外の私営銀行支店では香港の廣東銀行台山支店（1924年設立），広州の興中商業儲蓄銀行（1928年設立）や五華實業信託銀行（1930年設立）があったと記されている。
27)「在四邑幇銀號為利便邑人計對于四邑較盛之郷鎮均可通匯」［區 1932, 85］。


## 第3章　香港市場から見た上海向け為替

1)「銀為替は支那側即ちその中樞市場たる上海為替市場に於て定められることゝなり，こゝ

に於て支那と通商關係を有する世界列國は商權擁護のため対支那為替取引の衝に當らしめた。(中略) 更に第一次歐州大戰以來世界各國の為替取引は，上海なる厖大な國際為替自由市場を利用して各種の裁定取引を行ふことの便宜から所謂海外「オーダー」がこの地に蝟收して一層拍車をかけられた。倫敦が世界為替取引の表面的舞臺ならば，上海はその事實上の樂屋として世界為替取引のクリーヤリング・ハウスとなるに至つた」[土屋 1942, 172]。

2）香港―上海間の為替について，香港市場の視座からの調査は，本章でも史料として用いている戦前の日系銀行による実務的な調査報告がある。一方で上海市場については，一例として根岸［1907］や馬［1925］など多くの研究があるが，それらのなかでの香港向け為替についての記述は少ない。

3）黒田明伸によれば，これは公金移動に伴う民間市場へのインパクトを回避するため，「公的資金」と「民間資金」の流動関係を故意に切断していたことが原因とされる［黒田 1994, 103］。

4）1850年における「日昇昌」，「蔚泰厚」，「和日新」の3票号は，35軒の支店を23地域に展開していた［張 1989, 34］。

5）広東での山西票号の活動は，当初は粤海関の対北京納付金に関連した貸付が主であった。省間での為替，特に北京向け為替を開始したのは，1862年（同治元年）とされる［広東省地方史志編纂委員会 1999, 254］。

6）19世紀後半になると，山西票号も外国銀行の為替を利用した。当時，山西票号による広州―上海間の為替送金は，約15日の日数と，百両につき1～2両の手数料（「匯水」）を必要とした［區 1932, 4］。

7）山西票号の没落は，むろん，清朝の崩壊が最大の要因であったほか，外国銀行や19世紀末から設立された官立銀行（「戸部銀行」，「中華通商銀行」）の活動によって，送金事業が衰退していったことも要因であった［區 1932, 5］。

8）両為替關係主要輸入品としては上海綿糸を筆頭とし年額凡そ三千四，五百万両を越え大半は廣東筋の需要である。其他蕪湖の米，鎮江の大豆，落花生，落花生油及薬品類等を包含するが，就中特筆すべきは當方面に於ける満洲特産物の輸入にして年々平均一千数百万弗と注せられ八割は大豆にして其他は豆粕，豆油，落花生の類なるが，之が決濟の為め上海に於て meet せらるゝ両デマンドの殺到は注目すべきである」[横浜正金銀行 1929, 13]。

9）細かい分類では，「上海荘」，「上海綢緞荘」，「上海布疋荘」，「上海出入口雑貨荘」などの表記も見られるように［鄭 1915, 6］，上海と取引をしていた香港の貿易商店だけでも，その実態は多様であった。

10）香港から広州への輸入・移入取引の決済では，「銀紙水」という特殊な慣習があった。これは香港ドル／広東通貨のプレミアム（単加水）を，両地の商人で分担する制度である。仮に香港為替を組んだ相場が，香港ドル1000ドルあたり広東大元1040元であるとする。この差の40元を単加水といい，このうち商品の売り手である香港側が6割（24元），買い手である広州側が残りの4割（16元）を負担することを銀紙水といった。この割合については，1914年に香港側と広州側で紛糾し，1ヶ月の取引途絶を経て負担率が商品ごとに設定された［外務省 1917, 181-182］。銀紙水は，辛亥革命以降の広東通貨の急激な変動から，「騰落常ナク危険少ナカラサリシヲ以テ決濟ハ多ク一箇月勘定トナリ」［台湾銀行 1916a, 148］とある

ように決済期間が短期化し、また第一次世界大戦以降には、「全部現金取引ト化シ掛取引ノ如キハ支那人同士ノ少額ノ取引カ又ハ極メテ信用大ナルモノニ對シテ行ハルル例外トナレリ」［台湾銀行 1916a, 148］とあるように、現金取引の主流化による決済頻度の上昇によって、華商の取引決済では不可欠な慣習となった。
11)「香港廣東ノ貿易ハ多ク清商ノ手中ニ帰シ其ノ取引ニ用ユル通貨ハ廣東両ヲ用ユ」［台湾銀行 1912a］。
12) 広東では元来、紋銀を秤量通貨として授受していたが、積年の外国貿易の結果、スペインドル銀貨やメキシコドル銀貨が流入する。このほかの外国銀貨としては、19世紀後半の一時期に重量の重いアメリカ貿易銀貨が流入し、また後には日本円銀、ピアストル銀貨なども流通した。
13) 現送による銀号の利益は、一定規模に上ったと考えられる。台湾銀行の調査によれば、「現今市中ニ流通スル銀貨、小銀貨ノ相場ハ常ニ變動スルカ故ニ之カ賣買或ハ両替ヲ為シ若クハ各地ニ現送シテ得ル所ノ利益ハ貸付、為替等ニ依リテ得ル所ノ利益ト互角ニ在リト謂フ」［台湾銀行 1916b, 85］とある。
14)「常ニ各銀號ハ外國銀行ノ買弁ト連絡ヲ保チ能ク相場ノ變動ニ乗シテ奇利ヲ占ムルモノナリ」［台湾銀行 1916b, 85］と言われ、上海向け為替の投機取引でも収益を上げていた。
15) 香港と上海の間の為替レートは、理論上次のように算出された。まず基本は香港ドルも上海両も、銀を背景としている点に着目しなければならない。すなわち、双方に含まれる重量と銀純度から導き出される均衡点が、為替レートの理論的な均衡点となる。これを香港市場の建値となった香港ドル 100 ドルに対する上海両の交換レートとして算出すると、次のようになる。まず香港法定銀貨は 1 香港ドル＝重量 416 グレーン×品位 900 であり、上海銀両は 1 上海両＝重量 565.697 グレーン×品位 916.2/3 である。このため双方の均衡点は、1 香港ドル＝ 374400 グレーン・トロイ：1 上海両＝ 518556 グレーン・トロイから約 0.7220 となり、100 香港ドル＝約 72.20 上海両となる。この値から、仮に銀を現物送付した場合の輸送費・保険費・荷役費・改鋳費・輸送日数分金利などの諸経費を勘案した数値が、いわゆる現送点と呼ばれる実質的な均衡点であった。

前提①：香港ドル法定銀貨の重量＝ 416 グレーン(注1)、品位＝ 900
前提②：上海両の重量＝ 565.697 グレーン(注2)、品位＝ 916.2/3

1 香港ドル＝ 374400 グレーン・トロイ
÷
1 上海両　＝ 518556 グレーン・トロイ
＝約 0.7220

すなわち 100 香港ドル＝約 72.20 上海両

注1：香港ドルの3種類の法定銀貨には、重量と品位にばらつきがあったが、一般的には上記が便宜上の標準として用いられた。
注2：上海両の重量は一曹平両、品位は紋銀＝ 935.374 グレーンの九八替を基準とした。

しかし実際の為替レートは、様々な要因から需給関係に変動が発生するため、理論的な均衡点との間には乖離が発生する。この不均衡は、両地でドル系銀貨などの現送による裁定取引が発生することで、バランスが調整された。一方、上海市場でも、香港向け為替は支払勘

定である上海両を基準に建値が表示された［台湾銀行 1912b, 6］。
16）香港ドル紙幣流通高における香港上海銀行券の比率は，1926年10月末72.08％，1927年10月末71.95％，1928年10月末72.50％，1929年10月末73.35％と常に7割以上を占めている。1930年代に入ると比率はさらに上昇し，1930年10月末80.56％，1931年10月末82.24％と8割以上を占めている［横浜正金銀行 1935, 39］。
17）もっとも，1910年代後半の中國銀行と交通銀行は，上海向け為替に従事してはいたが，国内の分裂状態から本店との円滑な関係を欠いていたため，「一向活動セザルが如キ」［横浜正金銀行 1919, 17］という状態であった。
18）電話の普及以前は，ブローカーが取引先間を往復して注文をつないでいた。
19）電話ボックスの写真が，キングの著書［King 1988b］の写真11に掲載されている。
20）「昨晨申電交易所，約成什電十五萬元，價為一七九.〇〇〇及一七九.〇六二五，倉後又成什電二萬元，價為一七八.八一弐五。大通及華僑両銀行共售出申電二十九萬元，價為一七八.八七五〇.，廣東及華僑両銀行共售出六萬元，價為一七八.七五〇〇.，渣打銀行拋出七萬元，價為一七八.七五〇〇（七月期）.，華僑，廣東及中南三銀行共售出三十萬元，價為一七九.〇〇。至於西市，上午近晨賣家價為一七八.六二五〇」［姚 1940, 140］。
21）当初は英国人4名に指導を仰ぎ，機械も英国製を使用するなど，近代的な造幣工場を目指した。なお本章では，煩雑を避けるため「廣東造幣廠」の名称で統一する。
22）同時期には，潮州や梧州での密鋳造に加えて，広州市内や近郊でも各軍閥が軍費調達の一環として，単独あるいは商人との合弁で公然と贋金の私鋳造を開始し，その数は29ヶ所と言われた。彼らは純銀含有率の高い光緒元宝，宣統元宝，民国元宝なども原料として改鋳し，品位を極度に落した毫洋を鋳造したため，毫洋価値は下落を続けた［横浜正金銀行 1925, 16］。
23）銀塊は，しばしばボンベイやロンドンからも輸入された。この場合，香港の為替が他の銀塊市場に対し，諸経費を入れても採算の取れるレベルまで高くなっていることが前提となる。地理的関係上，ボンベイからの輸入は，ロンドンからよりも多額にのぼった［横浜正金銀行 1925, 42］。
24）1922年は英国からの輸入が19.22％を占めている。
25）こうしたオペレーションの反映として，たとえば米国の銀塊輸出に占める広東向けの割合は，1921年には5150万米ドルで27.5％，1922年には6280万米ドルで35.4％にも達している［横浜正金銀行 1925, 5-6］。
26）譚禮廷は香港で南北行の「廣裕和」を経営する商人であったが，広東では岑春煊の主導する護法軍政府の財政庁長であった楊永泰（在任1918年6月～1920年5月）と親密であり，財政庁長顧問の肩書きを持つと同時に，各種税金の取立請負もする政商であった。その実兄の譚碧珊は，官煤局に石炭を納める「安榮號」の経営と同時に，前官煤局総辦（局長）張希拭を株主に引き入れた「安信銀號」を経営していた。この銀号は，財政庁への貸付担保として屠殺税の取立請負権を得たり，廣東造幣廠に銀を納入していた［台湾銀行 1919, 74-75］。このように譚禮廷が有力な銀塊納入業者であった背景には，その政治的人脈が作用していた。
27）崇裕銀號は，1925年の省港大ストライキの影響による経済低迷から閉店する。しかし景気が回復すると，伍季明は1928年に仁裕銀號を開設した［伍, 22］。

28) 廣信銀號は，主要株主の汪希澄が元広東財政庁長，支配人である鄒殿邦の実父が元省政府高官，養父と叔父が財政庁関係者という背景から，省財政庁との密接な関係を有していた。このため地方税の取立請負，政府との貴金属取引，貸付，為替送金を積極的に手掛けていた［台湾銀行 1919, 72］。
29)「一九三〇年為我進入仁裕之第三年，廣東造幣廠開鑄，由鄒殿邦主持之廣信大銀號採購生銀，派朱伯暉来港，委託仁裕代辦」［伍, 22］。この 1930 年の銀輸入は，宋子文が全国幣制改革のモデルとするべく，毫洋を改鑄・増鑄したことによるものであった。このため廣東造幣廠は，1929 年 6 月から合計 2100 万オンスの銀塊を輸入すると同時に，1920 年代半ばに鑄造された悪貨を改鑄していた［横浜正金銀行 1929, 12］。
30) 銀行は銀塊の価格を，品位 999 銀塊 1 オンス = 1.1545531 香港ドルを基準として，そのプレミアムをパーセンテージ表示することで提示した［横浜正金銀行 1925, 23］。
31) 銀行は馬蹄銀の価格を，申水二七と言われた曹平百両 = 135.9722 香港ドルを基準として，そのプレミアムをパーセンテージ表示することで提示した［横浜正金銀行 1925, 39］。
32) 廣東造幣廠の需要は，香港を介した銀取引に決定的な影響を与えた。たとえば，1931 年に廣東造幣廠の新規鑄造停止と改鑄専業化の影響を受けて，前出の仁裕銀號で銀売買が落ち込んだ様子を，伍宜孫は次のように回想している［伍, 29］。「1931 年冬，造幣廠は新貨幣の鑄造を停止し，ただ民国 13 年鑄造の比較的純分の悪い双毫を回収し，銀塊と一緒にして改鑄するだけとなり，その名称もまた廣東造幣廠から改鑄廠へと改められた。銀塊の買い付けは再び停止され，残った在庫は広州十三行街で黎翼雲が経営する華益銀號を代理として，少しずつ広東に運ぶのみとなったため，仕事は以前と比べて落ち着いてしまった」（「一九三一年冬仁裕因造幣廠停鑄新幣，只收回民國十三年成色較低之雙毫，另搭生銀改鑄，因之廣東造幣廠名稱亦改為改鑄廠，生銀亦停止再買，只將定下未出者遂小運省由十三行黎翼雲主持之華益銀號代理，故工作比前略鬆」)。これを受けて，銀の売込みを積極的に手掛けていた銀号のなかには，破綻するものが出た。銀塊，馬蹄銀，ダブル・イーグル（米 20 ドル金貨）の売買で著名であった，關淮洲の経営による「永徳銀號」と「永大銀號」は，同時期に破産している［關 1999, 16］。
33) 最初の銀貨輸出禁止令は，1916 年 11 月 7 日に発令された。香港政庁が，第一次世界大戦による戦時経済統制を理由に，ドル系銀貨の輸出を厳禁したことで，現送メカニズムは一時的に機能しなくなり，実質的に香港ドルにおける紙幣と銀貨の交換が制限される事態となった［横浜正金銀行 1919, 14］。
34) 元来，香港では銀貨保有を歓迎しない風潮があった。1895 年 2 月の "Hong Kong Coinage Order" によれば，香港ではメキシコドル銀貨を本位として，英ポンド銀貨や香港ドル銀貨をこれに相当する貨幣とみなしたが，無傷・有傷についての規定はなかった。しかし市中のドル系銀貨は，長年の流通や，銀号の真贋鑑定証明による刻印（チョップ）から，磨耗の激しいものが多かった。このため秤量貨幣の観点からすれば，有傷銀貨は価値が低く，市中の銀号も有傷銀貨はあくまでも重量換算による秤量貨幣とみなした。一方で発券銀行 3 行は，大口兌換請求者に対して，自らに有利な市場価値の低い有傷銀貨で兌換に応じるのが常であった。
35) 香港域外で流通した香港ドル紙幣については，正確な統計がない。たとえば，1931 年の

香港幣制調査委員会報告では，全発行高の3分の2以上とされ，1934年の香港上海銀行グレイバーン総支配人による発言では，全発行高の4分の1前後とされている［横浜正金銀行 1925, 31-32］。
36) この影響から，1917年10月以前の香港―広州間の広東通貨建て為替は，香港ドル対広東大元のペアであったが，以降は香港ドル対毫洋のペアとなった。
37) 現送については，香港へのドル系銀貨輸入だけではなく，輸出についても最低限界点が不明確であった。すなわち理論上有利の際，香港から銀貨を輸出するため紙幣兌換を申し込んだとしても，香港上海銀行がこれを拒否するか，銀貨輸出採算点に近いレートで為替を売却する可能性がつきまとった。このような懸念は後述の1929年の一件で増幅されたため，たとえば1930年代前半，ロンドン向け為替に対して香港ドルがアンダー・パリティーとなった際にも，外国銀行は一行たりとも銀貨輸出を実行しなかった［横浜正金銀行 1935, 44］。
38) このため香港銀行協会での協議の結果，インドシナ銀行とナショナル・シティ銀行の金庫室を借り，両行に専用小切手による銀勘定を特設することに決定した。この勘定で受け入れた預金は，支払いも銀貨のみ，真偽鑑別料其他諸費用は預け主持ち，保管料は各行分担という条件が設定された［横浜正金銀行 1935, 40］。
39) これは香港上海銀行に対し，発行総額4500万香港ドル以上の発行分については，発行残高に対する課税を無税とする，という措置であった［横浜正金銀行 1935, 22］。
40) 1930年6月19日以降，50香港ドル以上のドル系銀貨の輸入には，香港政庁の許可が必要となった［横浜正金銀行 1935, 11］。

## 第4章　廣東銀行の興亡

1) 廣東銀行の成立以前，1891年に「中華匯理銀行香港總行」（National Bank of China Limited, Hong Kong）が広州商人潘士成を中心に創設されたが，役員会構成員7名のうち華人は3名のみで，実質的には華洋合弁であった［張 2001, 253］。
2) 英系海外銀行の経営については，西村［2001, 1；2003, 7；2004a；2004b；2005, 1； 2006a；2006b］の研究が世界的に見ても優れている。また安冨［1999；2003, 10］は香港上海銀行，北林［2001］はマーカンタイル銀行の研究で成果をおさめている。権上［1985］のインドシナ銀行研究は，仏領インドシナと華南の金融関係を解明している。Starr［2002］およびCITIBANK［1989］は一般的行史ではあるが，International Banking Corporation（IBC. 1902年創設，中国名は華南で「萬國寶通銀行」，それ以外の中国各地では「美國花旗銀行」）のアジア・中国展開を詳述している。中國銀行については，中國銀行［1995］が詳しい。
3) たとえばアメリカ華人史や香港金融史に関する，いくつかの書籍で言及が見られる。
4) 香港の華人系銀行史は冼［1994］の東亜銀行行史，シンガポールの華人系銀行史はWilson［1972］の華僑銀行行史など。
5) 「金山」とはゴールドラッシュにちなむ呼称で，「旧金山」はサンフランシスコ，「新金山」はシドニーを意味する。ゆえに，一般的に「金山荘」とは，北米およびオーストラリアで広東人が開設した貿易商店を指す。

注（第4章）　259

6) 金山荘の信用獲得には資本や規模のほか，同郷人の経営であるか否かも重要であった。華人社会では同郷関係も社会経済上の重要な紐帯であり，同郷人の店を信用する傾向があった。
7) 1878年，広東香山生まれ。渡米して高校を卒業後，サンフランシスコの金山荘「永昌和」を経てIBCに勤務し，後にRusso-Asiatic Bankに転じる。1909年に金山廣東銀行，1912年に香港廣東銀行を創業。このほかに，香港の福安保険公司主席，大新公司董事，東華醫院総理，中華總商會値理，米国の中國郵船公司董事などを務める［Burt 1925, 110］。
8)「商戰之世，以銀行爲富強之本」，「華僑商業金島爲盛，偏未創建銀行，此種利權久失於外，在外人應爲笑吾愚。夫我即不自計其利，在我亦當勿失銀行附揭匯兌利便之權」，「若不集股興辦，仮任其利權終失，將何以謀祖國富強，免外人之譏笑乎」［麥 1992, 94-95］。
9) 四邑と三邑の郷党は，広東でも対立関係にあり，その関係は1850年代から北米や中南米などの華人社会に持ち込まれた。両者は郷党の会館を設立し，しばしば武力を伴う抗争を引き起こしていた。
10) たとえば1890年のChinese Young Men's Christian Association（「中華基督教青年會」）設立，1905年の香港と広東での米国製品ボイコット運動，1906年の「四邑輪船公司」創業，1909年の「四邑商工總局」設立などは，四邑系郷党が主導した。
11) 孫文の代理として香港での工作を統括した馮自由は李煜堂の娘婿で，李煜堂の長男李自重は馮自由の親友であると同時に同盟会香港支部の中心人物であった。
12) こうした動向は，香港の政治拠点化を望まない香港政庁との間に確執をもたらしたと同時に，四邑系と他の郷党との対立も絡み，複雑な政治関係を生み出した。
13) 李煜堂の財政司としての評価には，立場を利用して私利を図ったとの指摘もある。特に香港政庁の報告書がこうした点を指摘している。
14) 巻頭言の全文は次のようになっている。「西國之富強全由於農工商之發達而所以握其樞組者厥為銀行故無論大小商埠皆設置之矧香港為商務繁盛之區我華人之營業於他方者亦多以此為交通之地乃不能自辦一完善之銀行以致利權外溢誠為憾事爰於數年前在美洲金山正埠開辦廣東銀行專為利便桑梓挽回利權而設自辦以來成効大著惟是香港一隅尚乏接濟呼應究未靈通因糾合同志創辦斯行●此息息相關交收便捷其有益於同胞者豈淺●哉除擬就規條註冊外合將招股簡章佈告有志君子當不我遐棄焉」（●は文字判読不能）［外務省 1912.3.22］。
15)「本公司聯合同志招集鉅款以接済舊金山廣東銀行来往匯兌及內外各埠匯兌兼做本港出入附揭及銀業所做各種生意以挽利權而便桑梓為宗旨」［外務省 1912.3.22］。
16) 第八章　辦法
　　一　本公司在本港票准大憲立案証冊聲明股本貳百萬員有限公司
　　二　本公司股份分以四萬股為額俾股友踴躍認股踰額當隼議推廣以免向隅
　　三　本公司管庫之人最關重要必須身家股實品行端正方為合格
　　四　本公司擬設董事局以十三名為額每年大叙會時由衆股東選挙一年一次茲將現年董事名列
　　　　陸蓬山翁　李煜堂翁　唐溢川翁　馬應彪翁　鄧仲澤翁　李寶龍翁　唐麗泉翁　劉其華翁
　　　　林護翁　劉鼎三翁　余寶山翁　李聘侯翁　麥禮廷翁
　　［外務省 1912.3.22］
17) 一般的に南北行業者は潮州出身者が主体と考えられているが，実際には珠江デルタ出身の広東人も南北行を営んでいた。廣東銀行の形成背景が郷党的要素の強かったことを考慮すれ

ば，南北行業者5名は広東人と推測される。
18) 各種の金山荘名簿で確認不可能な者は，金山荘ではなくこのカテゴリーに分類した。
19) 前出の「先施公司」創業者2名，同じく百貨店業から金融・製造業へと多角化して香港・上海の大財閥に成長した「永安公司」創業者2名を含む。
20) 第九章　預算
   一　本公司毎年各員薪金約弐萬員左右毎年租項及費用約捌仟員
   二　本公司専做舊金山廣東銀行匯兌約二仟萬員有奇另内外各埠匯兌及本港生意生掲按掲等項年中獲利大有把握
   ［外務省 1912.3.22］
21)「啓者本銀行在徳輔道中門牌第六號開張專接済舊金山廣東銀行来往匯兌並内外各埠匯兌兼做本港出入附掲及銀業所做各種生意原為争國體挽利權振商務便交通起見今開辦伊始志在擴充生意諸凡交易各等價錢格外克己如有按載及買單往美洲者價史相宜務茲　諸君留意賜顧以免利權外溢幸●幸甚（後略）」（「本行はデヴォー・ロード・セントラル6号に開店し，金山廣東銀行との為替および内外各地間為替を専門とするほか，本港での貿易金融その他の各種銀行業務をおこないます。国権を争い利権を挽回するため，商業を振興させ交易の便を図るべく，今ここに事業の拡張を志し開業しました。諸取引の費用は異なりますが，資金供給や米国向為替などは非常に合理的です。利権の外溢を免れるため，皆様の光顧を賜るべくご留意いただければ幸甚です」）（●は文字判読不能）［香港華字日報 1912.1.27］。
22) 複数の日系銀行の調査報告書では1912年2月21日とあるが，日本領事館の領事報告書は1912年3月24日と記述している。現在，香港会社登記所（公司註冊處）では戦前期史料が散逸し，『香港華字日報』も当該日の紙面欠落があり，正確な開業日を把握できない。
23) 一方で同報告は「右ハ支那論客ノ議論トシテハ立派ニ聞ユルモ更ニ裏面ニ入リテ探索スルニ廣東省ニテ三千万元ノ内債募集ノ如キハ當地及廣東ノ経済之ノ許サス若シ中央政府財政監督ノ途備ハリ相當ノ利廻リアル見込付カハ兎モ角今日ノ現状ニテハ内債應募ハ絶對ニ不可能ナル由ナリ」との悲観的観測も記している。
24)「廣東省銀行ハ廖財政司長ノ設立趣意ニ基キ近ク一千万元ノ資本ヲ関實業司長ニ於テ南洋ニ在ル支那某豪商等ヨリ募集シ三ヶ月以内ニ開業スル望アル趣ナリ」［外務省 1912.5.31］。
25) 廖仲愷の李煜堂評価には一定の裏付もある。同時期募集の広東省政府向け借款は50％の高利率に設定され［香港華字日報 1913.6.24］，通貨発行では1600万元の発行枠に対し自身の利益を図る目的で500万元を追加発行した［CO129/391 1912.7.23］とされる。
26)「一，個人設計一千万円銀行　五月三十一日附公信第一九一号中ニ具報セル廣東省銀行ノ資本一千万元供給者タルヘキヒ南洋支那豪商トハ陸祐ナルモノニシテ彼ハ他ノ豪商トノ合資ヲ断ハリ又廣東政府ヨリ半額ヲ出資シ且ツ五千万元ノ紙幣発行權ヲ●●スヘシトノ申込モ謝絶シ彼ハ単独ノ資力ヲ以テ資本一千万元ノ銀行ヲ廣東ニ自立ス」（●は文字判読不能）［外務省 1912.6.22］。
27) もっとも，李煜堂とその支持者達が広東省財政への関与から財を得た形跡を考慮すれば，皮肉にもこれは真実であった。
28)「先辦普通銀行　胡都督近日以國家銀行一時萬難籌辦查商人銀號性質最與銀行相近以之改組普通銀行大可為政府之補助擬電招李煜堂回省籌劃一切聯絡香港銀業商人組織株式銀行以救

済金融恐慌並囑第二課長妥訂株式銀行章程電求中央同意」［香港華字日報 1913.4.5］。
29) この経緯については，「新新百貨店」の創業者一族である李承基の回想録［2002］に詳しく記されている。
30) 一方で 19 世紀後半から上海に居住した広東系は「粤商集団」と称される別の系列であった。「粤商集団」と「省港財団」の間には，協力関係と同時に微妙な対立関係もあった［李 2002, 110-113］。
31) しかし，上海で広東系「省港財団」の機関銀行であったことは，時に政治的対立も巻き込みながら，上海地場の浙江系財閥とも微妙な対立関係を形成していた。1931 年の『銀行通信録』［1931.7, 86］は，次のように伝えている。

>　　　今回の廣東獨立は蔣介石系対胡漢民の勢力闘争と目さるゝ外一面唐紹義氏に率いらるゝ廣東財閥，華僑財團等の浙江財閥に對する對抗とも見られ居るが，果然最近に至り廣東財閥の上海に於ける策動喧伝さるゝに至れり。即ち在上海廣東系巨商就中三大百貨店を始め各種會社，商店が廣東銀行，香港國民銀行等の上海支店を通じ獨立事件發生以来今日迄約六千萬元の各種内國公債の投賣を開始し其の暴落を以て南京政府，中央銀行等を混乱せしめんとするに至れりと云ふにあり。而して宋子文氏は之が對抗策として防戦買に努め其の額既に二千萬元に達せりと称せらる

以上からは，廣東銀行が広東系郷党財閥の機関銀行として，1930 年代には国民党内広東派政客を支援することで政治にも関与すると同時に，その関係から上海公債市場で活発な投機的取引を繰り広げていたことがうかがわれる。
32) 「聞董事局決議添設支行於濱角即運京，現將該處自置房屋修理，一俟工竣，便可開始營業，吾國人僑寓暹羅者甚衆，將來營業發達」（「役員会はバンコク支店開設の決議をしたとされる。現在自行所有の建物を改修中で，工事完了と共にいつでも営業を開始できる。我が国の人でシャムの地に住む者は多く，将来の営業は発展するであろう」）［銀行週報 1918.10.1, 16］。
33) 1919 年の台湾銀行の調査報告には，支店所在地にボンベイが含まれているが，廣東銀行に関するその他の資料からは確認できず，実際は代理店であった。
34) このほかの支店としては，1933 年 11 月に広東省台山で支店を開設している。
35) 一方で，一部銀行の投機失敗による破綻などは，華人系銀行全体への信用毀損という悪循環を引き起こした。たとえば外国為替投機の失敗から，1924 年に華商銀行が破綻した際，他の華人系銀行からも外国銀行に預金が流出しただけでなく，外国銀行 10 行が一致して華人系銀行の外国為替売買決済に制限を加え，深刻な対立に発展した。制限とは，それまで午後 1 回の決済であったものを，午前中に売買した為替の決済を当日午後 12 時までに帳簿を閉めて午後 1 時までに全額決済する半日決済とし，さらに現金決済あるいは票據交換所の支払可能証明を差し出すというものであった。この通告は，華商銀行がチャータード銀行および横浜正金銀行との取引で各 12 万 5000 万米ドル，2 万 5000 米ドルの決済不能に陥ったためであるが，華人系銀行側は強力な反対運動を展開した［銀行週報 1924.7.15］。
36) 当時の華商社会ではリテール市場が未成長で，銀行の主要顧客は商人であった。しかし，華商は帳簿振替決済の相対決済が一般的で，また金融サービスの需要があっても，柔軟で利便に優れた銀号を多用した。これは銀行が担保主義などの対物信用を前提としたのに対し，銀号が華商社会の対人信用を基本に華商に適した金融サービスを提供していたためである。

また大手銀号は銀行買弁を通じた外国銀行との関係から，その金融機能も利用可能であった。これら銀号の地位は，銀行が資本や組織の規模だけで容易に奪えるものではなかった。このように華人系銀行は，在来金融機関である銀号とも競争関係にあり，また基本的には華商社会で背景とする人脈や商業圏に依存していた。華人系銀行の対物信用に基づく金融は，従来の対人信用に基づく金融の問題点を補うものではあったが，華商社会では自ずと限界があり，恒常的な高預金金利・低貸出金利による利鞘の縮小，不明朗な融資審査基準などの問題を抱えていた［銀行週報 1924.7.8］。

37) 本文にもあるが，広東系華商の合股における一般的慣習では，出資分としての「股」には固定利息である「官利」が付けられていた。しかし廣東銀行では，これが収益状況にかかわらず一定率の配当を常に要求されるものであったのかは，現存の史料からは確認不可能である。

38) 公会は中國銀行香港支店長の貝祖詒が，各銀行の最高責任者による情報交換を目的に設立を提唱。1921年には中國銀行香港支店，廣東銀行，東亜銀行，國民商業儲蓄銀行，鹽業銀行香港支店，華僑銀行香港支店の6行が会員となる［香港華商銀行公會 2002.1］。

39) 同時期，香港上海銀行も同じような動きを見せている。安冨［2003］によれば，香港上海銀行は第一次大戦前までは"even keel"と呼ばれた経営戦略により，金建ての調達資金は金建てで運用し，銀建ての調達資金は銀建てで運用する，という資金構造を有していたが，両大戦間期には銀建てで調達した資金をポンド転換し，ロンドンにて英国国債で運用する構造となっている。これは，当時の銀建てでの運用収益が十分ではなくなっていたことを示していると思われる。

40) 兄弟銀行として連動してきた両行が容易に分離したのは，歳月経過による人的関係の疎遠化も一因と考えられる。少なくとも香港廣東銀行の創業時点では，両行は資本関係を持たずとも，複数の人物による個人的関係を紐帯として結び付いていた。しかし創業から十数年を経ると，金山廣東銀行の中心人物であった陸蓬山などは，香港廣東銀行の創業以降は香港を拠点としており，直接的に金山廣東銀行の経営には関与していない。また李煜堂の金山荘も，基本的には彼の代で店を閉じており，すでに名望家・資産家であったその息子たちも香港を拠点としていた。このため両地間では，個人的関係を紐帯とした結び付きに何らかの断絶的変容が生まれ，感情的にも事業的にも次第にそれぞれの思惑が働きやすくなっていたと考えられる。

41) 「香港に本店を有する廣東銀行桑港支店は従来州法に依り為替のみの取扱を許可せられ来りたるが，其の業績の良好なると行務の拡張とに伴ひ今般州法に基き新規銀行を設立することとなり加州当局へ之を申請せり」［銀行通信録 1926.3, 103］。

42) また1930年代に入ると，従来は地理的営業範囲が華南に限られていた銀号が，上海や漢口などの内地に独自の金融網を構築したことも，新たな競争を促進した。

43) 1930～33年の間，広東中央銀行紙幣の兌換停止や広東省銀行への大規模な取り付け騒動が4回にわたり発生している。

44) これに対して，上海銀行業界は異なる様相を見せた。上海は，揚子江流域を横軸，香港，大連，天津などの南北各地を縦軸に，内国間から流入した資金を吸収・運用する金融センターでもあった。このため上海の銀行は流入する潤沢な内国資金に支えられて，平時は軽工業

や公債市場に資金を投じていたが，1930年代前半には政府公債の引き受けや投機から収益を生み出すことで不況を乗り切っていた。このように上海銀行業界が公債市場に資金を集中させた背景には，国民政府による公債発行円滑化のための割引発行政策がある。銀行が公債を引き受ける際，公債は額面から40〜50％ほど割引して発行され，銀行は市場放出時に相当な利鞘を手にした。たとえば国民政府が1927〜31年に発行した債券総額は10.58億元であったが，実際の国債発行歳入は5.387億元であり，残りの5.193億元は銀行側の利益となった［李 1997, 265-267］。したがって同時期であっても香港と上海では，金融構造の違いから銀行の担った役割，さらに1930年代前半の経済不況に伴う影響が異なっていた。

45）廣東銀行の不動産関連事業は，すでに1920年代からおこなわれていた。たとえば，1923年には広州の政府保有地を額面55万元で買収するが，実際の支払額は廣東銀行への「未払利息」を差し引いた22万元と「善意の印」の取り崩し費用5000元で，直ちに85万元で転売された［Chung 1998, 95-96］。これは「三十人籌餉團」中心メンバーであった楊西岩の広東省財政司長在職中におこなわれた，明らかな利益誘導であった。

46）もう一人特筆すべき人物は林炳炎である。第5章で述べるように，林炳炎は後に1960年代の香港で最大の華人系銀行となる「恒生銀行」の前身「恒生銀號」を1933年に創業し，上海では「生大信託公司」を経営した。恒生は1937年以降，国民政府による香港での両替業務を独占するが，これは林炳炎の人脈によるものと言われている［陸，黃 1997, 36］。

47）1898年シドニー生まれ。祖籍は広東香山。1918年に上海セント・ジョンズ大学を卒業後，先施公司に入社。1929年，上海商業儲蓄銀行頭取の陳光甫に見出されて銀行業界に入る。1934年に同行香港支店長。後に宋子文の招請で廣東銀行に転じる［呉 1937, 61］。

48）「至言及復業後方針。仍以廣東人資金。發展廣東人事業為大前提。至於營業仍以經營往來匯兌放款儲蓄為原則。將來如在可能範圍内。或亦經營關於地方工商實業之貸款」［銀行週報 1936.12.1, 5］。

49）「而全國知名之人士。両粤巨子。亦咸以維持該行。即所以幫助繁榮市面。回復粤人商業信譽之一端。遂提議恢復該行營業。並推子文主持其事。子文以新中國之各種事業。粤人創辦者不少。現屆全國統一。粤漢鐵路業已完成之際。吾粤對於健全之金融機關。需要尤為急切。是以爰從衆議。共策進行。且已徴得國内主要銀行之贊助。俾此信譽素佳之粤人銀行。得以重振舊業。以適應吾粤正在積極建設中之需要」「子文深信該行今後為國内外各同胞服務。將更有顯著優良之進步也」［銀行週報 1936.12.1, 5］。

50）こうした動きを反映し，國華銀行（1930年駐在員事務所開設，1938年支店昇格），上海商業儲蓄銀行（1932年駐在事務所開設，1934年支店昇格），中南銀行（1934年），金城銀行（1936年），中國國貨銀行（1938年），南京商業儲蓄銀行（1938年）などの本土系銀行が相次いで香港に進出する。

51）当時，宋子文は権勢と財力を背景に，上海などで積極的に民間企業の乗っ取りを実行していた。さらには，買収後の廣東銀行を中心に「建粤財團」と称される資本集団を華南に形成し，「南洋兄弟煙草公司」などの企業買収を展開する。

52）注(31)で示したように，廣東銀行は國民党広東派政客を支援し，公債市場で売り方となるなど，國民政府の財政を預かっていた宋子文とは長らく対立する立場にいた。したがって宋子文が経営権を掌握したのは，反対勢力の金融的本山を併呑する意図があったことも否定で

きない。
53）廣東銀行の再建は，順調には進展しなかった。1938年の日本軍による華南侵攻に伴い，宋子文の華南利權確立という目的が達せられることはなかった。以降，廣東銀行は北米・ハワイ華人からの救国債券の募集・送金で維持されるが，1941年12月の香港陥落後に，「敵性銀行」として日本当局が接収する。戦後は元の経営者達が再建するものの，1971年に米系 Security Pacific National Bank が買収し，1988年 Security Pacific Asian Bank に行名変更され「廣東銀行」の名は消滅する。1993年 Bank of America (Asia)（美國銀行（亜洲））となり，2006年には中国本土系「中国建設銀行」が香港業務の拡大を目的に買収し，2007年1月1日に「中國建設銀行（亜洲）」となる。

## 第5章　日中戦争期の香港における金融的位置の変容

1）「廣東糸は本省輸出品の大宗に位し華僑送金に亞いで輸入貿易を Cover する大項目であるが主要需要地米國の不況と日本絲の為替安に壓迫せられ逐年衰落し今日では全く採算割れである」［横浜正金銀行 1934, 2-3］。
2）「在外華僑經濟力の失墜と國内不況の深酷（ママ）化は以て想見し得る次第である。（中略）華僑勢力の転落が本省の輸出貿易を阻害したることも顕著なる事實である。（中略）蓋し華僑が彼等自身の生活必需品を可及的郷土より購買するからである」［横浜正金銀行 1934, 12-13］。
3）「投機商人が紛々と銀を買入れ輸出して利を図ることも，更に恐慌の拡大を助長した」［興亜院 1939, 43］。
4）「一則專營按揭買賣生意。乃屬銀業行聯安堂。營此業者。因去歲按揭生意不多。而股份市道亦覺沉寂。故獲利者甚少。一則專營金銀炒賣。亦間有少數之匯兌按揭。乃屬於金銀貿易場。以去歲而論。營業亦不景氣。其原因有二。一因全港生意冷淡。匯兌減少。二因金銀貿易場。以去歲為中央紙及西貢紙之故而停頓。雖在停頓期中。多轉營匯水。惟得不償失。亦無濟事。故貿易場限制新行員加入。以防其濫造也。然去年能獲厚利者。亦有四五家。是在其主事人經營得法。不關於全行事業也」［香港華商總會 1933, 13］。
5）上海租界は占領されなかったものの，日本軍の包囲によって封鎖・孤立したため，金融活動には不都合が生じていった。
6）「自民廿三年後. 世景不振. 該行營業. 遂有江河日下之勢焉. 在昔鼎盛之際. 全行店號. 有四十餘家. 刻下存者. 只十餘家」［香港華商總會 1938, 5］。
7）「自蘆溝事起継以欧戰發生時局動盪幣値之漲落不常轉變急速故該行之億則屢中者皆獲厚利焉」［香港華商總會 1941, 2］。
8）残り2人の創業者のうち，盛春霖は広東出身であるが，上海で「恒興銀號」を興し，また不動産でも成功していた。梁植偉は広東の南海出身で，香港で「永華銀號」を創業して成功していた。
9）1908年に広東番禺で生まれる。恒生銀號の店員で後に総経理となる何添は異母兄。13歳から広州の貿易商店で修行した後，両替商となる。戦時中にマカオへ移動。恒生銀號の創業

注（第 5 章）　265

者たちと大豐銀號の設立に参加し，戦後はその支配権を握る。このほか，多種の事業活動を展開する一方で，マカオ各層の仲介者としても活躍し，マカオ政庁・中国政府の双方からも絶大な信頼を獲得。マカオ社会最大の実力者となる。1983 年に死去。

10) このほか 1930 年代に登場して活躍した銀号に，「道亨銀號」がある。その 1941 年の広告には，次のようにある。「道亨銀號　專營銀業按揭買賣生金找換各國紙幣票貼匯兌上海海防廣州灣西安重慶成都昆明貴陽桂林衡陽及廣東内地各郷銀幣諸君光顧無任歡迎道亨銀號謹啓」（「道亨銀號　金融一般，担保貸付，金塊売買，各国紙幣手形の両替，上海・ハイフォン・広州湾・西安・重慶・成都・昆明・貴陽・桂林・衡陽および広東など内地各地方の銀貨紙幣為替を専門に営む　皆様の御利用を心より歓迎します　道亨銀號謹啓」）[陳 1941]。ここからは戦時中にもかかわらず，道亨銀號がきわめて広範囲での金融活動をおこなっていたことがうかがえる。

11) 広東順徳に祖籍を持ち，1905 年に生まれる。祖父の伍宜康は，広州で「昭隆銀號」を設立したが，父親の代に没落し，また故郷の村が匪賊に襲撃されたため香港に落ちのびた。14 歳で上海人が経営する「泰来銀號」の徒弟となってから，「金銀業貿易場」や「仁裕銀號」に転じて活躍した。1933 年に「永隆銀號」を創設。戦後には「永隆銀行」となり，地場系の中堅銀行として発展させる。

12) 「一九三七年由潘惠予兄説合，與馮堯敬兄合作，在廣州十三行創立永亨聯號，我任總經理，馮堯敬兄任經理，兩號互相呼應，相得益彰，尤其馮君勇於任事，向有「十三行掃把」之稱，對永隆來往貢獻尤多，誠為難得之好搭擋」[伍，33]。

13) 「粤漢鐵路通車後，我認為南北交通暢達，香港乃華南出海貿易中心，將來必有不少外省客來港，為適應需求，乃聘河北人劉秉衡教授國語，各同事一律参加。迨至七七抗戰後，大批湘，鄂各地外省人來港貿易，由於永隆各同事能操國語，引致各外省人相率而來」[伍，32]。

14) 「由是漢口與廣州成為華中，華南貿易中心，香港更為華南出海交通樞與，於永隆，永亨，聯安，泰恒四號聯合組成永福行於漢口，我初則來往廣州，漢口，長沙間居中策劃，而香港永隆業務暫由三弟負責，後來永福行派出潘植楠兄及六弟冕端常駐漢口，我便返港，每夜一時例與漢口通話，以資策應」[伍，34]。

15) 「是時永隆找換業務一日千里，其門如市，常於深夜始行収工，而當時同事同心協力，絶無怨言，誠為難得」[伍，34]。

16) 広州占領後の公認銭荘の発足について，当時の通信社電は次のように伝えている。「廣東地方に於ける經濟復興建設事業の發展に伴ひ支那側に金融機關設置の要求が起り現地各機關及支那側商人方面の間で研究されてゐたところ，此の程過渡的機關として公認錢莊十二軒を指定すると共に公認錢莊の代表者より成る廣州市錢莊同業公會が八月一日を以て成立することとなった。公認錢莊の業務は軍票，毫幣（廣東幣）法幣，香港弗及一定地域内に於ける為替の買賣及預金，貸付，各種有價證券の賣買等一般銀行の業務に準ずるものであつて，是等公認莊（ママ）の開設によつて廣東地方の金融は極めて圓滑となり今後の經濟發展に一層拍車をかけることとなつた。（七月卅一日廣東發同盟）」[銀行通信録 1939.8.20, 63]。

17) 「一九三八年漢口淪陷，永福行於事先結束，同事撤退回穂，廣州繼之失守，永亨撤退往廣州灣後更設號於香港」[伍，33]。

18) 「香港淪陷前，恰有昆明上海商業銀行總理程順元君來港（該行向為永隆代理），與永隆洽商

擴展昆明，上海，香港與緬甸仰光匯划事」［伍，35］。
19) 広東順德に祖籍を持ち，1903 年に広州「隆記銀號」を経営する梁式芝の五男として生まれる。16 歳で「均興銀號」の徒弟となり，実力を認められて 3 ヶ月で店員に昇格する。20 代半ばに広州で「元盛銀號」と「元興銀號」を創業し，香港との取引を拡大。しかし 1938 年，日本軍の広州侵攻直前，香港に移転。親交のあった恒生銀號の創業者たちと共同で「合成行」を創設。これが戦後に，香港最大級の総合商社「大昌貿易行」となる。
20) この経緯は，『波集參戌第三七一号「對澳門政廳密輸取締強化等敵性排除方申入並ニ受諾ノ經緯ニ關スル件報告」昭和 16 年 9 月 21 日』に詳しい報告がある。
21)「珠江封鎖期間中廣香両地間必需ノ物資ヲ交換セシメ占領地區商民ヲ賑恤スルト同時ニ民船貿易統制ノ端緒ヲ作リ且香港在住ノ廣東避難民ヲ優先取引ヲ行ハシムルコトニ因ツテ廣東トノ連繫ヲ密接ナラシメ有産階級ノ復帰ヲ促進セントス」［陸軍省 1939.6.19］。
22) この制度は，為替売却についての申請を中央銀行に一元化し，その審査によって中央銀行が定めた公定相場で割当供給するものである。
23) この様子を，当時の日本の領事報告は，次のように記している。「法幣平衡基金管理委員會委員「ロジヤース」ハ四月八日倫敦ヨリ来香蔣政権ト打合ノ為直ニ重慶ヘ出張セル次第ハ既報ノ通リナルカ「ロ」ハ五月二十四日當地ヘ歸来スルヤ香上銀行「ビルデイング」四階ニ五部屋ヲ借受ケ事務所ヲ開設セリ　同事務所ニハ未タ看板ヲ掲ケ居ラサルモ委員中國銀行總裁貝淞蔡交通銀行總裁唐壽民香上銀行支配人「グレイバーン」「チャータードバンク」支配人「キヤミツヂ」及英蘭銀行代表前記「ロ」ノ五名ノ下ニ中國銀行ヨリ派遣セル行員九名ヲ筆頭トシ關係各銀行ニ於テ詮衡セル事務員等計三十二名ノ「スタツフ」ハ既ニ執務中ニテ●●●ハ所謂對英一千萬磅及對米二千五百萬米弗ノ両信用借款ハ法幣平衡基金ニ充當セラレ本委員會ノ運用ノ衝ニ當ルコトトナレル旨●●●シ居レリ」（●は文字判読不能）［外務省 1939.6.6, 45］。
24) こうした資金流出は，やはり同様に，欧州大戦勃発と同時に為替管理を強化したシンガポールから上海に向かっても発生している［日本銀行 1941, 63］。
25) もっとも，当座預金は 1939 年 6 月以降，普通預金は 1939 年末以降，新規受入が停止された［横浜正金銀行 1940, 234］。
26) この法幣売却について横浜正金銀行は，金額から見ても政府勘定であるという噂が妥当であると報告している［横浜正金銀行 1940, 232］。
27) 銀号の法幣取引には，主として自己売買と顧客売買があった。自己売買には通常の価格変動を利用した投機取引，フォワードの乗り換えに伴う金利取得に加え，法幣の発券銀行の信用格差，あるいは紙幣新旧に由来するプレミアム変動を利用した裁定取引が存在した。国防金融条例施行前後に流行したのは，最も信用が薄くディスカウントが存在した農民銀行券を法幣預金し，払い出しに中央，中國，交通の銀行券を受け取る裁定取引であった。しかし，これは中国系銀行が法幣預金を取り扱っていた時期にのみ通用した取引であった。したがって，法幣預金の新規受け入れ停止や，農民銀行券による預金の同一券種引き出し措置などにより減退した。それでもなお，他の銀行券間の信用・新旧格差を利用した裁定取引は，銀号の得意とするところであった。たとえば中國銀行券の新券にはプレミアムがつき，他の銀行券や旧銀行券との間での裁定取引がおこなわれていた。この他の法幣取引には，顧客売買お

よび中国各地との為替取り扱いがあった一方，多数の銀号は法幣預金を取り扱わなかった［横浜正金銀行 1940, 231］。

28)「殊に香港為替管理実施以来法幣賣買の殷賑を極めたるが如き，仲々に新式銀行のよく為し能はざる一面である」［朝鮮銀行 1941, 26］。

29) この当時は法幣の現物取引も，さほど大きな流動性はなかった。朝鮮銀行の報告によれば，「實際に現物を香港に於いて賣却せんとすれば一日に先ず法幣ならば五萬元，毫券ならば一萬元見當が精々であった」［朝鮮銀行 1941, 54］と記されている。

30) 金銀業貿易場では売買急増を受けて，1940年1月に取引証拠金を増額している。

31) 金銀業貿易場では，法幣担保融資も手掛けていた。朝鮮銀行の報告書によれば，「其の相手には會員銀號は勿論，為替銀行たる香上銀行を始め，東亜銀行，支那側政府三銀行が含まれて居り，其の條件は左の如くである。為替銀行に對する條件：法幣百元に對して香港弗十七弗計算：一〇〇〇香港弗に付き日歩　香上銀行二五仙，他銀行二二仙期間七日間，銀號に對する條件：法幣百元に付香港弗一九乃至二〇弗計算：一〇〇〇香港弗に付き日歩二〇仙見當，期間三日間」とある［朝鮮銀行 1941, 58］。

32) この内容は朝鮮銀行［1941］に収録されている。しかし香港政庁の "Hong Kong Government Gazette" およびその他の政府刊行物に，この原文を見出すことはできなかった。したがってこの通達は，登録金融機関への直接あるいは口頭での通達であった可能性が高いと考えられる。

33) 朝鮮銀行の報告書は，「ただしこの件は特定銀行（引用者注：授権金融機関）には通知されていない」［朝鮮銀行 1941, 77］としている。

34) このため10月には，上海標金市場で香港系資金による投機買いが加速している［土屋 1941, 221］。

35) 同年12月には，米国も軍需物資購入を目的とした資金借款5000万米ドル，法幣安定を目的とした資金借款5000万米ドルを，中国に供与している。

36) 11行は，American Express Company, Bank of China（中國銀行），Bank of Communication（交通銀行），Chartered Bank of India, Australia and China, Chase Bank, Thomas Cook and Son's, Hong Kong and Shanghai Banking Corporation（香港上海銀行），Mercantile Bank of India, National City Bank of New York, Nederlandsche Handelnaatschappij, Nederlandsch Indische Hondelsbank であった。

37) しかし，まもなく上海方面では旺盛な外貨需要と当局の取り締まりの不徹底から，市中で新たなブラック・マーケットが形成され始めた。

38) 第1306号通告では，American Express Company, Bank of Canton（廣東銀行），Bank of China（中國銀行），Bank of Communication（交通銀行），Bank of East Asia（東亜銀行），Chartered Bank of India, Australia and China, Chase Bank, Hong Kong and Shanghai Banking Corporation（香港上海銀行），Mercantile Bank of India, National City Bank of New York, Nederlandsche Handelnaatschappij, Nederlandsch Indische Hondelsbank の12行。第1307号通告では，Banque Belge pour L' Etranger, Banque de L' Indo-China, E. D. Sassoon Banking Corporation, Overseas Chinese Banking Corporation（華僑銀行），Kwangsi Provincial Bank（廣西省銀行），Manufactures Bank of China（中國國貨銀行），Provincial Bank of Fukien（福建省銀

行), Provincial Bank of Kwangtung (廣東省銀行), Shanghai Commercial and Savings Bank (上海商業儲蓄銀行), Thomas Cook and Son's, Underwriters Bank の 11 行 [HKG 1941.11.6]。

39)「現奉財政司令, 將本場以前買賣未完結之國幣, 一律照十二日午市公價算結賬, 等因, 經昨　夕第五十次行員特別大會議決, 遵照辦理, 並定本月十四及十五日為清算日期」[姚 1962, 36]。

40) 香港政庁は 11 月 6 日, 100 香港ドル以上を香港領域外に持ち出す場合, 許可証を取得すべき旨の規定を制定した。しかし, この法令はマカオへの現金持ち出しを制限しておらず, 銀号による資金持ち出しを防止することができなかった。

41) 一方, 陥落後の香港では, 金銀業貿易場は活動停止に追い込まれ, 翌 1942 年 7 月には閉鎖を決議する。この様子を, 当時の通信社電は次のように伝える。「皇軍占領後停業を續けてゐた金銀交易所は七月二十八日臨時會員大會を開き右大會の決定にしたがひ七月二十九日閉鎖された。軍票一元化への政策が明示され, かつ軍票交換所の施設が確立された現在, 交易所存在理由は大部分失はれたためである。金銀交易所は大東亜戦争前は金銀業交易所と稱し, 各國の現物通貨の取引所であり, 特に支那事變下に法幣對港貨の投機場として殷賑を極めてゐたが, 大東亜戦争勃発後は停業を續け, 今回新情勢に即應して再開の望みを放棄し, 光緒二年以来の歴史を閉ぢることとなつたものである。(七月二十九日香港發同盟)」[全国金融統制会報 1942.9, 122]。

42)「永隆撤退至澳門後, 積極清理客戶存款, 並於新馬路設立找換經營, 維持店員生活, 七弟旋經廣州灣返澳, 備言柳州生意蓬勃, 大有可為, 令人响往」,「於是由三弟携同老幼 (庶祖母及我四名女兒亦預焉) 及部份同事回到自由地區柳州」,「至是乃分別在澳門, 廣州灣, 柳州積極清理永隆香港客戶存款, 以盡責任」,「並由三弟另行集股, 在柳州設立永隆金號, 業務方興未艾, 詎料長沙戰時緊張, 三弟乘潘植楠兄返澳之便, 先打發庶母及及我女兒返澳, 後來桂柳亦告失陷, 金號燬於炮火」[伍, 36]。

43)「澳門之銀行銀號, 兼營其他非銀業之業務, 至為普遍。蓋以本行業務, 或利益不厚, 咸太多風險, 不宜或亦不足以運用其全部之資力, 且有時其他事業機會極佳, 利潤至厚, 不得不令擁有資金之銀號躍躍欲動者, 至所經營之其他業務」[麥 1945]。

44) 広東南海の出身。17 歳で父の事業を継ぎ, 食料や油の貿易業を営む。1938 年に香港へ移動し, さらにマカオへ移動。戦後は「澳門中華総商會」主席となり, 何賢についでマカオ華人社会の実力者となる。

45) 広東南海の出身。19 歳で香港にわたって機械工見習となるが, 後に入獄。出獄後に貿易業を営み, 1930 年代には賭博業を開始。1938 年に香港貿屋業界の大立者であった高可寧との合弁で「泰興公司」を創業し, マカオでの賭博業独占経営権を取得する。

46) 戦後の香港における恒生銀行の人脈については [久末 2000] を参照。

## 終　章　香港という存在

1) むしろ後藤が構想していたのは,「対岸」の厦門をゲートウェイ化し, アジアの広域市場に進出することであった。彼は台湾銀行の進出にも関連して, 次にように書き記している。

「厦門ト臺湾ト相互ノ間ニ密接ノ関係ヲ有シ今尚通信上彼我一国ノ如キ関係アルノミナラス経済的中心点ノ厦門ニ存スルコト上来縷陳シタル所ノ如シ余ハ此関係ヲ利用シテ経済ノ中心点タル厦門ノ地ニ一支店ヲ設立シ以テ外部ヨリ臺湾ニ於ケル経済ヲ幫助シ恰モ本店ノ如ク其効用ヲ完フセシメンコトヲ希望シテ止マサルナリ」［後藤新平文書「台湾民政長官時代」5-2 1980, 245-246］。

2）政治的に見た場合，戦後アジア太平洋地域では，冷戦構造のなかで，明らかに米国のヘゲモニーが大きな意味を持った。しかし経済的に見た場合，それ以前の「帝国」の枠組みが比較的自由かつ円滑な経済活動を保証したのとは異なり，米国のヘゲモニーがどの程度の役割をはたしたかは，大いに議論の余地がある。

3）恒生銀行とその周辺企業の発展については，久末［2000］を参照。

4）1950年前後の香港貿易の実態は，日本銀行［1950］が詳しい。

5）こうした難民の流入によって，戦後香港の人口は急速に膨張した。1941年の太平洋戦争直前に約160万人，1945年の終戦直後には約60万人であった人口は，1950年に約195万人，1955年に約249万人，1960年に約308万人，1965年に約369万人，1970年に約394万人，1975年に約440万人まで増加している。

6）1960年代後半の香港における中国本土系企業の活動は，日本経済調査協議会［1969］の第2章第1節が詳しい。

7）チン・ソーポンパニットの香港での活動については，久末［2008］を参照。

8）1950年代から形成された香港不動産市場における高地価サイクルの構造形成については，久末［2008］を参照。

9）1970年代前半までの，戦後香港の金融業発展については，久末［2000］を参照。

10）戦後香港の域内発展については，香港政庁がその枠組みの形成に対して一定の役割をはたしていた。この点で戦前期と比較した場合，香港政庁という存在とその位置付けは，再検討されるべき課題である。

11）改革開放初期の華人資本による投資は，彼らの祖先を送り出してきた地域である広東省や福建省の「僑郷」に集中したため，「僑郷投資」と呼ばれてきた。その最初期におけるパターンとしては，①「僑資」として村レベルにおける郷鎮企業に資本参加する，②橋や道路の補修，学校など公共施設建設のための公益事業への寄付をおこなう，といったものが中心であった。これらの投資は，華人の「衣錦還郷」（「錦を衣て郷に還る」）という，過去との心理的連続性の上に成り立つものであると同時に，援助的側面を多く持つものであり，事業としては規模的・資金的側面で大きな限界を有していた。

12）たとえば香港の華人実業家たちは，対中投資の過程で直面する諸問題を処理するために，香港における中国本土の代表機関である「新華社香港支社」だけでなく，広東人である廖承志とその系列が率いた国務院「僑務弁公室」ともつながりを持ち，中央との直接的関係も重視していた。一例を挙げれば，1978年，廖承志は香港の有力な華人実業家たちを北京への視察旅行に招待し，鄧小平との面会を手配している。また「八大飯店投資計画」の交渉が停滞していた1979年には，霍英東が廖承志に宛てて国家旅遊局局長を督促する手紙を出している［霍 2001, 191-192］。

13）もっとも，この時期の香港の華人系財閥による対中投資も，金額や事業の規模が拡大した

とはいえ、基本的には投資をおこなった実業家たちの多くが広東省に祖籍を持っており、その動機が純粋な事業ベースだけではなく、郷土の現代化振興という非利潤面での動機も作用していたことは事実である。このため、投資の地理的範囲が広東省を中心としていたこととあわせて鑑みても、これらは一種の「僑郷投資」であった。

14) 郭の企業グループは、以降も中国投資を積極化し、「ケリー・プロパティーズ」（嘉里建設）を通じた中国各地での不動産投資・開発事業、インフラ事業、物流事業の展開に加えて、北京「中国大飯店」（China World Hotel, 1990年開業）を嚆矢に、「シャングリラ・ホテルズ」を通じて中国各地で高級ホテルを展開している。またシンガポールに保有する食糧商社「ウィルマー・インターナショナル」を通じ、中国子会社「益海嘉里」による食用油・食品関連事業も中国国内で大きなシェアを占めている。

15) 矢野経済研究所［2006］より。

16) メインボード（Main Board）とは、日本の東証一部のように確立された企業を中心とした市場であり、これに対して GEM（Growth Enterprise Market）とは、比較的上場要件の緩和された、新興企業を中心とした市場である。

17) 人民元の国外流通量について、日銀の福井俊彦総裁（当時）は国会で以下のように答弁している。「人民元が実際にどれぐらい流通しているかというのはなかなか正確につかめません。特に現金の国外流通ということになると分からないんですけれども、中国金融というふうな公表された研究成果は中国人民銀行のスタッフによる推計だと思うんですけど、これによりますと、御指摘のとおり人民元の中国国外における流通は増えていると、現実に増えているというふうに認識されます」［参議院 2006］。

18) たとえば旅行客や中国での現金支払いが必要な商人などの実需以外にも、香港ドルに対する人民元の値上がりを期待した香港市民の人民元需要も根強く、それらは香港の銀行における人民元口座だけではなく、中国本土での銀行口座に入金され、あるいは不動産や株式を購入するなどの活動が日常的におこなわれている。

19) 香港から中国本土への人民元の還流は、近年、中国政府も問題視しており、2008年4月22日には公安部が深圳海関（税関）に対し、違法な人民元持ち込みの取り締まり強化を要求したことが明らかになった。現在、中国本土への入国に際しては、人民元で2万元、外貨と貴金属は米ドル相当で5000ドルを超えて持ち込む場合には、税関への申告が必要である。2007年度には約2000件が摘発されたが、2008年に入ると第一四半期のみで約1000件が摘発された。これは当時、人民元の対香港ドルでの急速な上昇、さらには香港での利下げと中国での利上げによって、中国本土で人民元建て預金をする香港市民が急増したためと言われる［大公報 2008.4.22］。

20) 中国では急速な経済発展と権力の偏在が、不正な富の増加を生み出し、これを中国以外の場所に移す傾向が生まれている。たとえば中国社会科学院および人民銀行の2008年時点の推計では、1990年代半ば以降から近年まで、共産党、公安、司法、国家機関、国有企業などの汚職者で海外逃亡した者は1万6000〜1万8000人に上り、逃亡に際して海外に持ち出された資金は8000億元（約1兆円）にもなるとされる［明報 2011.6.15］。こうした中国系資金（チャイナ・マネー）の多くは、中国各地から深圳に集積され、同地から香港を経由することで、シンガポール、オーストラリア、カナダ、英国、米国などの移転先へと向かう。

主要な資金移転先の多くに共通しているのは，先進国であること，一定額以上の不動産や金融商品などの購入によって永住権や国籍を獲得できる「投資移民スキーム」があること，すでに中国系コミュニティが成立していること，中国語での各種サービスが利用可能なこと，中国本土との交通アクセスが確立されていること，などである．
21）詳細は久末［2010b］を参照．
22）中国国務院常務会議は 2009 年 3 月に上海の国際金融センター化に関する意見を公表し，2020 年を目途に上海を国際金融センター化する目標を承認している．また 2012 年 2 月には第 12 次 5 カ年計画で，「上海国際金融センター建設計画」が正式発表されている．
23）20 世紀末から現在の十数年ほどで，広東省広州には服飾，雑貨，電子部品などの交易に従事するため，アフリカ，中東，南アジアからの商人が大量に押し寄せ，すでに半定住的なコミュニティまで形成されている．こうした取引は，かつて香港でおこなわれていたが，コストの問題や取引される商品の集積から広州に移転していった．この様相は，香港とは異なる次元での広州の可能性を示唆しているものの，それを香港の凋落と単純に捉えることは早計であろう．なぜならば，高度の調節が必要な商品やサービスの取引については，いまだ広州はそのノウハウや設備を集積できず，香港の独壇場となっているからである．たとえば，OEM によるアパレル生産などは，微細なテキスタイルの品質やデザインの機微についても対応しなければならないが，そうした世界中からの顧客の要請に対して，香港をフロントとする商社や製造企業は，機敏に対応する高度のノウハウを持っており，競争力を維持しつづけているからである．したがって現状は，広州との新しい分業関係が成立しているにすぎない．
24）2011 年現在，香港国際空港は，中国本土の約 40 都市と定期便で結ばれている．これは見方を変えれば，かつての香港は華南を密接な後背地としていたが，現代では中国本土そのものが密接な後背地となっているとも言える．
25）戦後の香港経済における歪な不動産本位体制が形成されていった背景については，Poon［2006］および久末［2008］を参照．
26）2003 年，中国政府は香港との間で自由貿易協定にあたる「経済貿易緊密化協定」（CEPA）を締結し，順次内容を拡大してきた．また同年，中国政府が中国本土から香港への個人旅行を省・都市ごとに順次解禁して以降，香港への渡航者は激増し，2011 年には上半期だけで 1270 万人が訪れている［香港特別行政区政府新聞処 2011］．

## 補論 1　銀号の経営構造についての考察

1）「中継貿易ニ伴フ相當ノ金融設備ヲ要スル事必然ノ理ナリ而シテ其ノ貿易タリヤ關係スル地方及之ニ従事スル人種ニヨリテ亦種々特別ナル關係ヲ有スルヲ以テ之ニ附随スル金融機関モ各其ノ特色アル事自然ノ勢ナリ」［台湾銀行 1916b, 63-64］．
2）「故其自視頗高，港人士亦目之為銀號特殊階級，而該會全体會員，亦僅三十七家耳」（「ゆえに（引用者注：聯安堂会員の按掲銀号は）おのずから地位が高いものに見られており，香港人の目には銀号業界のなかでも特殊な店と映っている．この会員は全体でも僅か 37 軒の

みである」[陳 1941]。
3)「找換金銀錢台行は昌記外百五十軒に達し路傍に散在する両替店を合する時は優に三百軒を算する」[台湾銀行 1920, 36]。
4)「就漸漸興起了錢銀枱這一行。昌記銀號也就是差不多的情況下組織成的。(中略)一個叔伯叫高佬升的，也是做碎金碎銀的買賣的，(中略)先翁便適應潮流，勸他改營錢枱，當初埋股一千元，分作五份，昌記後来就職一路發展，成為香港有名堂的銀號」「香港初年的錢銀枱，每天早上四時便開業，因為是配合中環街市的枱位開档，那時主要業務是找換銅錢。錢銀枱發展到銀號，漸漸改做内地匯單的生意」[金銀業貿易場 1970]。
5) もっとも香港市場自体は，各地の遊資や華僑送金が中継のため集中すると同時に，産業などへの固定資金需要が少ないことにより，相対的に低金利が持続する金融環境であった。
6)「利率無明確之規定。時期之関係亦不顕著，一視當時銀根之寛緊，銀號對于資金之運用及與顧客之感情而定」[區 1932, 76]。
7) 合股全般についての詳細な研究としては，根岸 [1943] を参照。
8)「甲申開我瑞吉銀號於清光緒年張原集股本銀伍萬員」(「甲申に開かれた我が瑞吉銀號は清光緒年に資本金5万ドルを集めた」[馮民徳檔案「瑞吉銀號」1920.12.15]）。
9)「堂」とは，華人の同族資産を管理する一種の信託組織であった。詳しくは鍾 [1999] を参照。
10)「乙巳年始創司事郭翼如翁吉昏公推張文卿彭勤生両位全権司事十餘年来獲利不少除遞年不派外至旧（ママ）歴庚申年底計可留盈餘積項銀壹佰萬員厥功甚偉難以酬振同人等決定由辛酉年正月初一日起増多壹股張文卿彭勤生両位毎来股本銀弍仟五佰員」[馮民徳檔案「瑞吉銀號」1920.12.15]。
11) こうした資本と経営の分離は，中国の他地域でも見ることができる。たとえば，華中や華北では「股東世家」と呼ばれた資本家層があり，彼らは経営を支配人に委託していた。股東世家については，根岸 [1951, 45, 394] を参照。
12)「紅股」については，根岸 [1943, 235, 558] を参照。
13)「一由辛酉年夏歴正月初一日起連旧共股本銀伍萬員不作壹拾壹股計毎年老本週息銀捌厘算
　　一盈餘積項連新入共壹佰壹拾萬員内肆拾玖萬五仟員照旧欸不計息其餘陸拾萬零伍仟員週息銀五厘算
　　一由辛酉年起遞年溢利不派多少應由六月初一公衆議決但撥歸積項則不論多寡壹律要計週息五厘算」[馮民徳檔案「瑞吉銀號」1920.12.15]。
14)「金銀業貿易場是貨幣及黄金交易場所，投機成份極大，因此所属行員（銀號）之職員，尤以派出市場負責買賣人員，鮮有不渉猟者，永隆為杜絶此項私幇起見，乃設立一永利戸口，挙凡具有投機性之各項空揸套調買賣，統一由司理人作主，或與同事洽商決定，均入之戸口，盈虧年終計算，永隆佔七成，我佔二成，各同事共佔一成，苦楽均沾，任何職員不許做私幇買賣，違者作犯舖規論」[伍, 32]。
15) このほか，羅氏は金舗，船舶代理店，貿易商店，保険，新聞，製糖など，様々な事業に権益を有していた [Smith 1983, 101-103]。またこれらの出資では，匿名性を保つため，同族資産の管理組織である「堂」の名義が用いられた。
16) 広東東莞人。1864～1925年。金銀細工商で財を成した周永泰を父に持つ。香港皇仁書院

注（補論1） 273

を卒業後，香港政庁の船舶関連部門や「萬安保険公司」などで経験を積む。兄弟とともに「全安保険公司」，「香港九龍置業按掲公司」，「裕安輪船公司」，「兆安輪船公司」などを創業。また「省港澳輪船公司」，「香港九龍汽車公司」，「廣協隆船廠」などの総理も兼任する。香港政庁からは，定例会議の議員に任命されている［何 1991, 211］。

17) 広東新会人。1860～1931 年。香港―四川間の薬材貿易で財を成した後，「安隆銀舗」，「兆豐行」を創業。また「東亜銀行」，「安榮置業」，「華人置業」などの創業にも関与した。

18) 1893～1971 年。オックスフォード大学で法律を学び，大律師（barrister at law）の資格を取得。数多くの著名企業の役員を兼任すると同時に，香港政庁から定例会議，行政会議の各議員に任命されるなど，多くの公職も務めた。

19) こうした状況は，華南の銀号業の信用構造では一般的であった。たとえばマカオでも，当主の名声が銀号の信用を支えていたことが指摘されている［麥 1945］。

20) 「斯業者ノ責任カ假令無限ニシテ且ツ銀業者間ノ共同團結強シト雖モ一朝大恐慌ノ襲来スルニ會ヘハ殆ント収拾スヘカラサル破綻ヲ見ルニ至ル」［台湾銀行 1919, 48］。

21) 上海のゴム関連投資ブームとその破綻については，張［1989, 170-176］を参照。

22) 「當地ニ於ケル支那商人ノ多クハ廣東人ナルカ故銀號ノ経營者モ亦其大部分ハ廣東人ナルカ如シ」［台湾銀行 1920, 35］。

23) 「從事是業者，以籍貫言，當推廣東南海人歷史最早，勢力亦最優越。順德及四邑人士次之」（「銀業に従事する者の出身地を見れば，広東南海人の歴史が最も古く，その勢力もまた最も有力である。順徳や四邑の人は，これに次ぐものである」）［姚 1940, 38］。

24) 「良以數十年來，拔茅連茹，互為援引，各樹一幟，卒成統系，非偶然也」（「数十年来を以て根をはり，相互に援助と引き立てを行い，各閥で一統をつくり，系統を成しているのは偶然ではない」）［姚 1940, 38］。

25) 「九江人在香港開設的銀號，以瑞吉銀號歷史最為悠久。大伯父到港初期在瑞吉銀號做工，後來自闖天下，開辦永德銀號，數年後又創立永大銀號。另一歷史悠久的銀號為鴻裕銀號。在鴻裕銀號職員之中，有一名九江人名叫鄧志昂，他為人老實，得老闆讚賞，不久他離開鴻裕銀號，自己開辦一間銀號。（中略）中國人重視親情，做生意的往往利用親戚關係互相發展業務。七十多年前，永德銀號東主關淮洲有一個未婚弟弟關濟東，天福銀號東主鄧志昂有一個待字閨中女兒鄧肇瓊。基於上述原因，關淮洲與鄧肇瓊結為夫婦，關，鄧兩家成為親家，乃係很自然的事」［關 1999, 17］。

26) 「小ナル銀號ハ点銀，數銀，秤銀，管銀ヲ　人ニテ兼掌スルモノアリ」［台湾銀行 1920, 41］。

27) 東主のみが記載されているものは，本人が経営も兼ねていたと考えられることから，所有と経営が同一であった可能性が高い。一方で，司理のみが記載されているものは，一般的に出資者を秘匿するために東主を公開していないと考えられることから，所有と経営が分離していた可能性が高い。

28) 「翌年三月（一九二二年）泰來銀號之獨資後台老闆潘瑞生五爺（亦即司埋人潘璉原之師傅）染病逝世，其子五寶是紈袴子弟，固未可繼承父業，而潘璉原亦以五爺逝世，難與其子合作，遂決意告辭結束」［關 1999, 18］。

29) 根岸佶によれば，「日々市場を巡廻し，或は茶館を尋ね煙館に入り，問屋，旅宿，顧客の

門など足を容れない所なく,貨物の出入,市価の高低,買賣の出来高等市場に生じた事件は細大知らざることなく,商店銀行の興廃存亡などについても亦予知すること少くない」[根岸 1943, 108-109] とある。

30)「至於同輩後生還有四人,全數皆有背景,更非刻苦之輩,對於店中「下賤」工夫例如洗厠所,倒垃圾,掃坑渠,以至毎夜上級出街歸來,及深夜三時「夜香工人」來倒糞,都是我担任開門,我之床位乃在舖面貼近門口(朝拆晩陣)之帆布床,至於開飯共計兩桌,樓上一桌多是上海人及高級職員,毎餐要伺候裝飯斟茶,面樓下一桌就是普通職員及後生,自然無拘無束,大有天淵之別,而分配結果自然我在樓上之一桌,餐餐吃不飽(中略),而毎夜開門由十一時至三時,起碼多於三次,眞可説日無飽餐一頓,夜無安睡三更」[伍, 13-14]。

31) 中国会計制度の淵源については,根岸 [1943, 333] を参照。

32) たとえば,筆者が実物を見た瑞吉銀號の年結は,ここで用いる恒生銀號の年結とは,その複雑性がまったく異なっていた。

33) たとえば第 4 章で述べたように,後の 1935 年に宋子文の率いる投資グループが,経営危機に陥っていた廣東銀行の経営権を掌握した際,新役員として送りこまれた一人が,林炳炎であった。

34) 中国系社会のギルドについての研究は数多くあるが,古典的かつ代表的な研究としては,内田 [1949],根岸 [1951; 1953] を参照。

35) 唐代には金融業者「櫃坊」の組合があったとされるが,文献上では北宋代の「交子舖」による組合が確認されている [根岸 1953, 98-102]。

36) 1916 年,広州と仏山の銀号業に対する厘金合算金額は,年額 5 万 1000 両であったが,「忠信堂」は 6ヶ年請負で 10 万両を前納し,残額 20 万 6000 両を毎月均等にして納付した。会員銀号は 3 等級区分で,一等月額 40 両,二等月額 36 両,三等月額 32 両の割合で分担。会員の納付額が租税額を上まわった場合の差額は,「忠信堂」の収益となる特権があった [台湾銀行 1916a, 133-134]。

37) 宮田道昭は,厘金取り扱いによる同業結集力が,19 世紀後半からのギルドの影響力拡大につながったと指摘している [宮田 1986a, 77]。

38) こうした祭祀は,上海の銭荘同業や広州の銀号同業でもおこなわれていた。

39)「凡在本港華人有附掲営業之銀号,皆有本會會董之資格」[陳 1941]。

40)「法律不完全ナル支那ニ在リテハ充分ニ商民ノ利益ヲ保護シ得サルガ故ニ公所ナルモノハ彼等ノ為ニハ唯一ノ必要機關ナレトモ該地ノ如ク開市ノ當初ヨリ完全ナル英國法ノ下ニ支配セラルル所ニアリテハ左程ニ其ノ必要ヲ感セサルモノノ如ク會館公所ノ組織ナカリシ」[根岸 1916, 87]。

41) 職能や格式に基づく差別とギルド形成の関係については,ほかにも例がある。たとえば,香港の貿易業者である「南北行」と「九八行」は,その取扱商品と地理的営業範囲が類似しているにもかかわらず,互いの格式にこだわり,各々のギルドと同業規約を形成していた。

42)「凡ソ廣東通貨(大元,中國紙幣,重毛,輕毛等)及香港通貨ヲ銀業公所ニテ賣買セントスル者ハ此ノ銀業公所組合ニ入ラサルヘカラス(但シ何等ノ規定ナキモ外國人ハ此ノ組合ニ入レサルカ如シ)」[台湾銀行 1916a, 135]。

43) ギルドによる金融取引所の設立と運営は,広東の地方部でも見られる。たとえば,汕頭で

は「銭業公所」と呼ばれた同業親睦団体と関連して,「匯兌公所」という取引所が形成され,銀荘支払手形の交換と利息受渡,当座預金貸越の利息協定,為替および銀売買,業者間の調停をおこなっていた [台湾銀行 1919, 68]。また江門では広州に倣い,「銀業同業公会」と「忠信堂」という2つの金融同業組合が組織されていたが,特に「忠信堂」には「金銀貿易場」という金融取引所が設置されており,市内のほとんどの業者が取引所に参加するために「忠信堂」に加入していた [広東省地方史志編纂委員会 1999, 275]。また,銭荘ギルドが大きな影響力を持っていた上海では,市場運営が最も発達していた。1890年(光緒16年)には「匯劃總會」と呼ばれた振替決済方式の手形交換市場が成立しており,また「銭業市場」と呼ばれた銀銭およびコールの取引市場も成立していた。

44) このほか,銀号が本業ではないものの,銀号に出資している人物が当選する。たとえば,1904年の総理の一人である黄花農は,瑞吉銀號の股東であった。
45) 華商總會では,財記銀號および道亨銀號の当主である董仲偉が,1941年度に主席に当選している。ただし董仲偉は,按掲銀号および聯安堂に属する者ではなく,むしろ1930年代に金融市場の変動に乗じて勢力を拡大した找換銀号,およびその取引市場でありギルドでもあった金銀業貿易場を背景としていた。当時,董仲偉は金銀業貿易場の主席も務めていた。

## 補論2　金銀業貿易場の形成と発展

1)「市上有許多人是做碎金碎銀買賣的,他們毎天只負一個布袋,上街収買碎金碎銀龍毫及各國金銀紙幣等」[金銀業貿易場 1970]。
2) 金銀業貿易場の創立年が1876年と紹介されることもあるが,これは正確ではない。この1876年とは路上取引の時期であり,集中売買による取引所成立とは関係ないものと考えられる。少なくとも現在まで,集中売買が19世紀後半に成立したことを示す具体的史料は見当たらない。
3) 麗源は聯安堂加入の按掲銀号である。
4) 理事会役員の名称は当初「総理」,「副理」,「協理」であったが,後に「主席」,「副主席」,「委員」と改称された。
5) 1870～80年代にかけて,東華醫院が地元華人社会を代表する強大な社会的影響力を持つに至ると,香港政庁は直接・間接的な手法でこれをコントロール下に置こうと試みた。詳しくはSinn [1989] を参照。
6)「金銀業貿易場第一次建址已告完成,只有地下而無樓上,但梯屋空間約有百尺」(「金銀業貿易場の初めての建物が完成したが,1階のみで2階はなく,内部のスペースは約100尺ほどであった」)[伍, 32]。
7) 中央紙は廣東中央銀行の信用不安から,常に投機にさらされていた。
8)「因廣東中央銀行發行之中央紙,除一元及五元券面者,均已先後兌現完結,祗餘八百萬元之十元券面者尚未兌現,於是省港両地之炒家推波助瀾,市場萬分活躍,電訊来往,互相搬套,仁裕自亦生意滔滔,我乃備一本應用密碼,分發各地同業来往,咸稱便利,我尤習熟,収發電報,不須翻書,過目便知内容,故廣州各来往買賣亦多光顧仁裕,甚至十三行之綿祥,匯華,

宏泰，金興，永發等派員来港，日中以仁裕為駐足之所，業務極度繁忙」[伍，23]。
9）「中央紙之炒賣，亦因是年秋後省港長途電話設立，両地市價「一個電話」就全市週知，不比從前之祇靠電報遲慢，而形成両地市價各異，搬星戈調套之繁忙。所以自有長途電話後，搬星戈調套大為減小，而仁裕工作亦自是年中起，不若昔日繁忙」[伍，27]。
10）「貿易場初辦的時候，入場行友和現在一様，是憑戒指出入的，不過，也歡迎非行友入場参観，所以，毎天開市的時侯，十分熱鬧。不過，秩序維持也漸漸有了問題，行員伙伴入場，照例把衣服除下掛在牆上，不時發生失竊的情事，就是傷腦筋問題之一」(「貿易場が取引を開始した当初のころ，入場する会員は現在と同じく腕章をつけて出入りしていた。しかし非会員の参観も歓迎していたため，毎日取引が開始される際には熱気十分であった。だが秩序の維持が次第に問題となった。会員は入場すると，いつものように壁に上着を掛けていたが，しばしばこれがなくなることがあり，頭を悩ませる問題の一つであった」)[金銀業貿易場 1970]。
11）伍宜孫の回想によれば，次のようにある。「此時貿易場已採用公價打倉方法，不比従前扯價之難」(「この時貿易場はオープン・アウトクライ方式を採用し，これにより従来の価格決定における問題はなくなった」)[伍，23]。
12）「為保障行員利益，健全組織起見，進行修改章程，去蕪存菁，部分仿效上海標金交易所制度，各項買賣，凡即日未能及時交收完結者，一律須繳保證金，詳報本場辦事處，實施公倉管理，(中略) 由聘任之會計人員，及選任之特務司庫，監理員等，專司其事，分工合作」[金銀業貿易場 1975]。
13）このほかに「花旗大金」とも呼ばれていた。これは米国旗（「花旗」）に由来した。
14）金葉とは，ダブル・イーグルを溶解し薄く延ばした金商品である。総じて香港で製造され，主として首飾や婚姻装飾品，寺院の装飾用として使用されるべく，バンコク，シンガポール，ラングーン，サイゴンなどに輸出された[横浜正金銀行 1925, 67]。その意味で金葉とは，実際は20世紀初頭のアジア広域圏，特に香港と東南アジアを結ぶ華人の社会で，今日の延べ棒と同様に流通した貴金属の一形態であった。
15）標準価格は，毎日午後6時の最後に約定した価格をセント単位で四捨五入した値段であった。たとえば，ダブル・イーグル1枚＝35ドル33セントが午後6時の最後に約定した価格ならば，標準価格は35ドル30セントとなる。
16）成立した取引内容は，トレーダーが各自手帳に記入し，取引相手同士が確認のため相互の手帳に記名と捺印をした[横浜正金銀行 1925, 66]。
17）「香港金融界，自得接美政府將實行取消金本位制消息，知金價勢必日趨低跌，一般投機者，均異常恐慌。多停止進劃美金，市面需給率，因而銳減，市勢遂一蹶而成價局，各銀號因受金價低跌受搖動者，達廿餘家之多，為金融従来未有之厄運」[國際貿易導報 1933.3.31, 222-223]。
18）「通告由二月八日早市起根據新增章程第五章四十一條將買賣之二二金擴充為四四金本位由」[金銀業貿易場 1934, 90]。

# 参考文献

＊特に重要と考えるものを掲載した．日本語文献は五十音順，中国語文献はピンイン順，英語文献はアルファベット順に従い，同一機関（本支店・部課を含む）・著者の場合は年代順に列記する．筆者・編者判明のものを先に，不明のものは後に列記する．


## 一次史料

### 1 未刊行史料
〈日本語文献〉
外務省『各国財政経済及金融関係雑纂　香港ノ部』外交史料館所蔵．
──『支那銀行雑件』第1巻〜第5巻，外交史料館所蔵．
陸軍省『壹大日記』防衛省防衛研究所所蔵．
──『陸支密大日記』防衛省防衛研究所所蔵．

〈中国語文献〉
恒生銀號 1933．『恒生銀號癸酉年總結列』香港，個人所蔵．
永隆銀號 1933．『永隆銀號股份合同簿』香港，個人所蔵．
『馮民徳档案』香港，香港歴史博物館所蔵．
『馬叙朝档案』香港，香港大学所蔵．

〈英語文献〉
Great Britain Colonial. *Office Original Correspondence : Hong Kong, 1841-1951, Series 129* (CO 129).

### 2 刊行史料
〈日本語文献〉
外務省通商局 1917　『香港事情』．
── 通商局 1927．『最近の広東経済事情』．
── 東亜局 1935．『支那各省経済事情　中巻』．
興亜院華中連絡部内中支建設資料整備委員会 1939．『廣東経済調査報告』．
参議院 2006．「平成18年11月2日参議院財政金融委員会議事録」．
台湾銀行 1912a．『廣東流通貨幣』．
── 1912b．『上海金融機関』．
── 1914．『南洋ニ於ケル華僑（支那移住民）附為替関係』．

―― 1916a．「廣東之金融事情」『南支那南洋調査第七』台湾総督府．
―― 1916b．「香港之金融機関 附支那人仲継商及特種商習慣」『南支那南洋調査第七』台湾総督府．
―― 1918．『南支那経済事情 第二編 広東省ノ部』．
―― 1919．『廣東金融機関』．
―― 1920．『香港金融機関』．
―― 1921．『南支南洋金融機関一覧表』．
―― 1935．『南支調査資料蒐録 第一巻』．
―― 1938．『南支時局情報（第六報）』．
―― 1939．『攻略後の廣東金融経済事情』．
―― 1940．『南支調査資料蒐録 第三巻』．
朝鮮銀行 1941．『中支より見たる香港金融市場と其の為替管理』．
東亜同文会編 1907．『清國商業総覧 第四巻』．
―― 1917．「第12編 貨幣金融機関及び度量衡」『支那省別全誌 第一巻廣東省附香港澳門』．
長崎商業会議所編 1918．『香港・上海に於ける海産物取引状況』．
中野八郎 1913．『廣東に於ける蠶絲業調査』
日本銀行 1938．『香港出張報告』．
―― 1941．『法幣制度の成立と相場の分岐，将来及び其の対策』．
―― 1944．『南支における金融経済事情調査』．
―― 1950．『国際金融メモ第六七号 昭和二十五年十二月三十日 香港貿易ルート』．
日本経済調査協議会 1969．『香港金融市場の役割』．
水沢市立後藤新平記念館 1980．『後藤新平文書』雄松堂（マイクロ）．
三井物産 1938．『香港概観』．
横浜正金銀行 1919．『香港ニ於ケル銀為替（行報第百三十二号）』．
―― 1920．『香港ニ於ケル商取引，法規，商習慣（調査報告第拾号）』．
―― 1925．『香港金銀取引（調査内報第貳拾号）』．
―― 1929．『香港の通貨と両為替相場（通報号外第参拾参号）』．
―― 1934．『廣東省政経事情概観』．
―― 1935．『香港幣制に就て（通報号外第五十七号）』．
―― 1940．「香港支店時報第一六一号（昭和十五年一月三十一日）」『南支における金融経済事情調査』．

〈中国語文献〉
廣東造幣分廠 1918．『廣東造幣分廠第一次報告書』広州，廣東造幣分廠．
馬金科 主編 1998．『早期香港史研究資料選輯（下冊）』香港，三聯書店（香港）．
泰和興銀行 1941．『民國三十年度 泰和興銀行第二屆營業報告書』香港，泰和興銀行．
永隆銀行 1980．『永隆銀行有限公司公開發售新股及現有股分建議』香港，永隆銀行．
―― 1983．『永隆銀行有限公司一九八二年報』香港，永隆銀行．
―― 1993．『永隆銀行有限公司一九九二年報』香港，永隆銀行．

〈英語文献〉
Hong Kong Government (HKG). *Administrative Report* (AR).
—— *Census Report* (CR).
—— *Government Gazette* (GG).
—— *Sessional Papers* (SP).
—— 1932. *Historical and Statistical Abstract of the Colony of Hong Kong 1841-1930, Third Edition.*
—— 1935. *Report of the Commision appointed by His Excellency the Governor of Hong Kong to Enquire into The Causes and Effects of the Present Trade Depression in Hong Kong and Make Recommendations for the Amelioration of the Existing Position and for The Improvement of the Trade of the Colony July 1934.*


二次史料

## 1 定期刊行物・新聞
〈日本語文献〉
『銀行通信録』銀行集会所.
『全国金融統制会報』全国金融統制会調査部.

〈中国語文献〉
『大公報』香港.
『國際貿易導報』上海.
『明報』香港.
『香港華商總會月刊』香港.
『香港華字日報』香港.
『銀行週報』上海.
『中行月刊』上海.

〈英語文献〉
*China Directory.* Hong Kong : A. Shortrede & Co.
*China Directory.* Hong Kong : The China Mail.
*Far Eastern Economic Review* (FEER). Hong Kong.
*South China Morning Post.* Hong Kong (SCMP).


## 2 人名録・年鑑
〈中国語文献〉
陳大同 編 1941. 『百年商業』香港, 光明文化事業公司.
金銀業貿易場 1933, 1934, 1935. 『金銀業貿易場年刊』香港, 金銀業貿易場.
吳醒濂 1937. 『香港華人名人史畧』香港, 五洲書局.

香港華商總會『香港華商總會年鑑』香港, 香港華商總會.
香港南華商務傳佈所 編 1922.『中華人名録 1922 第壹年版』香港, 香港南華商務傳佈所.
鄭紫燦 総編輯 1915.『香港中華商業交通人名指南録』香港.
中國銀行總管理處經濟研究室 編 1937.『全國銀行年鑑』上海, 中國銀行.

〈英語文献〉
Burt, A. R. 1925. *Biographies of Prominent Chinese*. Shanghai : Biographical Publishing.
Morrison, J. M. 1848. *The Chinese Commercial Guide : Third Edition*.
Wright, Arnold ed. 1908. *20th Century Impressions of Hong Kong*. Singapore : Graham Brash, reprinted in 1990.
*Canton : Its Port, Industries & Trade*. 1932. Canton : The Canton Advertising & Commission Agency.
*The Hong Kong Almanac and Directory for 1846 with an Appendix*. Hong Kong : The China Mail.
*Leb's trade & shopping guide of Hong Kong*. 1928. Hong Kong : L. E. Basto.

**3 記念冊子・私家本・その他**
〈中国語文献〉
金銀業貿易場 1970.『六十週年紀年既第廿二屆理監事就職典禮』香港, 金銀業貿易場.
—— 1975.『六十五週年紀年既第廿七屆理監事就職典禮』香港, 金銀業貿易場.
李炳星 編 1966.『李煜堂公逝世卅周年紀念録』香港, 私家版.
伍宜孫『我的回憶』香港, 私家版.
香港華商銀行公會 2002.『本會簡紹』香港, 香港華商銀行公會.

**4 インターネット**
〈日本語〉
矢野経済研究所 2006.『対中国直接投資概観』(http://www.yano.co.jp/china/local/2006/0214/index.html).

〈中国語〉
香港交易所 2011.「相關中國股份之股份集資（主板及創業板）」(http://www.hkex.com.hk/chi/stat/smstat/chidimen/cd_fr_c.htm).
香港特別行政区政府新聞処 2011.「香港便覽：旅遊業」(http://www.gov.hk/tc/about/abouthk/factsheets/docs/tourism.pdf).

## 書籍・論文

〈日本語文献〉

有本邦造 1933.「廣東固有ノ商業簿記及其批判」『會計』32 号(2), 日本会計学会.
石井摩耶子 1998.『近代中国とイギリス資本—19 世紀後半のジャーディン・マセソン商会を中心に—』東京大学出版会.
内田直作 1949.『日本華僑社会の研究』同文館（再版 1998, 大空社）.
鬼丸武士 2003.「阿片・秘密結社・自由貿易—19 世紀シンガポール, 香港でのイギリス植民地統治の比較研究—」『東南アジア研究』40 巻 4 号, 京都大学東南アジア研究所.
金田真滋 1997.『香港初期南北行の経営』富士ゼロックス小林節太郎記念基金小林フェローシップ 1996 年度研究助成論文.
姜珍亜 2001.『1930 年代広東省の財政政策—中央・地方・商人の三者関係を中心に—』東京大学大学院博士論文.
北林雅志 2001.「19 世紀後半におけるイギリス植民地銀行の支店活動」『札幌学院商経論集』第 18 巻 2 号, 札幌学院大学.
黒田明伸 1994.『中華帝国の構造と世界経済』名古屋大学出版会.
—— 2003.『貨幣システムの世界史—〈非対称性〉をよむ—』岩波書店.
権上康男 1985.『フランス帝国主義とアジア—インドシナ銀行史研究—』東京大学出版会.
上海出版協会調査部 1939.『支那の同業組合と商慣習』上海出版協会（再版 1998, 大空社）.
杉原薫 1996.『アジア間貿易の形成と構造』ミネルヴァ書房.
土屋計左右 1942.「支那に於ける金取引」日本学術振興会 編『支那の通貨と貿易』有斐閣.
中川敬一郎 1981.『比較経営史序説』東京大学出版会.
西村閑也 2001.「英系海外銀行史序説」『経営志林』第 37 巻 4 号, 法政大学.
—— 2003.「英系国際銀行とアジア, 1890-1913 年(1)」『経営志林』第 40 巻 2 号, 法政大学.
—— 2004a.「英系国際銀行とアジア, 1890-1913 年(2)」『経営志林』第 40 巻 4 号, 法政大学.
—— 2004b.「英系国際銀行とアジア, 1890-1913 年(3)」『経営志林』第 41 巻 2 号, 法政大学.
—— 2005.「英系国際銀行とアジア, 1890-1913 年(4)」『経営志林』第 41 巻 4 号, 法政大学.
—— 2006a.「英系国際銀行とアジア, 1890-1913 年(5)」『経営志林』第 42 巻 4 号, 法政大学.
—— 2006b.「英系国際銀行とアジア, 1890-1913 年(6)」『経営志林』第 43 巻 2 号, 法政大学.
根岸佶 1907.『清国商業総覧 第四巻』丸善.
—— 1943.『商事に関する慣行調査報告書—合股の研究—』東亜研究所.
—— 1948.『買辦制度の研究』日本図書株式会社.
—— 1951.『上海のギルド』日本評論新社（再版 1998, 大空社）.
—— 1953.『中国のギルド』日本評論新社（再版 1998, 大空社）.
濱下武志 1990.『近代中国の国際的契機』東京大学出版会.
—— 1992.「移民と商業ネットワーク—潮州グループのタイ移民と本国送金—」『東洋文化研究所紀要』116 号, 東京大学東洋文化研究所.
—— 1996.『香港—アジアのネットワーク都市—』筑摩書房.

久末亮一 2000.『香港華人資本の人脈網と企業発展』東洋英和女学院大学修士学位論文.
—— 2008.『評伝 王増祥―台湾・日本・香港を生きた，ある華人実業家の近現代史―』勉誠出版.
—— 2010a.「東南アジアの現状にみるマネー・ローンダリング問題の本質―シンガポールの中国系送金業者を例に―」『GRIPS-GCOE 国際シンポジウム：アジアにおける非伝統的安全保障問題』政策研究大学院大学.
—— 2010b.「「越境」する人民元をめぐる代替送金システムの役割―香港・中国本土間の地下銭荘を例に―」『アジア経済』第 51 巻第 2 号，アジア経済研究所.
深町英夫 1999.『近代中国における政党・社会・国家』中央大学出版部.
藤村是清 1995.「還流的労働移動の社会的条件――一八七六～一九三八年，中国南部三港の海関旅客統計を中心に」富岡信雄，中村平八 編『近代世界の歴史像―機械制工業世界の成立と周辺アジア―』世界書院.
松本睦樹 1980.「広東貿易と決済問題 1775-1837」『経済学論叢』第 29 巻第 1・2 号，同志社大学.
宮下忠雄 1952.『中国幣制の特殊研究』日本学術振興会.
宮田道昭 1986a.「清末における外国貿易流通構造の考察―ギルドの流通支配を中心として―」『駿台史学』第 52 巻，明治大学.
—— 1986b.「19 世紀後半期，中国沿岸部の市場構造―「半植民地化」に関する一視点―」『歴史学研究』550 号，歴史学研究会.
本野英一 2004.『伝統中国商業秩序の崩壊―不平等条約体制と「英語を話す中国人」―』名古屋大学出版会.
安冨歩 1991.「大連商人と満洲金円統一化政策」『証券経済』176 号，証券経済研究所.
—— 1997.『「満洲国」の金融』創文社.
—— 2002.「樹状組織と網状組織の運動特性の違いについて」『環』Vol. 10，藤原書店.
—— 2003.「香港上海銀行の資金構造，1913～1941」『アジア経済』第 44 巻第 10 号，アジア経済研究所.
—— 2010.『経済学の船出―創発の海へ―』NTT 出版.
梁嘉彬（山内喜代美訳）1944.『廣東十三行考』日光書院（再版 1998，大空社）.
廖赤陽 2000.『長崎華商と東アジア交易網の形成』汲古書院.

〈中国語文献〉
陳鏸勲 1894.『香港雜記』香港，中華印務總局.
陳其田 1936.『山西票荘考略』上海，商務印書館.
馮邦彥 1997.『香港華資財團 1841-1997』香港，三聯書店（香港）.
—— 2002.『香港金融業百年』香港，三聯書店（香港）.
仏山農村金融志編纂委員会 編 1997.『仏山農村金融志』廣州，廣東科技出版社.
広東省地方史志編纂委員会 編 1999.『廣東省志・金融志』廣州，廣東人民出版社.
何文翔 1991.『香港富豪列傳之二』香港，明報出版社.
霍啓昌 1992.『香港與近代中國』香港，商務印書館.

―― 1995.『香港史 教學參考資料（第一冊）』香港，三聯書店（香港）．
霍英東 述，冷夏 編 2001.『世紀回眸―霍英東回憶録―』香港，名流出版社．
關士光 1999.『七十年来家國――一個老香港的回憶―』多倫多（Toronto），多大・約大聯合亜太研究所．
李承基 2002.『幾番風雨憶前塵―李承基家族與上海新新百貨公司―』香港，天地図書．
李一翔 1997.『近代中國銀行與企業的関係』香港，海嘯出版事業．
林家勁，羅汝材，陳樹森，潘一寧，何安挙 編 1999.『近代広東僑匯研究』広州，中山大学出版社．
劉克剛 1999.『澳門特首何厚金華』香港，天地圖書．
陸成哲，黃勇 編 1994.『世界華人企業家傳略 第二集』香港，新華出版社．
―― 1997.『世界華人企業家傳略 第四集』香港，新華出版社．
馬寅初 1925.『中國國外匯兌』上海，商務印書館．
麥健增 1945.『澳門金融市場』澳門．
麥禮謙 1992.『從華僑到華人―二十世紀米國華人社會發展史―』香港，三聯書店（香港）．
潘君豪 編 1970.『中國錢荘概要』台北，學海出版社．
潘翎主 編，崔貴強 編訳 1998.『海外華人百科全書』香港，三聯書店（香港）．
秦家驄 2002.『香港名門―李氏家族傳奇―』香港，明報出版社．
區季鸞 1932.『廣州之銀業』広州，中山大学法学院経済調査処（再版 1971，台北，台湾学生書局）．
饒餘慶 1993.『走向未来的香港金融』香港，三聯書店（香港）．
冼玉儀 1994.『與香港並肩邁進―東亜銀行 1919-1994―』香港，東亜銀行．
譚仲夏 編著 1986.『慈善之王鄧肇堅的一生』香港，香港新聞出版社．
温偉國 1991.『香港上海匯豐銀行買辦研究』香港，中文大学研究院歴史学部碩士論文．
香港東華三院 2001.『東華三院一百三十年』香港，香港東華三院出版．
謝常青 1998.『馬萬棋傳』北京，中國文史出版社．
姚啓勲 1940.『香港金融』香港．
―― 1962.『香港金融 戰後増訂本』香港，泰晤士書屋．
張国輝 1989.『晩清錢荘和票号研究』北京，中華書局．
張曉輝 1998.『香港華商史』香港，明報出版社．
　　 2001.『香港近代経済史 1840-1949』広州，広東人民出版社．
鍾寶賢 1996.「政府档案處華資註冊公司記録簡介」『華南研究資料中心通訊 第二期』香港，香港科技大学
―― 1999.「"法人"與"祖嘗"―華南政情與香港早期的華資公司―」香港科技大学華南研究中心・華南研究会 合編『經營文化―中國社會單元的管理與運作―』香港，香港教育圖書．
中国銀行行史編輯委員会 編著 1995.『中國銀行行史一九一二--一九四九』上・下巻，北京，中国金融出版社．
周佳榮，鍾寶賢，黄文江 編著 2002.『香港中華総商会百年史』香港，香港中華總商會出版．
資本雑誌編輯部 編 1992.『世家大族』香港，三思想傳播有限公司．

〈英語文献〉
Anderson, Harold P. 1983. "Wells Fargo and Chinese Customers in Nineteenth-century California".
King, Frank H. H. ed., *Eastern Banking : Essays in the History of The Hong Kong and Shanghai Banking Corporation*. London : Athlone Press Ltd.
Brown, Rajeswary 1993. "Chettiar Capital and Southeast Asian Credit Networks in the Interwar Period". Austin, Gareth and Sugihara, Kaoru ed., *Local Suppliers of Credit in the Third World, 1750-1960*. London : The Macmillan Press Ltd, New York : St. Martin's Press.
Carroll, John 2005. *Edge of Empires : Chinese Elites and Brithsh Colonials in Hong Kong*. Cambridge : Harvard University Press.
Chambers, Gillian 1991. *HANG SENG 恒生銀行 The Evergrowing Bank*. Hong Kong : Ever Best Publishing Ltd.
Ching, Frank 1999. *The Li Dynasty : Hong Kong Aristocrats*. Hong Kong : Oxford University Press.
Chung, Stephanie Po-yin 1998. *Chinese Business Groups in Hong Kong and Political Change in South China, 1900-25*. London : Macmillan Press Ltd.
CitiCorp/CitiBank 1989. *Citicorp in China : A Colorful, Very Personal History Since 1902*. New York : CITICORP/CITIBANK.
Cribb, Joe 1987. *Money in Bank : The Hongkong Bank Money Collection*. London : Spink & Son Ltd for The Hongkong and Shanghai Banking Corporation.
Faure, David 1989. *The Rural Economy of Pre-Liberation China Trade Expansion and Peasant Livelihood in Jiangsu and Guangdong, 1870 to 1937*. Hong Kong : Oxford University Press.
Hao, Yen-Ping 1970. *The Compradore in Nineteenth Century China : Bridge between East and West*. U. S. : Harvard University Press.
Huff, W. G. 1989. "Bookkeeping Barter, Money, Credit, and Singapore's International Rice Trade, 1870-1939". *Explorations in Economic History* 26. U. S. : Academic Press Inc.
King, Frank H. H. 1987. *The History of the Hongkong and Shanghai Banking Corporation Volume I : The Hongkong Bank in Late Imperial China 1864-1902 : On an Even Keel*. London & New York : Cambridge University Press.
—— 1988a. *The History of the Hongkong and Shagnhai Banking Corporation Volume II : The Hongkong Bank in the Period of Imperialism and War, 1895-1918 : Wayfoong, the Focus of Wealth*. London & New York : Cambridge University Press.
—— 1988b. *The History of the Hongkong and Shagnhai Banking Corporation Volume III : The Hongkong Bank between the Wars and the Bank Interned, 1919-1945 : Return from Grandeur*. London & New York : Cambridge University Press.
Lee, Sheng-yi 1974. *The Monetary and Banking Development of Malaysia and Singapore*. Singapore : Singapore University Press.
Poon, Alice 2006. *Land and the Ruling Class in Hong Kong*, Richmond (Canada).
Schenk, Catherine R. 2001. *Hong Kong as an International Financial Centre Emergence and Development 1945-65*. London : Routledge.
Sinn, Elizabeth 1989. *Power and Charity : The Early History of the TungWahHospital, Hong Kong*.

Hong Kong : Oxford University Press.

—— 1990. "A History of Regional Associations in Pre-was Hong Kong". Sinn, Elizabeth ed., *Between East and West : Aspects of Social and Political Development in Hong Kong*. Hong Kong : University of Hong Kong.

Sitt, Robert 1995. *The Hong Kong Gold Market*. London : Rosendale Press Ltd.

Smith, Carl T. 1983. "Compradors of the Hongkong Bank". King, Frank H. H. ed., *Eastern Banking*. London : The Athlone Press Ltd.

—— 1985. *Chinese Christiansa : Elites, Middlemen, and the Church in Hong Kong*. Oxford : Oxford University Press.

—— 1995. *A Sence of History : Studies in the Social and Urban History of Hong Kong*. Hong Kong : Hong Kong Educational Publishing Co.

Starr, Peter 2002. *CITIBANK : A Century in Asia*. Singapore : Editions Didier Millet.

Wilson, Dick 1972. *Solid as a Lock : The First Forty Years of the Oversea-Chinese Banking Corporation*. Singapore : The Oversea-Chinese Banking Corporation.

Wong, Po-Shang 1958. *The Influx of Chinese Capital into Hong Kong since 1937* (a paper read at the contemporary china seminar, economics & political science department). Hong Kong : University of Hong Kong.

## あとがき

　約10年前，香港の両替商たちの仕事に魅せられた。両替商という仕事は，古今東西に存在しているが，右から左にカネが別のカネに替わってゆく姿を見ると，それがあらゆる金融業者の原点であることを実感する。その歴史を研究し始めた私に，香港で出会った日本の外交官が，次のように言い放った。
　「そのような歴史の研究をして，いったい現実には何の役に立つのですか？」
　少なくとも，「研究のための研究」をするつもりはなかった私にとって，しかし同時に，自身の研究の意義について迷いのあった当時の私にとって，その言葉は胸を大きく抉るような感覚を残した。
　今日，私は自身の研究に対して，明確な意義を表明することができる。私が生涯をかけて取り組みたい研究とは，世界の表層をこぎれいな形でまとめあげ，物知り顔に解説することではない。むしろ，それを一枚，二枚とめくったところに脈々と存在しつづける人間や社会の本質を，経済の歴史というアプローチから捉えて説明することが，自らの仕事であると確信している。
　経済と社会，経済と人間のあり方が真剣に問われる現在，経済史のはたすべき役割は大きい。過去を考察することは，現在この瞬間にいたるまでの道筋を見つめ直し，将来を考える一助となる。この本義を見失った歴史研究とは，「過去に閉ざされた歴史」であり，「未来に開かれた歴史」ではありえない。逆に言えば，「未来に開かれた歴史」を考えるという営為は，歴史研究というアプローチのみが可能な方法であり，その使命なのではなかろうか。
　このようなことを研究の傍らで考えつつ，この10年ほどは本書の研究を進めてきた。いつしか両替商の研究は，香港という「場」が約100年にわたる中国とアジア太平洋という時空間で担ってきた役割の考察へと移ることで，必然的に狭い空間の金融史ではありえなくなり，香港の現代にもつながる姿が浮かび上がってきた。

この本は，そうしたなかで誕生した，私の研究人生における中間報告である。しかし，優秀とは言いがたい私の頭脳では，様々な思索に迷い，この本をまとめるまでに，随分と時間がかかってしまった。20世紀末から現在進行形で生じている大転換のなかで，そこに出現した空間を，過去の歴史と重ねて考える意義を直感的に感じつつも，それを素早く思考し，上手く言葉に表現できなかったのは，私の頭の回転の悪さゆえである。また，経済史が明らかにしうる，より大きな次元での知見，学問や研究という営為の意義，人間や社会の本質とは何か——その答は，まだ出ていないが，おそらくそれは，研究者としての私が，人生の最期の瞬間まで，追い求めつづけるものであろう。

　現在の私は，本書で考察した時空間を，別の視座から見つめる研究を進め始めている。それが1910～40年代の台湾銀行による南進を題材とした，「帝国日本」のアジア経済圏への接近についての研究である。

　20世紀前半とは，本書で考察した19世紀半ばからのアジアで形成された地域秩序が，徐々に変容・崩壊していった時期である。その一つの要因は，19世紀後半以降，国力を急速に増大させた日本という新たな力が，試行錯誤を繰り返しながら，既存の地域秩序に接近と侵食を始めたことにあった。このあり方を象徴した台湾銀行を例に，20世紀前半のアジアにおける地域秩序と構造変化を問い直し，一つの歴史像を提示したいと考えている。

　この成果は，すでに発表し始めており，10年先を見据えてまとめることができれば，と構想している。さらに，この成果と本書の成果を併せて見たときに，どのような「大きなアジア」の姿が見えてくるのか——これをさらに長い期間での目標として，今後も研究に精進したい。

　本書の成果は，以下の方々が私を励まし，また導いて下さったお陰で，得ることのできたものである。ここにお名前を記し，心からの感謝を申し上げたい。

　杜文鴻，曾達年，冼玉儀，Iris Chang，利國偉，伍歩崇，陳明倫，Fiona Tsang，白石隆，町北朋洋，原洋之助，鬼丸武士，杉山和雄，西村閑也，安冨歩，山岸猛，濱下武志，宮田敏之，杉原薫，籠谷直人，工藤晶人，鈴木光祐の各氏（以上敬称略・順不同）。

また，本書の第1・2・4章のもととなった論文は，次の通りである。収録にあたっては適宜加筆・改訂をおこなった。序章・第3章・第5章・終章・補論1・補論2は，今回新たに書き下ろしたものである。

第1章 「香港ドル決済圏における銀号の役割―広州―香港間の輸出取引の決済を例に―」『アジア経済』第48巻第3号，日本貿易振興機構アジア経済研究所，2007年。

第2章 「華僑送金の広域間接続関係―シンガポール・香港・珠江デルタを例に―」『東南アジア研究』44巻2号，京都大学東南アジア研究センター，2006年。

第4章 「廣東銀行の興亡―近代広東系華人資本による銀行設立とその展開―」『アジア経済』第49巻第3号，日本貿易振興機構アジア経済研究所，2008年。

なお，本書は独立行政法人日本学術振興会「平成24年度科学研究費補助金研究成果公開促進費（学術図書）」の助成を受けた。その申請・使用に際して，所属組織内で奮闘し，支え続けてきてくれた吉田暢氏をはじめとしたアジア経済研究所のスタッフの皆さんに，感謝する。

最後に，この本の内容を評価して下さり，また筆の遅い筆者を辛抱強く待ちながら，世に送り出すカタチにして下さった橘宗吾氏（名古屋大学出版会），校正を担当して下さった林有希氏（同会）に，厚く御礼を申し上げたい。

晩夏の南青山にて，蟬が生命(いのち)を燃やして鳴く声を聴きつつ。

2012年8月

著　者

## 索　引

### ア　行

アジア・ダラー市場　182
アジア間貿易　5
アジア太平洋　1-7, 9-10, 14-20, 23, 48-50, 52, 59,
　67, 69-70, 72, 96, 99-111, 125, 131-132, 173,
　177-179, 181, 183, 188, 231, 245
アディス，チャールズ（Charles Addis）　41
アヘン戦争　7, 11, 25
アメリカン・エキスプレス　154
厦門（アモイ）　60-61, 65, 78-79, 113
按掲銀号　77, 86, 139, 147, 195-197, 201, 208, 210,
　217, 221-222, 224-225, 227, 234
安昌　60, 240
安泰　63
安定基金　151
安發　240
アングロ・カリフォルニア・トラスト（Anglo
　California Trust）　119
East meets West（東西の出会い）　6
維吉　208
葦玉　43
一極化　3
一国史　6
一国両制（一国二制度）　3, 192
維新　207
怡盛　53
移民　15-16, 52, 100-101
International Banking Corporation (IBC, 花旗)
　59, 101
インドシナ銀行（東方匯理銀行，仏蘭西銀行）
　37, 59
インフラ　55, 190, 225
ウェスタン・インパクト（西洋の衝撃）　5, 11,
　25, 30, 69, 71, 95
ウェスタン・ユニオン（Western Union）　67
ウェルズ・ファーゴ（Wells Fargo & Company）
　101
海のアジア　5, 175
運司銀號　28

永安　28, 112, 128, 234
永安銀行　127
永華　166
永記　240
衞記　31
永吉安　53
永亨　143, 145, 147
永利源　103
榮興　227
永興盛　240
永昌泰　141, 219
永生　63, 141
永成　141
永盛隆　234, 240
永大　39, 86, 210, 240
H 株　185
永德　39, 77, 86, 210, 240
永同仁　39, 208
永發　236
榮發　58
永福行　145, 147
永隆　140, 143, 145-149, 156, 158, 166, 169, 204,
　206-207, 212-213, 220, 236
永隆銀行　11
英領バージン諸島（BVI）　187
益記　60
益棧　65
粤漢鉄路　129, 138, 143, 147
Edge　7
Edge of Empires　6
粤商維持公安會　106
遠昌　240
援蔣ルート（ビルマ・ルート）　147
塩税　28, 216
袁世凱　111
煙台荘　74
押　31
歐偉國　128
押款　199
翁吉吉　202

逢源 60
王國旋 105
オーストラリア 51, 55, 100, 105
オープン・アウトクライ 238
オセアニア 4, 14-15, 17, 49, 59, 67, 100-111
オフショア人民元 186
オリエンタル・コマーシャル銀行 119
恩平 66

## カ 行

海員ストライキ 88
花園酒店（Garden Hotel） 184
匯華 236
改革開放 184
外貨取引規制 22
海関収餉銀號 28
海峡植民地 49, 55
海峡ドル 56, 58, 60
開港場 12, 17, 55, 69, 71-72, 80, 95, 97, 112, 122
外国銀行 14, 16, 19, 29, 33-34, 37-40, 43-45, 56-57, 59-62, 64, 71, 75-81, 83, 86-87, 99, 101, 111-113, 116, 122, 131, 159, 182, 201, 219
外国商社 13, 30, 33, 36-39, 44, 47, 75-76, 83-84
外国郵便局 55
会社条例 104, 109, 130
外資誘致 183
外省人 145
匯水 66
匯兌荘 43, 195, 224, 229
改鋳 28, 85, 96, 216
回批 66
匯票 75-76, 199
開平 66
匯隆 141
回路 8, 14, 18, 21, 25-26, 33, 36, 40, 47-49, 68-69, 71-72, 74, 85, 97, 134, 139, 147, 174, 193
嘉華儲蓄銀行 127, 137
找換銀号 27, 45, 62-63, 83, 86, 139-140, 142, 147, 196-197, 206-207, 217-219, 224-225, 228, 231, 234
華僑 10, 66, 102
華僑銀行（OCBC） 57, 82
華僑送金 15-16, 21, 30, 49-54, 56-60, 61-64, 66-68, 76, 83-84, 125, 134-135, 156, 180
霍英東 184
霍啓昌 8
郭君梅 202

郭恒産堂 202
郭順 128
郭泉 128
郭鶴年（Robert Kuok） 184
革命 19-20, 99, 102-105, 109, 122, 131-132
郭翼如 202, 226
郭楽 128
何啓 109
何賢 141, 169
花紅 206, 216, 220
華商 28, 30, 32, 39, 53, 65, 75, 77, 104, 106, 109, 180, 197-199, 202
華商銀行 57, 113, 122
華商公局 104-105, 209
華商總會 226
華人 1, 4, 9-10, 14-15, 19-20, 23, 40, 49-52, 55-56, 59, 68, 72, 83-84, 88-105, 107, 111, 113, 125, 131-132, 173, 175-176, 195, 197-198, 221, 224-229
華人系銀行 19, 45, 56-57, 77, 80-81, 99-100, 105, 112-113, 116, 125, 127, 131, 180
華人系金融機関 26, 53, 80, 219, 234
華人系金融業 31, 40-41
華人資本 19, 56, 99, 104, 112, 120, 131, 180, 184
華人社会 10, 16, 19, 30-31, 53, 55-57, 101-102, 119, 125, 130-131, 180, 198, 201, 203, 208, 222-224, 228
華人ネットワーク 5
何善衡 140-142, 148, 168-169
片為替 56-57
華中 13, 18, 72, 74, 134, 138, 145, 173, 175
何添 146, 169
カナダ 112
華南 4, 6-7, 9, 11-20, 23, 25-27, 47-61, 67-68, 72, 74, 83, 85, 89-90, 94, 96, 173, 175-176, 179, 201, 221
株式市場 182, 185
華北 18, 74, 85-86, 92, 96, 134, 143, 173, 175
華民政務司 156, 232
カリフォルニア 100-101
カリフォルニア銀行（Bank of California） 101
カルカッタ 112
為替銀行 57, 111
為替送金 142-143, 148
為替手形 32, 56, 61-62, 64, 75, 196
為替統制売却中央銀行集中令 151
環インド洋 188

索引　293

關記　31
官銀號（官銀錢局）　28
漢口　29, 101, 113, 118, 127, 138, 145, 147, 151
漢口・広東作戦　146
漢口荘　74
關濟東　211
關士光　210, 223
広東　13-14, 18-19, 21, 26-27, 29, 33, 36, 38, 40, 45, 48, 51, 53, 57, 59-60, 65, 67, 72, 74-78, 83-88, 90-91, 95-96, 100-102, 106-109, 111, 118, 125-126, 129-131, 135, 137-138, 140-141, 147-148, 151, 170, 190, 214
Canton and Hong Kong Financial Company　108
カントン・ナショナル・バンク（Canton National Bank）　120
廣東銀行（香港廣東銀行）　19-20, 80-82, 99-100, 103-106, 108, 111-113, 116-128, 130-132, 154-155
広東軍政府　85
広東系　19-20, 50-51, 56, 58-61, 67, 99, 104, 111-112, 120, 131-132, 210, 214, 218, 234
広東式簿記　214-216, 218
広東省　100, 108
廣東省銀行　135
廣東省銀行券　151
広東省政府　28
広東人　129-130
廣東錢局　85
廣東造幣廠（広東ミント）　18, 70, 73, 85-88, 90, 96
廣東中央銀行　46, 236
廣東中央銀行紙幣（廣東中央銀行券、中央紙）　135, 236-237
広東通貨　13-14, 26, 33-34, 36, 38-40, 44-48, 75-76, 110, 225
簡東浦　105
広東貿易（Canton System）　11, 25, 28-30, 35
咸豊年間　71
漢方薬　53, 60, 191
官利　203, 206, 220
官僚資本　20, 130-132
關淮洲　39, 211, 223
生糸　13-14, 26, 29-30, 35-36, 38, 46, 83-84, 125, 135, 199
機関銀行　112
キャロル、ジョン・M（John M. Carroll）　6
九江　210-211

九八行　58, 60, 74, 82
業縁　27
行政会議　109
競争優位性　191
郷党　19-20, 43, 50, 53, 55, 59, 66, 99, 102, 104, 126, 131-132, 195, 210, 216-217
ギルド　30, 45, 106, 109, 195-196, 221, 223-225, 228
錦榮　86, 208, 240
金塊（gold bar）　240
銀塊　18, 73, 84, 86-88, 95
銀貨輸出禁止令　70, 88, 96
銀業研究所　225
銀行業行規條　221-223
銀業公所　45-47, 66, 75, 225
銀業同業公會　225
金銀找換商（找換商）　43, 142, 195-196, 228-229, 231-232
金銀業行　232, 245
金銀業貿易場（Chinese Gold and Silver Exchange Society）　11, 22, 62, 64, 83, 136, 140, 143, 146, 154-155, 158-159, 162, 164-165, 169, 171, 204, 206-207, 219, 231-232, 234-235, 238-239, 241-245
金興　236
金号　166
銀号（native bank）　10, 13-14, 21-23, 26-29, 31-32, 34, 38-48, 59, 61-62, 64-65, 73, 75-78, 81-83, 86-87, 92, 94, 96-97, 105, 111, 113, 126, 134 137, 140, 142-143, 145-147, 150, 155-156, 158-160, 162, 165-171, 195-198, 201, 203-204, 206-211, 213-214, 216-221, 223-229, 231-232, 238, 240-242, 244, 255
銀行會館　27, 221
銀行間市場　18, 70, 79, 82-83, 94, 96, 159
銀行危機　182
銀行史　10
金山廣東銀行（Canton Bank of San Francisco）　19, 101-106, 111
金山荘　19, 32, 50, 100-101, 103-105, 131, 225
銀紙　75, 77
銀資金　126, 135, 137
銀信局匯兌　54
金成利　60
金舗　234
銀本位　34
金本位国　19, 91, 96, 117, 132, 136

金本位制　244
金融恐慌　127
金融史　1, 4, 10
金融システム　9
金融貿易場　165, 169
金葉（gold leaf）　240
金利源　103
銀流出　88
銀両　28, 33
空間の中心　177
クーデター　181
區季鷺　66
クラウン・コロニー　3
クリアリング・システム　242
グローバリゼーション　3-4, 9, 11, 15, 25, 175-176, 178, 183
グローバル・ヒストリー　5
クロス取引　160
軍票　138, 164
瓊會安　60
瓊海通　60
瓊源豐　53
軽工業　182
経済インフラ　9, 11, 16, 174
経済圏　4-9, 14, 16, 20, 49-50, 69, 99, 131-133, 173-178, 188
経済史　5, 9-10
経済統制　81
啓瑞桟　60
計数貨幣　33, 44
揭単　199
閨閥　210
ケイマン　187
軽毫　46
惠和　31
ゲートウェイ（gateway）　1-2, 4, 6-7, 8, 10, 12, 14, 16-23, 25-26, 48-49, 99, 131-134, 164, 177-181, 183, 185, 187-188, 190-193, 195
血縁　14, 27
月結　218
ケリー・グループ（Kerry Group, 嘉里集團）　184
建源　60, 77, 79
元興　147
謙受　28
元昌　31
建祥桟　60, 77

元盛　147
源盛號　209
現送　65, 76, 78-79, 81, 83, 88-91, 94, 96, 154
現送点　78, 89-90, 92, 94
乾泰隆　58, 60
原糖　79
源通利　240
建德　63
元發（元發行）　32, 58, 60
現物　232, 239, 241-242
源豐潤　209
元隆　39, 208
乾隆・嘉慶年間　71
広域経済圏　78, 231, 245
廣益銀行　57
行街（出街）　201, 206, 213
高可寧　141, 168, 208
黄花農　227
工業化　5
公金　28, 71, 216
黄錦英　107
港軽毫水　46
公源　58
廣源　65
合股　53, 106, 114, 201-204, 207-208, 212, 218, 220
紅股　114, 116, 202-203, 206, 228
公行　12, 25, 28, 30, 33, 47
恒興　141
廣恒　53
合興　58
黄孔山　208
港広紙水　46
廣鴻泰　60
香山　19, 101-102, 104-105, 131
公式と非公式　56
広州　12-14, 25, 27-30, 32-34, 36-40, 44-47, 49, 53, 64-66, 70, 72, 74-76, 78, 83, 86-87, 101, 112-113, 120, 125-127, 134-143, 145-149, 168, 170, 182, 184, 189-191, 201, 208, 216-217, 220-221, 223-225, 229
広州陥落　139, 147-148
広州市銀業同業公会　45
広州商人　38-39, 47
広州大火　13, 33, 47
広州湾　138, 147-149, 166, 168-169
黄潤棠　105

索　引　295

恒昇　63
廣祥　53
廣昌　207
工商銀行　105, 112-113
廣祥泰　53
工商同業公会法　45
廣信　87
黄慎遠堂　202
黄慎昌堂　202
廣生隆　53
広西　66, 129
後生（打雑，学徒）　213-214
恒生　140-141, 146, 148-149, 156, 158, 166, 169, 180, 214, 217-220
恒生銀行　180
合成行　148, 166, 168-169
公積（積立金）　203-204, 207-208, 228
黄積行堂　202
厚全　28
宏泰　236
廣泰　53
高地価政策　182
黄仲涵　79
交通銀行券　151, 159
交通銀行　57, 80, 155, 159
公定相場　150
強盗事件　41
鴻徳　77, 207, 240
抗日軍費　146
公認銭荘　147
後背地　188, 191
廣美盛　60
廣福成　53
恒豊裕行　168
江門　62, 64, 66
宏裕　226
鴻裕　209-211
公有源　199
恒柏成　53
廣裕和　86
廣蘭　53
紅利　203
廣利源　60
胡應湘　184
ゴールドラッシュ　100
五家頭　28, 216
胡漢民　110-111, 143, 145, 147, 166, 169, 236-237

伍宜孫　86, 204, 206, 212-213
小切手　13-14, 37-40, 46-47
伍季明　86
国語（普通話）　145
国際資本調達センター　185
国際都市　189-190
国防金融条例（Defence (Finance) Regulations）　22, 151, 154-156, 159-160, 162-164, 170
国民経済　7, 122, 130-131, 138
国民国家　3, 5, 7, 175, 178-181, 192
国民政府　20, 122, 130, 132, 137-138, 140, 146, 151, 159, 164
國民商業儲蓄銀行　105, 123, 130-131, 137, 154
国民党　128, 141, 218
国務院　186
梧州　66
五洲　66
個人向け人民元業務　186
呉鐵城　128
呉東啓　107
後藤新平　177-178
股份合同簿　204, 220
Coong-eng　31
昆誠　241
コンテナターミナル　184
Compradore Order　36

## サ　行

財記　234, 240
サイゴン　49, 58, 113
財政司　103, 106-108
裁定取引　83, 142, 201, 237
先物　18, 81-82, 96
先渡取引　158, 238-239, 241-243, 245
差金決済　159
做架銀号　27, 45, 217
做倉銀号　28, 217
サブ・システム　5
三益　53, 56, 60
三角決済　18, 83, 85, 88
三十人籌餉團　104-106
山西票号（西号，西客）　28, 71, 216
San-se-eng　31
三節　218
山東荘　74
サンフランシスコ　19, 49-50, 101, 103, 118-120, 127, 131

三邑　102
GEM　185
仕送り　16, 68, 111
司貨（秤銀、看銀先生）　78, 213
四海通銀行　57
直物　18, 78, 81-82, 96
孖沙街（メルシャー・ストリート）　234
司数（点銀、数銀）　213
鎰成　240
四川荘　74
質屋　31-32, 40
司賑（司庫、管銀、内櫃）　213
四柱清冊　216
シドニー　49
シニョレッジ　85
紙幣条例　110
紙幣発行税　95
資本逃避　130
謝怡和　53, 65
沙面　36-39
ジャワ　54, 79
上海　17-18, 29, 50, 67, 69-70, 72, 74, 77-79, 81, 83-84, 86-88, 90, 92, 95-96, 101, 111-113, 118, 120, 130, 138, 140-143, 146, 148, 151, 154-156, 158, 160, 162-164, 182, 189, 191, 213-214, 224
上海陥落　138
上海脅威論　189
上海市場　69, 72, 76, 78, 160, 164
上海商業儲蓄銀行　147, 155
上海荘　74
上海向け為替（上海為替）　17-18, 69-70, 73-74, 77-81, 83-85, 87-88, 92, 94-96, 156
上海両　83-84, 92
四邑　19, 66, 102, 104, 107-108, 110-111, 126, 131, 210, 217
自由英ポンド市場　160
周縁（periphery）　5-7
自由区　166
重慶　138
自由港（自由貿易港）　7, 11-12, 33, 148, 177, 188
集散地　7-8, 15, 49-51, 67, 177
周埈年　208
集祥　58
周少岐　208, 227
四邑商工總局　102-103, 106-108
周澤年　208
周卓凡　208

周兆五　208
自由米ドル市場　160, 180
自由法幣市場　163-164
重毫　46
周蘭記　53, 56
州立銀行　102
授権金融機関　151, 155-156, 162-164
主権返還　189, 191
珠江デルタ　14, 26, 27, 33, 35, 44, 49-51, 58-59, 64-67, 100, 134-135, 142, 184, 210, 217
鄒殿邦　87
聚徳隆　60, 82
朱伯暉　87
酒楼　218, 224
シュロフ　40
巡城馬　65-66
順益　240
順昌　31
順成　207
順徳　29, 36, 102, 210, 217
順福成　60
招雨田　208
韶関　66
昌記　62-63, 196, 231, 234
掌櫃（辦事）　213
紹亨　31
商業匯率　162, 164
小銀貨　77-78
省港財団　112
省港大ストライキ　88, 199
鍾子光　169
紹祥　31
省城　27, 29, 59, 74
招商局　180
招頌侯　208
捷盛　77
鍾達記寶堂　204
鍾達清　234
承徳　39, 210, 226
祥徳　60
商業貿易　57-61
条約港　120
昌裕　240
招葉祥　208
秤量貨幣　33, 44
招量行　208
招露庭　208

索　引　297

書記（文件先生）　213
植民地（コロニー）　3, 12, 25, 33-34, 55
植民地省　33
所有と経営　211
恕隆　63, 240
司理　113, 128, 206-207, 211-214
泗隆　28
進・支・存・欠　215-216
新会　66
辛亥革命　90-100
シンガポール　49, 51-55, 57, 60, 64-68, 79, 82, 112, 184, 188
シンガポール向け為替　65
真贋　78
信局　16, 51, 53-55, 57, 60-61, 65-66
冼玉儀　225
真空地帯　178, 182
信行　240
人口移動（ヒトの移動）　4, 14-15, 49, 175
振興桟　60
新公定レート　164
清国　174-175
新新　112
慎誠　28
岑積厚堂　202
深圳　68
清代　216, 221
清朝　11, 25, 27-28, 71, 216, 231, 235
人的信用　198-199
申電貿易場　18, 70, 81-83, 96
新寧（台山）　66-67, 102
人脈　104, 106, 118
人民元　185-186
人民元オフショアセンター　185
人民元建て決済　186
人民元建て債券　186
人民元建て預金　186
仁裕　86, 236
瑞記　31, 60, 77
瑞吉　41, 77, 86, 137, 201-203, 210, 226-227, 232, 240
水客　56
水項　218
瑞昌　226
崇裕　63, 86, 240
杉原薫　5
スプレッド　55, 75

スピンドル　33-34
Speculators Operation　74
スマトラ　54
スマラン　112
スラバヤ　112
汕頭　57-58, 60-61, 65, 78, 113, 118
汕頭大学　184
生益　240
正貨　91-92
西貨行　32
生記　31
盛春霖　140-142, 146, 219
成順桟　60
生大（生大信託公司）　140-141
西南　66
世界システム　5
世界大恐慌　125, 175
石叨荘　65
全益　240
銭業公所　46
戦後　23, 133, 171, 173, 178, 181-183, 185
先施　104, 112
戦時為替統制　151
戦時体制　151
銭荘　39, 61, 78, 127, 147, 149, 224
銭枱　31, 43, 62, 142, 195-197, 228-229, 231-232
桟単　199
銭店　45
前店後廠　184
曾恩普　208
送金業者　77-79
送金代理業者　68
宋子文　20, 128, 130-132, 218
総督　40-41
雙毫（広東二十仙銀貨）　234
租界　36, 163, 189
錫記　31
遡求　62
Societies Ordinance　110
ソフト　187, 190
孫科（哲生）　128
孫文（孫逸仙，孫中山）　19, 85, 102, 107, 112, 128, 131

タ　行

タイ　49, 57
第一次上海事変　141

第一次世界大戦　81, 117-118, 175, 232, 235, 240, 245
大英帝国（British Empire）　3-4, 6-7, 12, 25
泰益　208
対外開放政策　183
対外直接投資　187
泰源　60
大元　38, 46, 76, 78, 88
大公報　82
対顧客取引　80
大昌　28
大昌行　180
大新　234
対中直接投資　184
対独宣戦布告　151
第二次アヘン戦争　13, 47
第二次国共内戦　180
第二次上海事変　138, 143
対米生糸輸出債権　18
太平天国の乱　13, 47
太平洋戦争　21, 23, 133, 165
大豊　168-169
泰豊　208, 227
大豊銀行　168
対北方移入超過　18, 73, 77, 83-85, 87-88, 90, 95
大有　77, 234, 240
大洋　146
泰來　212-213
大陸横断鉄道　100
大連　72
泰和興銀行　141
台湾　178, 185
台湾銀行　11, 27-28, 38, 44-45, 54, 56, 59-61, 63, 66, 76, 147, 175, 197-198, 203, 208
台湾総督府　177
多角的決済関係　18, 70, 85, 88-89, 96
多極化　3
タックスヘイブン　185
ダブル・イーグル（米国20ドル金貨、八九大金）　153-154, 158, 231, 239-243, 245
譚亦僑　107
単加水　38-39
譚禮廷　86
地域金融センター　182
地域決済通貨　13-14, 26, 34, 38
地域秩序　3, 7, 20, 132, 174-175, 178, 181
チェース銀行（Chase Bank）　82

地縁　14, 27
治外法権　130
地下資金　187
地下送金　68
チャータード銀行（Chartered Bank of India, Australia and China, 渣打銀行）　34, 82, 90, 94, 219
チャイナ・リスク　191
Chinese Bankers　41
Chinese Postal Hong　60
中央銀行　107
中央政府　189
中華國寶銀行　80, 122
中華帝国　3-7, 11, 17, 25, 69, 174
中華人民共和国　180, 183, 192
中継地（entrepôt）　7-8, 12-13, 19, 25-26, 53-54, 59, 99, 111, 132
中行月刊　11
中國銀行　80-81, 99, 116, 122, 155-156, 159, 180
中国銀行券　151, 159
中国系　68
中国系銀行　71, 99, 122, 131, 138, 158-159
中国系金融機関　138
中国系資金　187
中国系社会　67
中国系諸島　187
中国国家開発銀行　186
中国大酒店（China Hotel）　184
中国中央銀行券　151, 159
中国農業銀行　67
中國郵船公司（China Mail Steamship Co.）　118-119
中心　5-6
忠信堂　27, 45-46, 221, 224-225
中南銀行　82
中南米　100, 113
趙元帥（趙公明）　224
張之洞　85
潮州　14, 49-51, 53, 65
潮州系　57-58, 60-61, 181, 234
肇昌　226-227
朝鮮銀行　150-151, 158
張文卿　202-203, 232
帳簿振替決済（bookkeeping barter）　30, 32, 75, 77
勅令　34
陳蔚文　141, 169

索　引　299

清遠　66
陳鑑坡　128
陳炯明　111
陳國權　105, 112
チン・ソーポンパニット（陳弼臣）　181
陳村　66
陳符祥　126-127
通貨改革　109-110
通貨戦争　134, 163
通貨ペア　46
積立金　114, 122-124, 127
定期存款　197-198
帝国　3-7, 9, 11-12, 16-18, 25, 69, 174-175, 179
帝国主義　4
帝国の時代　3-4, 20, 99-100, 132, 177-178, 181, 188
Deacon, Looker & Deacon　221
貞昌　240
ディスカウント　46, 159
貞泰　240
程天斗　105
鄭裕彤　184
出稼ぎ労働者　68
手形　41, 44, 65
手数料　60, 78, 81, 146
天一局　54, 58
電車ボイコット事件　110
天津　29, 72
天津荘　74
天成桟　60
天福　39, 77, 199, 207, 209-211, 226-227, 234, 240
傅老榕　168-169
添和成　60
唐　71
東亜銀行　80, 105, 113, 116, 122-124, 127, 151-155, 219
唐溢川　104
東華醫院　221, 223-227, 234
同古　31
同郷　16, 19, 55-57, 101-103, 181, 210-212
道亨　140, 156, 158, 240
同業　56, 104-105, 210-212, 221, 223
同興　240
道光年間　28, 216
投資移民　187
鄧志昂　39, 207, 209, 226-227, 234
東主　212-214

銅銭　33
同族　56, 101, 210-212
唐代　214
同泰興　58
鄧仲澤　104
鄧肇瓊　211
鄧肇堅　227
東南アジア　4, 14-15, 17, 49, 51, 53, 56, 59-61, 64-65, 68, 79, 83, 85, 100, 107, 111-112, 134, 173, 175, 180, 184, 188, 191, 199
逃避資金　158
東北　74
同盟会　103
唐麗泉　104
登録金融機関　156, 160, 162-163
德榮　240
德昌　28, 58
特別行政区　192
杜四瑞　208
閉じた中国　178-179, 182-183, 187
取り付け　126
ドル系銀貨　33-34, 36, 47, 76, 78, 83, 85, 89-97
Toong-aoan　31

ナ　行

内国為替　72, 134
内国金融センター　134, 138, 142, 150-151, 170
内南福　60
仲買人　29, 38, 80-81, 159
七十二行總商會九善堂（七十二行）　106, 221
南海　29, 36, 102, 210-211, 217
南京条約　11, 30
南沙港　184
南支　72, 78
南支・南洋　175
南進　175
南寧　66
南北決済　18, 70, 74, 83, 85
南北行　32, 58, 60, 74, 86, 105, 225
難民　182
南洋　59, 64
南和行　32
二一金（英国1ポンド金貨）　240
荷為替　32, 37-38, 40
二十仙毫子　65
日中戦争　20-21, 97, 133-134, 138, 143, 146, 151, 155, 238

二二金（米国5ドル金貨）　237, 243-244
日本銀行　30
日本軍　146, 149
日本領事館　75-76, 106, 112
日本領事報告　199, 209
ニューヨーク　94, 112
ニューヨーク市場　80
寧波　72
寧波荘　74
ネットワーク　28, 55, 68, 134
年結　141, 146, 214-220
農民銀行券　151
農暦　217

## ハ　行

場　1, 3-4, 6, 8, 10, 12, 14, 18, 25, 168, 174, 177, 185
ハード　190
パートナーシップ　80
パールシー　80
梅煒唐　208
排華移民法　102
梅輯五　208
梅伴犀　208
ハイフォン　138, 147
梅普之　208
買弁　13, 36, 39-41, 43, 47, 77, 87, 94, 105, 201, 208, 225
廃両改元　83
馬應彪　104-105
白天鵞賓館（White Swan Hotel）　184
麥禮廷　104
覇権　4
馬叙朝　11, 66, 199
バタビア　112
八九大金（米国20ドル金貨）　234
八大飯店投資計画　184
発券制度　97
馬蹄銀　86-87
ハバナ　113
ハブ（hub）　1
濱下武志　5, 7-8, 50
馬萬祺　168, 169
ハリファックス（E. R. Halifax）　110, 232
ハワイ　111
番禺　102
潘恵予　143, 169

バンクホリデー　82
バンコク　49-50, 57-58, 112, 127
バンコク銀行　180
藩司銀號　28
潘植楠　145, 166
潘瑞生　212
反ボイコット条例　110
潘璉原　212-213
炳記　58, 60
東インド会社　33
批脚　65
非公式帝国　5
飛銭　71
筆資　60
ピブーンソンクラーム　181
馮貽嘉堂　202
馮堯敬　143
鑪局　71
馮香泉　202, 227
馮平山　208
馮民徳　11, 234
開かれた中国　183-185, 187-188
開かれた場（open platform）　177
ビルマ　54-55, 147
富榮　141, 240
武漢陥落　147
武漢三鎮　146
扶記　240
福源　53, 56
福興　240
福州　61
福生春　60
皐生　28
福建　14-15, 49-51, 53, 65
福建系　57, 60-61
仏山　53, 66
物的信用　198
仏領インドシナ　49, 57, 65
不動産投機　126-127
船津辰一郎　209-210
船荷証券　37
不買運動　102
プライスリーダー　79
プランテーション　57
プレミアム　46, 89, 91, 94, 159
米国銀行法　102
米州　4, 14-15, 17, 49, 59, 67, 85, 134, 173

索引　301

幣制改革　81, 83, 95, 97, 137, 150, 244
幣制調査委員会　95
米ドル為替　87
北京　101
ペッグ制　182
ペナン　54
ヘネシー，ジョン・P（Sir John Pope Hennessy）40
ペラ州ゴペン　53
幇　30
龐偉庭　208
寶永　86
貿易商店　16, 19, 32, 58, 65, 74-75, 77-78, 81-82, 86
彭勤生　202-203
寶源　28
寶興泰　58
包紙客　45, 225
寶聚　28
法定通貨　34
法幣　22, 93, 95, 134, 138, 140, 150-151, 154-156, 158-160, 162-165, 169-171, 238, 243-244
法幣安定基金　163
法幣建て預金　155
法幣流通圏　22, 150
帆刈浩之　8
北棧行　32
北伐　85
北米　18-19, 100-102, 111-112, 131
ホノルル　112
保良局　226-227
ボルネオ　54
ホワイト・アンド・コー（White & Co.）　81
香港華字日報　108, 110
香港華商銀行公會　116
香港陷落　180
香港銀行協會　94-95
香港経済会議　164
香港巾場　18, 150, 158, 165
香港資本　185
香港上海銀行（Hong Kong and Shanghai Banking Corporation, 香上銀行）　9, 34, 37, 39, 41, 55, 59, 78-83, 90-97, 111, 123, 154, 208
香港政庁　11, 18, 31, 41, 60, 81, 88, 95, 108-110, 117, 127, 137, 151, 155, 160, 162-165, 182, 197, 223-224, 232, 234, 245
香港占領　149

香港中華總商會　209
香港ドル　13-14, 18, 26, 33-34, 36, 38, 44, 46-48, 70, 76-77, 83, 88-91, 93, 95-96, 117-118, 127, 138, 150-151, 169, 176, 182
香港ドル危機　182
香港ドル決濟圏　14, 26, 33-34, 38, 47-48
香港ドル紙幣　76, 79, 88, 90, 92-94, 96
香港ドル建て・香港渡し小切手　13, 36-37, 39, 44, 46-48, 76
香港ドル建て決済　40, 44
香港票據交換所　116
香港向け為替　56, 60, 78
香港郵政総局　55
香港四大家族　141
香港論　6
ポンド　33-34, 117-118
ボンベイ　80, 112
溢利　216

マ　行

マーカンタイル銀行（Mercantile Bank of India）　34, 43, 90
マカオ　21-23, 133-134, 138, 147-149, 162, 165-171, 180
マカオ政庁　149
マニラ　112
マネー・ローンダリング　187
マラッカ　54
マラヤ　49, 65, 107
マレーシア　184
マレー半島　52-53, 55, 57
萬祥源　58
萬發祥　58
密輸（密貿易）　21, 133, 147-149, 170, 180
南支那方面軍　148
民族運動　175
民族自立　99
民族主義　19, 105
銘記　141
明順　58
明新　207, 226
明生　240
メイン・システム　5
メインボード　185
メキシコドル　33-34, 76, 78
綿祥　236
毫券　138, 150, 158, 169, 238, 243-244

網状 8
毫買単 46
毫洋 38-39, 44, 46, 78, 85-86
モルダー（Mulder J.） 113

## ヤ 行

祐安 240
裕記 63
有傷（chopped） 78, 231
裕昌 62, 196
裕祥 28
裕成 77, 79
裕徳成 60
裕徳和 58
郵便 53, 55, 58, 101, 118-121, 131, 174
郵便為替 55
裕隆 31
揚子江 72, 113, 138
余廣 53
横浜正金銀行 11, 39, 44, 72-73, 78-79, 84, 87, 89, 91-92, 155
余昌 231
余仁生 53, 56-58, 60, 65
預貸比率 113
余東璇 53, 57
余斌臣 107
余寶山 104
四四金（米国10ドル金貨） 237, 243-244
四四二制度 206

## ラ・ワ 行

来往存款 197
ラガード 109
羅鶴朋 39, 208
ラングーン 112, 147
蘭領東インド 52-53, 79
李煜堂 102-104, 106-107, 109-112, 126-128
厘印単 221
李榮光 227
利華銀行 57
李嘉誠 184
李冠春 105
厘金 45-46, 221
陸のアジア 5, 175
陸蓬山 101-102, 104, 117
陸祐 107
李子方 105

李樹芬 128
李星衢 127
李石朋 32
立法会議 40
李聘侯 104
李炳超 128
李葆葵 107
李寶龍 104
利銘澤 184
劉其華 104
劉鼎三 104
劉渭川 39
柳州 166
龍雙毫（清朝二十仙） 234
劉鋳伯 234
龍毫 231
梁惟善堂 202
両替商（money changer） 10, 31-32, 40-41, 45, 156, 186, 231
梁銶琚 147, 169
両広総督 85
梁植偉 140-142, 166
廖仲愷 107
梁培之 226-227
林癸生 62, 196, 231
林護 104
林壽廷 208
綸章 53
林炳炎 140-142, 146, 168-169, 218-219
Russo Asiatic Bank（露亜銀行） 101
麗源 208, 232, 234
麗興 39, 199, 240
冷戦 3, 183
レート 45-47, 55, 60-61, 75-76, 78, 83, 91, 94
レート固定協定 94-95
レッドチップ 185
聯安 143, 145
聯安公會 221
聯安堂 77, 195-196, 207, 221-229
聯興 77
聯号 21, 32, 41, 54-56, 60-61, 65-66, 71, 74-76, 79, 142-143, 146, 170
老宏興 208
老本 203, 220
盧溝橋事件 140, 143, 145
六家頭 28, 216
ロンドン 9, 80, 111-112

和興隆　240
和昌　240
和盛　240, 207

和發成　32
和豐銀行　57

《著者紹介》
　ひさすえりょういち
久末亮一

　1974年　東京都に生まれる
　1998年　成蹊大学経済学部卒業
　2000年　東洋英和女学院大学大学院社会科学研究科修士課程修了
　2004年　東京大学大学院総合文化研究科博士課程修了
　　　　　東京大学大学院総合文化研究科助教，政策研究大学院大学研究助手を経て
　現　在　日本貿易振興機構アジア経済研究所研究員，博士（学術）
　著　書　『評伝 王増祥―台湾・日本・香港を生きた，ある華人実業家の近現代史―』
　　　　　（勉誠出版，2008年）

---

香港　「帝国の時代」のゲートウェイ

2012年9月30日　初版第1刷発行

定価はカバーに
表示しています

著　者　久　末　亮　一
発行者　石　井　三　記

発行所　一般財団法人　名古屋大学出版会
〒464-0814　名古屋市千種区不老町1名古屋大学構内
電話(052)781-3027/FAX(052)781-0697

Ⓒ Ryoichi Hisasue, 2012　　　　　Printed in Japan
印刷・製本 ㈱太洋社　　　　　　　ISBN978-4-8158-0709-2
乱丁・落丁はお取替えいたします。

Ⓡ〈日本複製権センター委託出版物〉
本書の全部または一部を無断で複写複製（コピー）することは，著作権法上
の例外を除き，禁じられています。本書からの複写を希望される場合は，
必ず事前に日本複製権センター（03-3401-2382）の許諾を受けてください。

城山智子著
**大恐慌下の中国**
——市場・国家・世界経済——
A5・358 頁
本体5,800円

本野英一著
**伝統中国商業秩序の崩壊**
——不平等条約体制と「英語を話す中国人」——
A5・428 頁
本体6,000円

岡本隆司著
**近代中国と海関**
A5・700 頁
本体9,500円

黒田明伸著
**中華帝国の構造と世界経済**
A5・360 頁
本体6,000円

中砂明徳著
**中国近世の福建人**
——士大夫と出版人——
A5・592 頁
本体6,600円

籠谷直人著
**アジア国際通商秩序と近代日本**
A5・520 頁
本体6,500円

貴堂嘉之著
**アメリカ合衆国と中国人移民**
——歴史のなかの「移民国家」アメリカ——
A5・364 頁
本体5,700円

加藤弘之著
**中国の経済発展と市場化**
——改革・開放時代の検証——
A5・338 頁
本体5,500円

梶谷懐著
**現代中国の財政金融システム**
——グローバル化と中央－地方関係の経済学——
A5・256 頁
本体4,800円

毛里和子著
**現代中国政治[第3版]**
——グローバル・パワーの肖像——
A5・404 頁
本体2,800円